英语教学理论与应用研究

于　红◎著

线装书局

图书在版编目（ＣＩＰ）数据

英语教学理论与应用研究 / 于红著. -- 北京 ： 线装书局, 2023.8

ISBN 978-7-5120-5639-8

Ⅰ．①英… Ⅱ．①于… Ⅲ. ①英语－教学研究 Ⅳ.
① H319.3

中国国家版本馆CIP数据核字(2023)第163054号

英语教学理论与应用研究

YINGYU JIAOXUE LILUN YU YINGYONG YANJIU

作　　者：于　红

责任编辑：白　晨

出版发行：线装書局

地　　址：北京市丰台区方庄日月天地大厦 B 座 17 层（100078）

电　　话：010-58077126（发行部）010-58076938（总编室）

网　　址：www.zgxzsj.com

经　　销：新华书店

印　　制：三河市腾飞印务有限公司

开　　本：787mm×1092mm　　　　1/16

印　　张：14.5

字　　数：330 千字

印　　次：2024 年 7 月第 1 版第 1 次印刷

线装书局官方微信

定　　价：68.00 元

前　言

　　英语是一种应用为广泛的国际性语言，熟练掌握英语是学生步入社会跨文化交流的必要条件。新时代对我国的高等教育提出了新的要求。同时，随着社会的不断发展，需要培养大批的创新型人才。因此，我国全面课程改革，使全社会都充分认识到复合型、创新型、具有终身学的人才培养的重要性。要培养符合社会需要的人才，我国高校的教育改革起着至关重要的作用。在教学活动中，教师采用的教学模式对教学的效率具有决定性影响。只有采用科学、合理的教学模式和教学策略，才能提率。因为学生的知识和要是通过课堂学得的，所以教学改革势在必行。对此，教师有必要针对教学效率的提高而深入开展大量的英语教学实践。

　　由于大学英语教学与社会需求和国家形势密切相关，自实施以来，一直在随着社会需求和学生英语水平的变化进行着改革。虽然改革取得了令人瞩目的成就，但是也颇受"费时低效"的诟病。在两年甚至更长时间的学习中，很多学生的英语能力没有达到学校要求，也没有达到自己的预期目标。学生似乎被越教越差了，于是板子又落到大学英语教师身上。是不是大学英语教师教学理念没有更新？教学方法不恰当？教学投人不够多？而大学英语教师更加困惑，教学改革一直在不间断地进行，我们的教学究竟要达成什么样的教学目标？大学英语究竟该如何教？怎样才能让学生满意，达到学生的预期？本书就是在这样的背景下，探讨大学英语教学模式的改革和发展。教学模式是在一定的教学思想或教学理论指导下建立起来的各种类型的教学活动的基本框架或活动程序。任何教学模式都指向和完成一定的教学目标，根据目标设定逻辑步骤和操作程序，规定在教学活动中的步骤和任务。为实现教学目标，需要一定的条件，包括能使教学模式发挥效力的各种条件因素，如教师、学生、教学内容、教学手段、教学环境、教学时间，等等。大学英语教学改革，既有局部性改革，也有整个教学模式的改革。

　　在撰写过程中，我们既对前辈学者的研究成果有所参考和借鉴，也注重将自身的研究成果充实于其中。尽管如此，圈于编者学识眼界，本书瑕疵之处难以避免，切望同行专家及读者提出批评意见。

编委会

目　录

绪 论

第一节 高校英语教学的内涵与现状

一、英语教学的内涵

（一）英语教学的定义

在了解英语教学的内涵之前，首先需要对教学这一概念进行了解和掌握。由于对教学的关注点不同，不同学者的定义也有所差异。"教学"应该包含两个层面的关系：教与学是一种并列的关系；教学是一种教授学习的使动关系。从两个角度出发，能够看出教学的辩证关系和双向关系。教与学是息息相关的，学是教的基础，从学的角度出发，并以学为目标。教的规律和学的规律在一定程度上是统一的。

《朗文词典》将 teaching 定义为"教书、教学"。此外，它还将 teachings 阐述为"教导、学说、教义"的意思。由于英语是外语，因此在我国缺乏一定的语言使用环境与使用对象，这就对英语教学提出了难题。可以说，英语教学能够直接影响学习者的英语水平和语言运用能力。对教师而言，教学是引导学生学习的教育活动；而对学生来说，教学则是在教师的引导下的学习活动。学生是否得到发展是教学能否实现其目标的关键。教学是一个师生互动的过程，是教师教和学生学，共同完成预定任务的双边统一的活动。

具体来说，英语教学的内涵主要体现在以下几个方面：一是，英语教学是有目的的活动，不同阶段有着不同的目标，而教学目标又具体分为不同的领域与层次。二是英语教学带有系统性和计划性，这种系统性主要体现在其制定者主要为教育行政机构、教研部门和学校的教学管理者等。英语教学的计划性指的是对英语基础知识的计划性教学，如英语语音、词汇、语法、写作、阅读等具体知识和技能的传递。三是英语教学需要采取合理的教学方法和教育技术，现代科学技术，尤其是信息技术的发展，为英语教学提供了可以借助的多种教育技术。

综上所述，我们可以将英语教学的内涵概括为：教师依据一定的英语教学目的与教学目标，在有计划的系统性的过程中，借助一定的方法和技术，以传授和掌握英语知识为基础，促进学生整体素质发展的教与学相统一的教育活动。

（二）英语教学的本质

1.英语教学是一种语言教学

英语是一种重要的国家交际语言，因此对其的教学便是一种语言教学。语言教学的目的是培养学生使用语言的能力。从外语教学的发展历史来看，外语教学离不开外语知识教学，以外语知识为基础的外语教学有利于学生运用外语能力的培养。

因此，英语教学作为语言教学，其本质应该是培养学生综合运用英语的能力。需要特别指出的是，一些以学习语言知识而进行专门研究的语言教学并不是以运用语言为目的的，因此对其教学并不属于语言教学的范畴，如古希腊语的研究、古汉语的研究等。这些语言在当今社会几乎不再使用，因此这种语言学习需要和语言教学区分开。

2.英语教学是一种文化教学

文化孕育语言，语言反映文化，二者有着密切的联系。在进行英语教学的过程中，不仅需要学习者了解基本的语言知识，同时也需要培养和提高其英语思维能力，从而便于日后的语言使用。从这个意义上说，英语教学也是一种文化教学。

（三）英语教学的要素

1.教师和学生

教师的角色是指教师在教学中的职责及其职业特点。随着教学改革的开展，教师角色的内涵变得更为丰富，不再只是知识的传授者和教学的主宰者。当代教师角色的新的内涵主要包括：教师是知识的传授者、课堂的引导者、行为的评价者、活动的组织者和促进者、参加者、教学的研究者和学生学习的激励者。

教师的责任不只是传授知识，还应教会学生做人的道理；教师作为课堂的引导者，在教学活动中应充分发挥其主动作用，既要控制好学生的学习情况，还应注意把控课堂、教案的执行程序以及教学时间；行为的评价者指教师在教学过程中记录下不同学生在学习上的问题以及不足之处，同时适时地予以反馈。需要注意的一点是，教师纠正学生错误时，应注意措辞，尽可能以学生能接受的形式加以纠正，避免伤害学生的自尊。教师是课堂活动的组织者和促进者，由于学生是课堂活动的主要参与者，因此教师在组织活动时应首先考虑到学生因素，将教学活动的目的、任务、开展的方式以及流程等告诉学生，便于他们了解活动的各个环节，从而使其行为更具针对性，以顺利达成活动目的。学生在学习过程中遇到困难在所难免，此时教师应为学生提供相应的帮助，引导学生将当前所学的内容与已有的知识结合起来，形成一种新的知识建构。

此外，教师还是参与者、研究者、激励者。在教学活动中，教师可为学生提供丰富的背景知识、答案、范例、机会等，这些都会促进学生的学习。教师在教授知识的同时也在进行教学研究，在教学过程中不断发现问题，并解决问题，将课堂教学与科学研究结合起来完善自己的教学活动。作为激励者，要以学生为中心，引导并鼓励学生进行学习。要做到这一点，教师必须具备丰富的知识和教学经验，同时具有激励学生的能力。由上述分析可知，教师的角色多种多样，这些不同的角色都是社会、学校、家长以及学生期望的一种反映。一名合格的教师应能灵活地在这些角色之间进行转换，充分发挥自己的能力。

英语教学应面向全体学生，以学生学习方式为核心，注重培养学生的学习愿望、学习习惯以及学习能力，同时还应关注学生自我评价、评价激励、反馈和调整功能，以使学生获得全面和终身发展。这些都赋予了学生新的角色意义。具体而言，学生主要包括主体、参与者、合作者、反馈者这四种角色。

学生是学习的主体，英语教学活动要坚持学生的主体地位。在学习过程中，学生应主动参与，积极思考，敢于表达自己的思想与观点，将个人的才能尽量展示出来；作为教学活动的参与者，在英语教学过程中，教师应注意激发学生的兴趣与动机，使他们积极地参与到教学活动中去，让学生乐于学习；英语学习是在师生、学生之间进行的，因此学生的学习过程必然要与他人合作，学生在学习中通过协商与互助，彼此促进，最终实现共同提高；作为反馈者，学生以个体的学习情况以及教学法的适用性为依据，向教师提出相关的意见与建议，促使教师对教学方法与教学内容加以调整、改进，最终提高英语教学的效率。

2.教学内容和教学方法

（1）教学内容。教学内容主要包括语言知识、语言技能、学习策略、文化意识和情感态度这五方面。语言知识是综合英语运用能力的一个组成部分，同时也是语言学习和运用的重要方面。学生语言能力的提高必须以扎实的语言知识为基础。英语基础知识主要包括语音、词汇、语法、功能和话题等内容。这五个方面的内容并不是孤立的，而是相互影响、相互作用的。语音、词汇和语法（语言形式）可以在一定的话题中得到体现。学生在运用语言时，不仅要具备话题知识，还应掌握语言形式在一定话题中所具有的功能。只有当他们既掌握语音、词汇和语法，又具备语言功能和话题方面的知识时，才能在交际中恰当地运用语言。

语言技能包括听、说、读、写、译这五项内容。在这五项基本技能中，听是对话语进行分辨与理解的能力；说是运用口语进行表达的能力，也是运用口语输出信息的能力；读是对书面语言进行辨认与理解的能力；写则是运用书面语进行表达的能力，也是运用书面语输出信息的能力；译是综合运用语言进行输入与输出的能力。学生英语综合运用能力的提升是建立在大量听、说、读、写、译的专项和综合性语言实践活动基础之上的，从而服务于真实的语言交际。需要指出的点是，在不同的教学阶段，对学生的语言技能要求是不同的。

学习策略指学生在学习过程中采取各种行动和步骤，以提高学习的有效性。英语的学习策略包括认知策略、调控策略、交际策略和资源策略等。正确的学习策略有助于改进英语学习方式，提高英语学习效果，同时也有助于学生进行自主学习和独立学习，为学生的终身学习奠定基础。因此，在英语教学中，教师要有意识地引导学生形成符合自身特点的学习策略，并对自己的学习过程与学习效果进行监控和反思，培养学生根据学习风格调整学习策略的能力。同时，教师还有必要引导学生观察与分析他人的学习策略，与其他同学交流学习体会，尝试不同的学习策略，互相借鉴，共同进步。

文化意识也是英语教学内容的一个重要组成部分。在英语教学中，文化主要是指英语国家的历史地理、风土人情、传统习俗、生活方式、文学艺术、行为规范、价值观念等。语言与文化之间的关系十分密切。语言是文化的载体，又是文化的反映。学习英语必然要学习英语国家的文化知识。因此，在英语教学的过程中，教师应注意文化意识的传递，结合学生的年龄特点及认知能力，向学生传授文化知识，培养他们的文化意识和世界意识。此外，教师还应注意引导学生在学习其他民族的优秀文化的同时更好地继承、发扬中华民族的优良传统，培养学生形成"传承文明，开拓创新"的意识和能力。

情感态度主要包括两个方面：一方面，对学生学习过程和学习效果具有影响的因素，如兴趣、动机、自信、意志和合作精神等；另一方面，学生在学习过程中逐渐形成的祖国意识和国际视野。在学习过程中，学生通常会受到各种情感因素，如价值观、意志、理智、动机及教师的人格、态度、情感投入、教学风格等的影响。因此，在英语教学过程中，教师有必要对学生的情感予以关注，帮助学生形成积极向上的情感态度。具体而言，教师应注意激发并强化学生的学习兴趣，同时引导学生逐渐将兴趣转化为稳定的学习动机，提高自信，正确看待学习过程中的进步与不足，培养团队合作意识与创新精神，并养成良好的个人品格。

（2）教学方法。教学方法有很多种，有效地促进了英语教学的发展。这些教学方法包括翻译法、直接法、自觉对比法、听说法、视听法、认知法、功能法以及由此派生出来的口语法、全身反应法、自然法、暗示法、沉默法、交际法等。实践证明，没有哪一种教学法是最好的，也没有哪一种方法适用于所有时期、所有地区、所有教学内容。不同的教学法对不同的语言知识、语言技能各有侧重，这就要求教师在英语教学中综合、灵活地运用各种教学方法，这样才能有效促进学生英语能力的提高以及学生的全面发展。如果教师仅仅采用某种单一的教学法，必然会影响学生的学习效果。需要说明的一点是，在英语教学中，教师无论选择使用哪种教学方法，都必须以学生的语言交际作为教学的出发点，尽可能使课堂教学贴近学生的实际生活，引导并鼓励学生将所学的语言材料灵活地运用于新的生活场景中。同时，教师应力求使教学过程交际化，选用来自真实生活的且适合学生年龄的教材内容。

3.教材和教学环境

教材既是英语课堂教学的依据，又是学生学习的载体，学生习得英语语言主要是通过教材。由于教材编写水平与资料有限，任何教材的编写都难免存在一些缺陷。这就要求教师在课堂教学中要灵活处理不同教材，考虑学生的感受，对教学进度和教学方法进行适当的调整，以提高教学效果。教师要懂得因材施教、因人施教。

教学环境主要由三种要素构成：社会环境、学校环境以及个人环境。社会环境指的是社会对英语的需求情况、社会制度、国家的教育方针、外语教育政策、经济发展状况、科学技术水平以及人文精神。社会环境是影响英语教学的首要因素，指引着英语教学的方向。学校环境是学生学习外语知识的主要环境，对英语教学效果具有直接的影响作用。学校环境由多种成分组成，如课堂的设置、学生接触英语的时间、教学设施、教师的素质、班级人际关系等。个人环境主要包括学生家庭成员的社会地位、经济条件，对英语的态度，与同学、朋友之间的关系和感情以及学生自己所拥有的学习设备、用具等。

二、高校英语教学的现状

（一）英语基础知识教学现状

1.语音教学现状

（1）对语音教学的内容和任务把握不够。有一部分教师误以为，语音教学就是教字母、单词读音、国际音标。事实上，这种观点反映了其对语音教学内容的认识缺陷。因为语调、重音等同样是语音教学的重要内容。但有的英语教师只关心前面几项内容，而忽视了后面几项，这就很容易造成学生发音、拼读尚可，但语调不过关，语流不畅，最后导致学生读不清楚，说不明白，甚至会因为语调使用错误而引起他人的误解。因此，英语语音教学不能只停留在单个因素和单词读音的层面上，还应在音长、重音、语调、停顿、节奏等方面对学生进行重点训练。

（2）对语音教学的认识不足。对语音教学的认识不足主要表现在两个方面：一是对语音教学的重视不够，二是缺乏对语音教学长期性的认识。

作为语言存在的基础，语音是英语教学的第一关。可以说，世界上所有的语言不一定都有文字形式，但却一定有各自的语音。因此，英语语音教学也应该是整个高校英语教学发展的起点。然而在实际教学中，一些教师对语音教学并不重视，这一点主要表现为对学生的发音问题（如浊辅音发成清辅音、短元音发成长元音等）不认真纠正就放过，致使学生的语音基本技巧不纯熟，无法快速地将字母和语音联系起来，达不到直接反应的水平。总之，对语音教学的重视不够直接导致了学生发音不准、语流不畅、语音不地道等问题。

此外，还缺乏语音教学长期性的认识。一些教师和学生认为，语音作为一项基础知识，只存在于英语教与学的初级阶段，大学阶段无须再开展语音教学。这种观点是不正确的。事实上，语音教学应该贯穿于英语教学的全过程。这点常被一部分教师所忽视，导致学生的语音越来越差。高年级学生开口能力和习惯反而不如低年级学生。这些问题的产生都和教师对语音教学的长期性认识不够有很大的关系。因为语音是一种技巧性能力，"久熟不如常练"，语音的学习自然就需要经常练习。教师不仅要指导学生练习，自己也要不断地进行纠音和正调。需要指出的是，大学阶段的英语语音教学可不必将重点放在孤立的发音上，而应将语音教学融入语法、词汇、句型、课文教学和听、说、读、写训练之中，结合语境才能更好地使学生的语音得到提高。

（3）教师语音不标准。教师作为学生学习的榜样，其发音的准确、地道与否都直接影响了学生对语音的学习。然而，由于地区差异等原因，部分英语教师自身也存在发音不准确的问题。还有一些英语教师不能区分英式发音和美式发音。这在我们看来似乎没什么，但英语本族人对英式发音和美式发音却比较敏感。

（4）学生语音练习机会少。大学阶段的语音教学不像初学英语时那样，教师不会再用专门的几节课讲授语音知识。非英语专业的高校英语教学并无专门的语音课，语音是和其他语言知识与语言技能一起进行综合教学的。平均下来，教师分配给语音教学的时间本来就少，而用于语音练习的时间就更少了。这是英语语音教学中的一个显著问题，也是学生英语语音学习效果不佳的一个重要原因。

2.词汇教学现状

（1）词汇教学现状表现在教学方法单一。词汇是学生学习英语时最常见的要素之一，也是学习中最令学生头疼的部分之一。很多学生都存在记得快、忘得也快的问题，这一现状与教师词汇教学的方法不好不无关联。一些教师依然采用传统的词汇教学方法，即"老师领读学生跟读—老师讲解重点词汇用法—学生读写记忆"。这种教学方法单调、乏味，学生处于被动的学习地位，这无疑加剧了学生对词汇学习的抵触情绪，教与学的效果都不会太好。对此，教师必须重视词汇教学方法的更新，要采用多样、有趣的词汇教学方法来调动学生的积极性，提高学生学习词汇的兴趣。

（2）忽视学生的主体地位。学生是学习的主体，其自身的各项因素都直接决定了学习的效果。现代教育观认为，只有突出学生的主体地位，教学才能收到令人满意的效果。然而，这种主体地位在实际的英语教学中仍未得到很好的体现，词汇教学也不例外。词汇教学本应注重对学生智力的开发，重视对学生的观察力、记忆力、想象力、思维能力以及创造能力的培养。而现实状况是，一些教师仍然采用纯讲授的单线教学，将词汇的发音、意思、搭配等知识一股脑儿地灌输给学生，也不管学生需不需要，有没有兴趣，词汇教学效果显然不佳。实际上，学生进入大学阶段时，大多有了一定的英语词汇基础，且有能力对相关的词汇规律进行归纳和总结。因此，教师应发挥引导作用，使学生逐渐能够独立思考和总结，发现词汇规律，掌握词汇学习的方法，这样才能使学生的词汇学习事半功倍。

（3）与实际生活联系不够以及缺乏系统性。人们往往对自己熟悉的、与自己有关的事物更加关心。因此，教师也应将词汇与学生生活联系起来，以激发学生更大的学习兴趣。然而，一些教师仍然采用黑板和口头讲述单词，词汇与实际生活的联系也十分微弱。不能使词汇学习与学生的实际生活联系起来就难以引起学生的词汇学习兴趣，也无法因材施教。

3.语法教学现状

（1）教学方法单一。高校英语语法教学方法单一的问题体现为，一些教师经常甚至只使用"先讲语法规则，后做练习"的教学方法。这种教学方法使学生处于被动地接受地位，无法调动学生学习的积极性。学生听的时候似乎明白了，用的时候又倍感困惑。尤其是当几个语法现象共同出现的时候，学生往往就会不知所措。因此，面对复杂而繁多的语法条目，教师务必要注意教学手段的多样性，深化学生对语法条目的理解和记忆，使学生学会使用语法，而不是单纯地背诵语法规则。

（2）教材与大纲不协调。教材是课堂教学的依据，教材质量的好坏对教学目的的实现、教学方法的选用都有很大的影响。随着社会进步和发展，社会对大学毕业生的要求也日益提高，落后的语法教材显然已经不能适应学生充分交际的要求。它一方面束缚了教师的手脚，另一方面也限制了学生的实际应用能力。因此，作为教学依托和指导的传统语法教材应由交际语法教材取而代之。这有利于使学习者能够运用语法发展交际能力。

（3）语法地位降低。语法教学一度在我国英语教学中占据核心地位。一提到英语教学，人们自然而然地想到语法。然而随着在此观点指导下的英语教学弊端逐渐暴露，大量淡化英语语法教学的现象也随之逐渐显露。有人认为，学生小学就开始学语法，到大学阶段语法学习已基本完毕，无须重复。还有人认为，试卷中考查语法的题目较少，分值比重也很少，不值得花费太多的精力去学习。因此，语法教学又一度失宠。事实上，前面两种观点都是有失偏颇的。

（4）学生语法运用能力差。学生对语法的运用能力差主要表现在语法知识的掌握和交际技能的运用之间存在落差。长期以来，传统的英语教学过分注重对学生语法知识的传授，即使到了大学阶段，英语教学也仍以传统的教学方法来进行，通过反复模仿来巩固学生的英语基础知识。因此，学生最后虽然掌握了语法知识，语法规则背得头头是道，却并不具备语法能力，在实际运用中错误百出，以至于学生虽然学了十几年的英语语法规则，但在实际交际的过程中的效果却不尽如人意。

（二）英语技能教学现状

1.听力教学现状

听力教学现状包括机械化教学模式、听力时间不足、教材现状不佳和学生听力基础薄弱四个方面的现状。

机械化听力教学的机械化表现为教学模式程式化，即大多数教师都采用"听录音—对答案教师讲解"的模式开展听力教学。这种模式下的听力教学不仅缺乏对学生的有效监督，而且忽视了学生对语篇的整体理解，只是毫无目标地、机械地播放录音，一遍不行就放第二遍、第三遍，教师盲目地教，学生盲目地听，而且听的时候也不认真，听完就等着对答案，听讲解，并没有强烈的学习动力。

听力水平的提高需要大量的练习做保障，但很多学生课下就将学习抛在脑后，很少主动练习听力，因此听力学习的时间主要集中在课堂上。然而，非英语专业的高校英语听力教学并未独立出来，而是和其他内容一起教授。但一节课的时间有限，而且也不可能全部用于听力，因此学生能够听的时间其实很少。听力作为一种综合性技能，它的提高并非一朝一夕能够实现的，这就使学生的听力水平难以提高。

教材对教学活动的组织安排具有很大的指导作用。好的听力教材不仅可以丰富学生的文化素质，还可以开阔学生的视野。而质量不佳的教材就会对教与学产生种种阻碍。我国部分高等院校使用的听力教材就存在内容陈旧、编排不合理等问题。这些教材既不能反映迅速变化的时代，也无法体现最新的教学思想和教学方法，因此也难以在听力教学中起到良好的辅助作用。

2.口语教学现状

第一，教学方法滞后。长期以来，我国的英语教学将大部分注意力都放在了语法和阅读教学上，这就导致教师对口语教学的关注不够，口语教学的方法也并未得到及时更新。"讲解—练习—运用"是我国高校英语口语教学的常用方法。这看起来并无不妥，但实际上却将学生置于被动地接受地位，学生在没有语境的情况下做大量机械的替换、造句等练习，根本无法有效地提高口头表达能力。

第二，课时不足。和听力教学一样，口语教学也并未被独立出来进行专门教授，这就意味着口语教学的时间很难得到保证。然而，口语能力的提高通常需要花费大量的时间，进行大量的实践，而教学时间的不足直接制约了教学效果的提高。教学时间的不足是英语口语教学的硬伤，直接导致了学生的口语能力低下。

第三，缺乏配套教材。有调查显示，适用于非英语专业的高校英语口语教材十分少见。大多数英语教材都将口语训练当作听力训练的延展而附在听力训练之后，且内容简短、缺乏系统性。这就很容易使教师和学生轻视口语的教与学。尽管市场上也有一小部分口语教材，但实用性不佳。这些教材要么是专门针对某一专业、领域的口语教材，难度太大；要么是有关简单的问候、介绍、谈论天气日常用语的教材，过于简单。这些教材都难以担当辅助口语教学的重任。

第四，学生口语能力差，心理压力大。中国学生在学习英语口语时，难免受汉语的影响，而存在各种各样的问题。例如，有的学生发音不准，影响了语义的表达；有的学生带有地方口音，听起来十分可笑；还有的学生不能正确使用语调、重音等，影响口语表达的标准性，甚至改变了发话人的本意。另外，由于缺乏练习，学生也很难将学到的词汇、语法用在口头表达中，因而造成无话可说或不知如何去说的尴尬。

受传统教育的影响，英语教学的重点通常被放在阅读和写作上，口语教学就被忽视掉了。这就导致学生缺乏口语练习，口语基础薄弱，即使日后意识到了口语的重要性，也总是心虚、不自信。虽然有些学生的口语能力不像他们自己想象得那么差，却仍然不愿意开口说英语。即使有一小部分学生愿意口头交流，也总是带有紧张不安的情绪，担心自己说错、被批评、被耻笑。这些负面情绪对口语水平的提高影响极坏。

3.阅读教学现状

（1）阅读教学现状表现在教学观念有误。阅读教学一向是高校英语教学的重点。尽管如此，高校英语阅读教学观念却存在以下两个严重的错误：

第一，将阅读教学混同于词汇教学、语法教学。教师常常过分重视语言知识的传授，抓住一个单词、语法点大讲特讲，阅读教学呈现"讲解生词逐句逐段分析对答案"的定式，忽视了学生对语篇的理解、从语篇中获取信息能力的培养。

造成这一问题的根本原因就是阅读教学观念不正确。教师对阅读教学的目标认识不清晰，导致阅读教学成为语法、词汇教学，学生的阅读能力并未得到提高。

第二，将阅读速度等同于阅读能力。有些教师认为，阅读速度加快了就意味着阅读能力提高了，并据此来开展教学活动。事实上，这一观点是错误的。有些学生即使阅读得很快，但理解不佳，有些学生阅读得很慢，理解也不好。因此，阅读速度和阅读能力没有必然关系。阅读的速度应根据阅读目的来确定，配合一定的阅读技巧来实现。若只需要掌握文章大意，就可采用浏览的方式来阅读，不必字字细读。若要掌握某个细节事实，就应先浏览，确定所需信息的位置，然后细读该部分。

（2）教学方法落后。高校英语阅读教学方法的落后体现在"教师布置阅读任务—学生阅读并做题—教师对答案、讲解"的教学模式已经成为一些教师的固定模式，被不加考虑地一再沿用。这种教学方法的应试性比较高，因而显得十分死板，学生的阅读习惯、阅读技巧等均得不到培养，主体地位得不到突出，主观能动性得不到发挥，学习兴趣更得不到培养，阅读教学的效果可想而知。

（3）课程设置不合理。有些学校、教师错误地认为阅读教学是英语教学的附属品，因而对阅读课程教学目标、教学计划的设计不甚在意，阅读教学的课时、课程设计、师资力量以及教学组织得不到保证，直接影响了阅读教学的效果。另外，精读与泛读的课程设置也明显地"厚此薄彼"。很多高校从大一到大四都安排给精读很多课时，而泛读则几乎没有。这种重精读、轻泛读的现象加剧了教师和学生对阅读的误解（即学习词汇、语法知识），而由泛读培养起来的阅读技巧则得不到任何发展。这显然是阅读教学误入了歧途。

第二节　高校英语教学的影响因素与发展

一、高校英语教学的影响因素

（一）教　师

教师是高校英语教学的重要因素，在英语教学中起着主导作用。在英语课堂上，教师主要充当两种角色，即掌控者和引导者。作为一名合格的英语教师首先应该具有纯正的发音。然而，并非所有的英语教师都具有纯正的发音，所以教师可借助多媒体等手段来弥补自己的不足，确保学生在课堂上所听的内容都是纯正的。同时，教师在讲解单词、句子、课文时，应该穿插一些解释，对难懂的词语要不断重复讲解。在多数英语课堂上，教师的讲话占据课堂大部分的时间，不可否认，教师的讲话有利于学生的语言习得，但也不能因此牺牲学生的练习时间。同时，教师还要注意不断变化教学的形式，以增强课堂的趣味性。一位合格的英语教师还应具有一定的应变能力，能预测课堂活动中出现的状况，能很好地处理课堂上的突发事件，确保课堂活动的有序开展。

此外，教师应该随时调整自己的提问方式、语言运用、提供反馈的方式。在英语课堂中，提问是教师常用的一种教学手段。通过提问，可以有效激发学生的学习兴趣，促使学生积极思考，帮助教师对某些知识结构进行诱导。另外，语言运用的方式也很重要，为了让学生对所讲述知识有一个充分的了解，教师在教学中可以采用重复话语、降低语速、增加停顿、改变发音、调整措辞、简化语法规则、调整语篇等措施。学生是英语教学的重要反馈者，同样，教师的反馈也是十分重要的。所谓提供反馈就是指教师为学生的学习情况提供反馈。教师的反馈可以是对学生话语的回答，如表示学生问答正确或错误、赞扬鼓励、扩展学生的答案、重复学生所答、总结学生回答、批评等。总之，教师的目的就是采用不同形式的教学方法，调动学生的积极性，扩展学生的知识面，培养学生的学习能力，提高整体教学的效果。

（二）学生的个体差异

1.语言潜能的差异

语言潜能最简单的定义就是：潜能是一种固定的天资。某些人较其他人有更高的水平。有这种能力的人，在语言学习方面可能会取得更快的进步。卡洛尔认为，语言潜能包括语音编码、解码的能力，即关于输入处理的能力；归纳性语言学习的能力，它是有关语言材料的组织和操作的能力；语言敏感性，它是从语言材料中推断语言规则的能力；联想记忆能力，它是关于新材料的吸收和同化能力。每个学生的语言潜能都存在差异。在英语教学过程中，教师应了解学生的语言潜能，从而因材施教，使之针对不同的学习任务在不同场合发挥各自的长处，以收到事半功倍的效果。

2.认知风格的差异

认知风格又称认知方式，是指个体在认知过程中所表现出来的习惯化的行为模式，它既包括个体知觉、记忆、思维等认知过程方面的差异，也包括个体态度、动机等人格形成和认知功能及认知能力方面的差异。每个学生都有各自不同的认知风格。然而，不同的认知风格又有优劣之分，但这并不体现在学生的学习成绩上。每个学生都有自己偏爱的信息加工方式，在学习不同材料时也会各有所长。当学生的认知风格与教师的教学风格、学习环境中的某些因素相吻合时，就会获得好的学习成绩。因此，教师应了解并尊重学生的认知风格，针对不同的学习任务和学习环境因材施教，正确引导，使自己的教学特点与学生的需要有机地结合起来，从而获得良好的教学效果。

3.情感因素的差异

（1）学习动机。学习动机是指激发个体进行并维持已引起的学习活动，并使其行为朝向一定的学习目标的一种内在过程或内部心理状态，是直接推动学生进行英语学习的内部动力，是影响英语学习成绩的一个关键因素，学习动机来源于学习活动，也是学习活动得以发动、维持、完成的重要条件，并由此影响学习效果。

（2）性格。性格是指一个人对现实的态度和行为方式表现得比较稳定但又可变的心理特征，是学生重要的情感因素，也是决定其英语学习成功与否的关键因素之一。人的性格大体可以分为外向型和内向型两种。埃利斯认为，外向型的学生有利于交际方面的学习，因其喜欢交际，不怕出错，能积极参与英语学习活动，并在活动中寻求更多的学习机会；而内向型的学生在发展认知型学术语言能力上更占优势，因其善于利用沉静的性格从事阅读和写作。对教师来说，研究学生在性格上差异的最终目的是充分了解学生的个体差异和不同的心理状态，发挥不同性格学生的优势，因材施教，以获得更理想的教学效果。

（3）态度。态度就是个体对他人或事物的稳定的心理倾向或为达到某种目的而做出的努力，它是影响学习效果的重要因素之一。学习态度一般包括情感成分、认知成分和意动成分。所谓情感成分，就是对某一个目标的好恶程度；认知成分是对某一个目标的信念；意动成分就是某一个目标的行动意向以及实际行动。通常来讲，获得好的学习效果应该对异质文化具有好感，向往其生活方式，渴望了解其历史、文化和社会习俗等。此外，学生对学习材料、教学活动的组织形式及对教师的态度都会影响到他们语言学习的效果。分析学生的个体差异有利于教师制定合理的教学计划，选择适合的教学材料及方法。

（三）教学环境

教学环境对英语教学有以下四方面的影响：一是教学环境能够使教师在教学中更加努力地营造良好的课堂环境，充分利用现代化教学设备，优化教学环境，提高学生对英语语言的运用能力；二是教学环境可以帮助教师正确认识环境对学生英语学习的影响，结合我国英语教学的现状，理性地分析、判断和选择其他国家英语教学的理论和方法；三是教学环境可以帮助教师有效地加工语言输入材料，科学地设计语言练习，创造良好的课堂英语使用环境；四是教学环境有利于教师在不断学习和实践优化课堂教学环境的策略，以及在创设良好的英语教学环境的过程中，提高其自身的教学素质。

二、高校英语教学的发展

改革开放以来，我国高校英语教学走过了几十年的发展历程，其间取得了丰硕的教学成果。随着教育教学的不断发展，外语教学理念从以教师为中心转向以学生为中心，"一刀切"的教学管理向个性化教学转变，多媒体和网络技术的发展更是为高校英语教学创造了更好的发展条件。2007年，教育部制定了《大学英语课程教学要求》（以下简称《课程要求》），作为各高等学校组织非英语专业本科生英语学习的主要依据。从《课程要求》中可以看出，我国目前的高校英语教学理念是"重功能，重交际，重技能的全面发展，以学生为中心，以任务为基础的主题教学，充分利用高科技手段，实现个性化教学等"。

（一）高校英语教学改革的方向

1.不同院校、学生的目标可以不同

不同的学校，其师资力量、教学资源等都有所不同。因此，不同高校的教学目标也可能有所不同，既允许顶尖院校有更高的教学目标，也允许后进的院校只达到基本要求。另外，即使是同一所学校的学生，他们的英语水平也可能相差较大。对此，学校应根据不同学生的实际水平、兴趣爱好等开展分级教学。要求实力不同的院校、起点不同的学生达到相同的目标显然是不合理的，也是不太可能实现的。

2.教学目标转向"听、说为主"

重阅读是我国高校英语，甚至是各阶段英语教学的重要特点。这一点在历届高校英语教学大纲和教学目标中都有直观地体现。1962年，我国第一份高校英语教学大纲就将阅读当作唯一的教学目标。到了1999年，尽管教学目标中增加了"用英语交流信息"的字眼，但却并未明确提出培养学生的语言交际能力，而阅读仍然是高校英语教学大纲中的第一层教学目标。2007年，《课程要求》指出："高校英语的教学目的是培养学生英语综合应用能力，特别是听说能力，使他们在今后工作和社会交往中能用英语有效地进行口头和书面的信息交流，同时增强其自主学习能力，提高综合文化素养，以适应我国经济发展和国际交流的需要。"至此，《课程要求》才清楚地明确了高校英语教学培养学生语言交际能力的目标，即在强调听、说、读、写各种能力协调发展的同时，还要将听、说能力的培养放在教学的重要位置。这是我国高校英语教学的一个重大突破。

3.教育理念转向"以学生为中心"

过去的高校英语教学十分注重语言的结构，认为语法是英语教学中最重要的内容，学生只要学会了语法规则，就学会了语言，获得了使用语言的能力。在此基础上，高校英语教学普遍存在"以教师为中心"的教学现象。然而，随着语言教学理论的发展以及交际教学法的兴起，人们越来越多地意识到，学习是学生的活动，作为内因的学生本人才是影响学习效果的根本原因。因此，语言教育者提出了"以学生为中心"的教学理念，旨在提高学生学习的主动性、积极性，从而提高教与学的效果。

"以学生为中心"起源于美国教育学家杜威的"以儿童为中心"的教育理念。杜威认为，教师并非教学的中心，教学中也不应采用填鸭式、灌输式的教学方式，而应以儿童为中心开展和组织教学，充分发挥他们的主观能动性。在此基础上，人本主义代表人物罗杰斯提出了"以学生为中心"的教育理念。他认为，学生天生就有学习的潜力，若所学内容与学生自身的需求相关，学生就会积极参与学习，如此就可提高学习的效果。在此观点的影响下，教师逐渐意识到自己不应是居高临下的指挥者和知识的灌输者，而应是学生学习的参与者、组织者、合作者、指导者和推动者。而如何实现"以学生为中心"的教学理念，避免"一言堂"现象的产生，并保证良好的教学效果是需要继续探索的实际问题。需要指出的是，"以学生为中心"并不意味着教师就要"袖手旁观"，也不意味着教师的任务会变轻。

事实上，按照"以学生为中心"的教学理念来开展课堂教学时，教师不仅要参与到教学活动中去，而且还要与学生合作，才能完成整个教学任务。在此期间，教师还要给学生一定的帮助和指导，最后还要对学习活动的开展情况和学习效果做出评估，以促进教学活动的顺利开展，并达到预期效果。由此可见，在"以学生为中心"的教学理念下，教师扮演着"学生顾问"的角色，既要掌握学生的实际需求，还要帮助学生做好学习准备，顺利完成课堂活动。因此，与传统的"以教师为中心"相比，教师的工作不但没有减少、减轻，反而增多、增重了。

4.教学模式转向"以内容为依托"

在全球化进程不断加快的今天，社会各行各业对既有专业知识又熟悉相关领域英语的复合型人才的需求量越来越大，这就对专门用途英语的教学提出了更多、更高的要求。复合型英语人才大致可分为"专业+英语"人才和"英语+专业"人才两类。其中，前者是以英语为工具，从事专业工作。学习期间，学生可以根据自身需要选择两个或多个学科的课程，如经贸+英语、物理+英语、机械+英语等。而后者则主要从事某些领域的口译、笔译工作。在英语教学中，这两类人才的培养都是以英语基础和多学科知识的交融为出发点，力求培养出能对本专业知识融会贯通的综合性人才。在此标准下，各专业学生不仅要具备一般的英语听、说、读、写能力，更要能利用英语来获取专业知识和信息，甚至要能利用英语参与国际学术交流等。然而，纵观我国目前的高校英语教学可以发现，以讲解语言点为主的"记忆型教学"，仍然占据主要地位，这样的教学模式对提高学生的学习动机、营造轻松愉快的课堂气氛而言都是十分不利的。显然,这样的教学模式很难取得良好的教学效果,学生也无法运用英语解决实际工作中的问题。由此可见,传统的高校英语教学模式已无法满足社会发展的需要,从某种程度上,甚至制约了学生的发展。

5.开展多媒体网络教学

《课程要求》首次确定了计算机网络在外语教学中的重要地位。这不仅使计算机网络在高校英语教学中受到了重视,还引发了全国规模的高校英语教学改革。以计算机网络为核心的现代信息技术的引进使外语教学目标、方法、手段、观念、教材、作用、环境、评估等各个方面都发生了巨大变化。与传统教学相比,计算机多媒体教学有着众多优势。计算机软件可以为学生提供地道的发音,生动形象地将知识内容呈现给学生,图文并茂,很容易引起学生学习的兴趣,同时也使外语教学突破时空限制,学生在任何时间、任何地点都能学习英语。这也极大地增加了学生学习英语的时间。

6.评估方法多元化

评估是英语教学的一个重要方面。教学目标能否实现要依靠教学评估来检验。而交际型的、以学生为中心的教学模式和培养综合应用能力的目标,要求其评估体系也应该是能够考查学生语言运用能力的交际型评估。这也引发了教学评估方式的转变。测试中的客观题减少,主观题增加;终结性评估不再"独霸天下",形成性评估受到越来越多的重视等。随着人们对教学评估改革意识的增强,出现了很多可以在计算机网络上实现的、新型的语言测试。这些测试大多具有开放性、形成性和多维性的特点。学校要允许学生多次考试,让他们看到自己的进步和成功,尊重每名学生的学习速度、学习阶段和自我感受,让他们为完成学习任务而学习,而不是单纯为了应付考试。

(二)高校英语四、六级考试的改革

高校英语四、六级考试自1987年实施以来,至今已有30多年的历史,考试人数也从当年的10万人发展到现在的千万级别,成为世界上规模最大的考试之一。在这30多年里,高校英语四、六级考试对提高我国高校英语教学质量、推动我国大学生的英语水平的提高起到了重要的作用。1987年9月举办的第一次高校英语四级考试和1989年1月举办的第一次高校英语六级考试使高校英语教学得到了全国各高校以及社会的重视,高校英语课程也成为高等教育的一项重要内容。四、六级证书不仅关系到学生是否能够顺利毕业,还关系到是否能够找到满意的工作。

为适应我国高等教育发展的新形势,满足社会需求,2005年2月,教育部宣布了高校英语四、六级考试改革的试行方案。自2005年6月起,四、六级考试成绩将采用满分为710分的计分体制，不设及格线；成绩公布方式由考试合格证书改为成绩报告单，即考后向每位考生发放成绩报告单，内容包括：总分、单项分等。为使学校理解考试分数的含义并根据各校的实际情况合理使用考试测量的结果，四、六级考试委员会将向学校提供四、六级考试分数的解释。就考试内容和形式而言，将加大听力理解的题量，增加快速阅读理解测试以及一些非选择性试题的比例。

第三节　英语课程与教学论的理论基础

一、课程观

（一）过程化的课程观

如前所述，对课程概念的理解总是与一定的时代、实践背景、价值取向和哲学假设相联系。20世纪70年代，美国兴起的"概念重建主义课程范式"，对课程进行了重新诠释。概念重建主义者认为，以往的课程观把课程看作是事先确定的目标、内容、计划等，强调统一性，强调对知识的服从和机械记忆，不鼓励批判精神，导致学生目光短浅、视野狭窄等。实际上，课程不是预先设计的一成不变的文本，课程目标也不是预先设定的，而是形成性、创造性、动态变化的，课程是开放的、动态的、过程性的，是在教学过程中通过教师、学生与情境的交互作用形成的。因此，我们应该重新思考和构建课程的本质。

"概念重建主义"的核心是追求"解放理性"和权利赋予。它把课程看作是动态的、过程性的，意味着重视师生在构建课程中的意义，强调教师与学生能够自主地从事课程创造，在不断的自我反思和彼此交往的过程中达到自由与解放。

受"概念重建主义课程范式"思潮的影响，许多课程学者对课程（curriculum）的词源currere表现出浓厚兴趣，因为currere原意指"跑的过程与经历"，它可以把课程的含义表征为学生与教师在教育过程中的鲜活的经验和体验。与名词的"课程"（curriculum）相比，currere是"过程课程"。也就是说，课程概念的理解由过去重视静态的目标、内容和计划，转向开始重视动态的课程过程，由强调"跑道"的内容转到"跑的过程"。

（二）强调隐性课程的价值

显性课程，是指学校有计划地组织、实施的正式课程或官方课程。这一直是人们关注的焦点。隐性课程是指教育环境对人的潜移默化的影响，即学生在学习环境中无意识获得的知识、情感、态度、价值观及社会规范等。英语学习中，学校的英语学习氛围、校园英语环境、师生关系等都对学生英语运用能力和个性发展起着潜移默化的影响，都属于隐性英语课程。我国学生的英语学习是外语学习，缺乏自然的英语环境。因此，除了学校的显性课程，积极利用隐性课程具有积极意义。

上面介绍了一种常见的对课程内涵的理解，以及新近的课程观点。从我国实际情况看，由于种种原因，英语教师普遍持静态的课程观，把课程看作事先明确规定的外在于教学过程的东西，如课程文件、教材等，对课程过程、隐性课程的重视不够。倡导教师积极开发和利用各种课程资源，这些都有利于丰富和更新教师对课程概念的认识。

而分级目标要求与基础教育阶段的年级不完全对应，各地可以根据国家课程三级管理的有关规定，根据当地的条件和需要，适当调整相应学段英语课程的目标。也就是说，课程标准只是规定了应达到的阶段性目标，而对何时达到构成阶段目标的分目标、用什么素材达到目标未做严格的规定和统一的要求，对知识点的先后顺序，即先学什么、后学什么也未做严格的规定和统一的要求。

同时，课程标准还明确指出，教师应该根据课程标准、教学实际情况，创造性使用英语教材。从英语课程标准的上述内容可以看出，新课程已经超越了对课程的静态描述，认识到了课程的动态生成的特点，认可了教师在具体教有情境中的课程调适作用。此外，提倡课程标准，积极开发和利用教材以外的课程资源，改变学生学习方式，这些对于积极利用隐性课程都有积极意义。

二、教学内涵

（一）教学是有明确目的的活动

教学活动是有目的的活动。其根本目的在于使学生获得知识、技能和身心等多方面的发展。教学活动中，教师和学生按照一定的目的和要求，以课程内容为中介，通过各种方法进行交流、交往，从而促进学生的发展。

（二）教学是教师教和学生学的统一活动

前文介绍了从不同角度对"教学"含义的不同认识。其实，不管从哪个角度认识教学，都不能否认，教学过程中"教"与"学"总是相互联系、彼此制约的，教师的教和学生的学是同一过程的两个方面，两者互相依赖、不可分割地联系着。在课堂教学情境中，教师的教离不开学生的学，学生的学也离不开教师的教。正如市场中的买卖活动，不存在"没有买的卖"，也不存在"没有卖的买"，教学是教师教和学生学的统一活动，他们是互为前提，相互依存，相辅相成的。国内多数有影响的对"教学"的界定都反映了这一观点。如《中国大百科全书教育》指出："教学是教师的教与学生的学的共同活动。学生在教师有目的、有计划的指导下，积极主动地掌握系统的文化科学基础知识和基本技能，发展能力，增强体质，并形成一定的思想品德。"

这里需要注意，教学是教与学的统一，不是教与学的简单相加，而是两者辩证的统一。进一步说，指的是教和学相结合或相统一的活动。这里要注意的是"结合"或"统一"二字。就是说，只有教或只有学的片面活动，或者只是这两项活动的简单相加而没有什么"结合"或"统一"，都不是我们所说的严格意义上的教学活动。要使教学真正成为教和学相结合或相统一的活动，教师的教就要遵循学生学的规律和学生的身心特点。

（三）教学活动是师生以课程内容为中介的共同活动

如上所述，教学是教师的教与学生的学相统一的活动，教与学是同一过程的两个方面，而课程内容是连接两者的纽带和中介。师生双方围绕特定内容材料开展活动，因此课程内容及学生的相关体验是教学活动得以实现的必要条件。

（四）教学是一种交往活动

教学作为人类的一种重要的社会活动，其本质是人与人的交往，这种交往既体现了一般人际关系和语言交际的特点，又具有教育的独特内涵，具体到英语教学之中，就表现为师生及生生之间为着共同的目的、围绕共同的话题展开对话、交流与合作，从而使学生获得用英语表情达意之能力的发展，以及情感态度、文化意识和学习策略等方面的进步。

（五）教学的本质是意义建构

教学活动旨在促进学生的发展，实现该目的的过程其实就是学生建构新知识的意义及对原有经验进行改造和重组的过程。教学活动和课程内容只有与学生已有的知识和经验相联系，方可实现真正的教学。

三、教学论的理论基础

（一）教学论的历史发展

在西方，教学理论的形成和成熟都要比课程理论久远。第一个较为系统思考教学理论问题的是德国教育学家拉特克，他在1612年向法兰克福诸侯呈献学校改革的奏书中，就自称是"教学论者"。拉特克认为，教学论是以教学的方法、技术问题为中心的，其重点在于探讨如何使所有的人最容易、最有效地获得知识和教养。

而教学论成为教育学的一个独立研究领域，公认的标志是1632年捷克的夸美纽斯《大教学论》的出版。夸美纽斯把"教学论"称作"把一切事物教给一切人的艺术"，认为这种艺术的根本就是"自然秩序"，其中首先是"学生的天性"，教学要适应儿童自然的倾向。

20世纪50年代，世界范围内形成了"三大新教学论流派"，即苏联教育家赞科夫的"发展性教学论"、美国心理学家布鲁纳的"发现教学论"、德国教学论专家根舍因和克拉夫基的"范例教学法"，在教学实践中产生了深远的影响。它们的共同特点是通过改革课程结构和教学体制，培养儿童优异的智力，进而推动个性整体发展。另外，保加利亚教学论专家洛扎诺夫的暗示教学法主张在教学中利用学生的无意识，对英语教学实践也产生了深远的影响。

（二）教学论的研究内容

1.教学的概念

任何教学研究都不得不先阐明对教学概念的理解。

2.教学过程

教学过程是达到教学目标的途径。教学实践中的很多问题如何解决和解决得好不好，都取决于对教学过程的理解。教学过程的研究涉及教学过程与儿童身心发展特点、社会诸多过程的关系，也包括对教学模式的探讨，具体如教学过程的结构、环节、阶段、程序等。

3.教学方法

教学方法也是教学研究重要的组成部分。在英语教学的历史长河中，教师摸索出很多教学方法。对这些方法加以梳理、论证，进而提炼出一定的理论，可以指导教师更好地理解英语教学，并选择、运用好的教学方法开展英语教学。

4.教学评价

检查和评价教学效果是英语教学过程不可缺少的一个环节，同样也是英语教学理论研究中的重要组成部分。

（三）英语课程与教学论

学习、研究和探讨英语课程的理论基础，这不仅涉及集研究自然科学、社会科学和思维、人文科学之大成的宏观的哲学理论，还需关注英语语言本质的语言学理论和有关学生如何学、教师如何教的心理学、知与行统一的学习论等思维活动过程内在的规律性。因此，英语课程建设、发展和实施需要基于科学的哲学、语言学、教育学和心理学等理论基础之上。英语课程也只有在哲学、语言学、教育学和心理学等相关学科科学理论的指导下才能发展和实施得更好，更符合其客观内在规律。

英语课程的建设、生存、发展、创新和实施，一方面需要多视角地进行分析研究，另一方面也需要多元的科学理论指导，哲学当然是其中首要的指导理论基础。哲学是研究自然科学、社会科学和思维、人文科学知识的高度概括和总和，是自然科学、社会科学和思维、人文科学知识的最高规律。自然科学研究自然客观事物发展的规律，社会科学研究社会发展的规律，思维、人文科学研究以人为本、人类与现实社会文化生活关系和人类思维及其发展的规律，唯独哲学研究和揭示的是整个人类和客观物质世界关系的本质特征和普遍思维认知发展规律。

哲学一方面紧密联系自然、社会和思维、人文科学，另一方面又对其具有世界观和方法论上的指导意义。人们不仅要质疑、探索、诠释和认识客观物质世界，更重要的还应改造和发展外在物质世界，改造和发展人类自身，从而创造人类社会的物质文明和精神文明。世界观一方面极力支撑和协助人类探索、诠释、认识、把握客观事物发展的规律，另一方面也制约着人类对客观事物发展规律的认识。方法论是人认识、把握世界和改造世界的根本方法。当前，马克思主义哲学的辩证唯物主义和科学发展观对英语课程的建设、存在、发展、创新和实施具有总体理论上的指导意义。

英语教育、课程与教学的根本主导思想是要充分体现以人为本、以人的发展为本的思想。英语课程以人的发展为本的思想，根植于马克思主义哲学对人的本质，人与客观世界、社会文化的关系，人的主观意识、思维与外在世界、社会思想文化的关系以及人的生命活动与语言的关系等问题的精当且深邃的论述之中。

课程与教学的本质是教书育人，是既能促进学生成为德、智、体、美综合素质全面发展，又能使其个性获得充分自由发展。人的发展与社会发展紧密相连，一方面人的发展离不开社会发展，人脱离了社会就不成为社会人，就难以生存和发展；另一方面社会的发展也离不开人，社会是由人组成的，是人群的社会，社会脱离了人也就不复存在。这种人与社会关系相互依存和互促发展性还表现在，一方面客观世界和社会发展制约着人的发展规律，另一方面人充分发展的目的又在于认识世界和社会及其发展的客观规律，并根据其内在逻辑发展规律能动地、创造性地改造世界和社会，并不断推动世界和社会的物质文明和精神文明的发展。而世界和社会的发展又反作用于人自己，不断促进人的充分全面发展和个性自由解放。

英语课程发展和实施的目的也在于培养学生综合素质的充分发展，并使其个性获得自主、自觉和自由发展。这不仅是学生发展的需要，也是社会物质文明发展和精神文明发展的需要，更是创建和完善中国特色社会主义外语教育教学体系的需要。因此，英语课程务必紧密联系个人与社会的发展，并在人与社会生活情境发展的进程中求得自身的发展、创新、完善和有效的实施。

深邃和思辨的理论问题，往往可以用最简单的事实和身边的实例表征和论证。

英语语言单词如 book，或词组如 an English book，或句子如 The English book is on the desk，或语篇和文本，都是使用英语的民族对客观存在事实和事件约定俗成的符号，而语言符号又是意识、观念、思想的物质外壳。倘若在外在世界中不存在"书"或"一本英语书"等现实事物和事件，那么上述英语单词、词组、句子以至语篇和文本就难以产生、存在、发展和创新，也更难甚至无从显示。

英语教育如何能使学生理解并运用英语单词、词语、句子、语篇和文本等语言知识？在回答这个问题时，则仍需依靠学生自主自觉、积极主动、能动创造地在人与外在世界社会关系和特定的现实世界社会生活情境中通过理解和运用英语交际、沟通的实践活动才能解决，语言知识和交际运用能力才能学得和习得。

而大多建构主义者（社会建构主义者除外）认为"脱离和割裂了人与外在客观世界社会生活的关系和特定的现实世界社会生活情境的联系。单凭个人的主观意识，观念、思维的自我认识和自我建构，就能自我建构和创新、达标理解和交际运用语言知识"的观点，是不现实的。这正是由外在物质世界、现实社会生活的本原性所决定的，同时受意识观念、思想直接反映的第二性和被决定性制约。因此，英语课程建设、发展、创新和实施的目的、内容、方法都应彰显语言与学生现实社会生命活动的息息相关性，从而尽量设计成在接近、贴近甚至回归学生的现实社会生活的生动情境之中讲解、操练和交际运用英语，进而促进英语课程能获得更为理想或良好的发展、创新的实施效果。

英语教育、课程与教学要体现发展英语素养和人文精神，特别是发展人文精神就应培养学生自我实现的理念，尊重学生的尊严、价值取向、需要、愿望、信念、情感意志，感受、体验、追求理想的人格、人的自身完美、个性解放和坚持真理反对迷信盲从，开发学生的个性、潜能、创造意识和能力，使学生成为德、智、体、美全面发展的完整的人。人文精神把人自己视作最高价值和最终目的，赋予人崇高的理想和规范的社会行为准则。进而这又转化成为人类认识社会和改造社会及完善人自身的强大内驱力和思想武器，给人类和社会发展指出正确的路径和造福人类的方向。忽视人文精神的英语教育必须改革，片面追求人文精神的发展也必须提防。英语教育不仅要扎实掌握英语语言知识、技能和交际运用语言的能力的英语素养，同时也要重视学生人文精神的培养。

（四）英语课程教学理念

1.以学定教

长期以来，传统的英语教育教学的理念是以教定学，把学生看作教育的对象，是接受知识的容器，是学校生产的产品，忽略了发展学生的自由个性。积极有效的学习理论和学习理念，则倡导以学定教，以教导学，把学生看作学习的主人，学生是在教师的指导下积极主动地学习知识、技能、能力，并能调控学习过程，从而使个性、潜能、创新能力获得主动、自我的发展。以学定教、以教导学真正体现了学生的主体性和教师的指导性相统一的原理。这种理念也是英语教育改革的重中之重。

传统的英语教育以教定学，重视教师的教或以教师为中心，严重忽视了学生的学和学生的主体性。教育教学过程成了主要由教师传授、讲解书本知识的"满堂灌"过程，而学生只是被动地接受知识。以学定教不仅立足于学生已有的知识、经验、需求之上，遵循学生学习知识、发展能力的规律，确定教学目标、内容、策略方法和评价措施，也立足于激励学生积极主动地学习、能动地思考和运用知识的过程，既立足于学生群体，也立足于学生个体。

任何优秀的教师和教材都不能替代学生的自主学习。从学生群体发展角度着眼，学生潜能和创造能力是无限的。学生的无限潜能和创造能力是不断推动社会前进的动力。从学生个体角度着眼，学生作为个体的经验、体验、个性、潜能、创造力是不同的，存在着一定的差异。因此，英语教育必须面对全体学生，同时也应根据不同特点的学生以学定教，发展人的个性、优势、潜能和创造能力，注重学思结合、倡导启发式、探究式、讨论式、参与式教学，注重知行统一，注重因材施教，使每一个学生都能获得进步。

2.以教导学

英语教育教学不仅是以学定教，还需有以教导学的理念，以学定教与以教导学是一对对立的统一体。以教导学理念认为，学生不只是知识的被动接受者和使用者，而且也是在教师的指导下能更积极地获取有效的知识、技能和能力的学习者。英语学习过程就是学生在教师的指导下在自己已有的知识、经验基础上逐步掌握英语知识的过程。这里的知识是指广义的知识，它包含陈述性知识、程序性知识以及策略性知识。

陈述性知识一般指英语语音、词汇和语法知识；程序性知识一般指为交际运用英语知识的技能和能力；策略性知识是指内在调控的认知策略和方法。学习英语不是简单地接受知识的过程，学生本身也不是被动地听讲、死记硬背、机械和盲目记录信息的容器。学习英语是

学生经教师指导，通过自己的兴趣、需要、体验、经验、价值取向、信念和实际的认知和相关知识水平去积极主动地学习和逐步运用知识的过程。这是一个以教学、师生互动的知识成长和生成的过程。同时，这也是学生一切经验和知识的源泉。

3.多学精教

英语教育教学不仅是以学定教，以教导学，而且还需多学精教。英语教育教

学一方面是师生双主体与被学习的英语客体之间互动的过程，而且也是主客体与客观情境三者互动活动的过程，甚至还是主客体情意、情境的多向互动的过程。多学精教理念是指在师、生、情境、英语、情意互动的过程中学生要积极主动地多学、多用，而教师则充分利用具体、客观的情境在学生已有知识、经验的基础上精教知识的重点和难点，以便腾出更多的时间让学生多学、多用。这里的客观情境既指狭义的英语语境，也包含广义的客观情境或客观现实与客观世界。

英语教育教学只有在具体的情境中，并在学生已有的知识、经验基础上进行教学才能达到精教知识的重点和难点的目标，并更易为学生理解和掌握。因为情境是语言的直接现实，缺少或缺失客观世界情境，语言就难以产生和存在，也难以理解和掌握。在学生已有知识和经验基础上精教新知识，既能节约教的时间，又便于学生理解和吸收，而且新旧知识融合所形成的新知识结构网络，也有利于记忆和快捷提取运用。在具体的情境中，并在学生已学知识、记忆的基础上精教，自然就能留出更多的时间给学生学。

更重要的是，在创设的或真实的情境中运用英语吸收和传递信息、即席交际运用英语的能力是英语教育主要的本质目标之一。传统的英语教育过分强调教师"满堂灌"教英语，而忽视学生积极主动地学英语。它既割裂了学生主体与学习英语客体的联系性，也割裂了学生学习英语与情意、情境的联系性。

4.不教自学

英语教育教学不仅是以学定教，以教导学，多学精教，其最终的目标恰是不教自学。教是为了不教，不教是为了能自学。终身享受自学的乐趣是学生学习的最终目标，也是学生学习最理想的追求。英语知识的学习和运用离不开学生独立能动地、积极主动地参与各种填补信息、即席沟通和交流信息的活动，英语学习的最终目的也是学生能独立、自主运用英语进行交际的能力。而运用语言进行交际活动最本质的特征是具有双向或多向的交流性和沟通性，而且双方或多方都是不依赖于他人独立、自主的个体。一方有信息输出意愿，另一方或多方有吸取信息的需要，双方或多方的信息沟通和交流活动才能实现，缺少或缺失任何一方的独立、积极主动参与，沟通和交流信息活动就难以实现，这就是不教自学的自然境界。

5.以学定教，以教导学

中国特色社会主义外语教育体系强调以人为本，以学生发展为本。除学生以外，教师是一个核心问题，教育大计，教师为本。教育教学改革，关键在教师，有了好的教师，才可能有好的教育。因此，以学定教和以教导学两者之间具有内在逻辑联系。教师不只是知识的载体、来源，也不只是知识的传授者、讲解者。教学不能以教定学，以教师为中心；教学也不能排斥以教导学，仅以学生为中心。

教师要相信学生自己能学习和使用知识，所以需要以学定教，但这并不意味着教师的作用是无关紧要的，也不是否定教师的教学主体性，而是强调教师是学生学习和运用知识的指导者和引路人，所以需要以教导学。师生关系不是教与被教、管与被管的关系。师生之间充满着人文精神，教师爱护学生、尊重学生的人格，学生尊敬教师、拥护教师。师与生的关系、教与学的关系是一种民主、平等、相互协调、和谐发展的互动关系。

更主要的，英语教育教学不能止步于以学定教、以教导学、以学定教，以教导学还需通过多学精教才能最终通达不教自学的最高境界。因此，以学定教、以教导学、多学精教、不教自学是一个蕴含内在逻辑联系的统一体，四个方面互动才能达到英语教育教学理想的目标。教书育人是教师职业生涯的全部，培养全体学生的全面素质和个性发展是教师思想情感、专业知识水平、教育教学能力与教育教学科研和价值取向的直接体现。教师花费毕生生命精力设计和操作的教育教学过程，不论是一件细小的事，还是一堂不起眼的课堂教学，都是为了有效激励学生的思想情感，激活学生所学知识，启发学生独立思考、自主和合作学习，培养学生的自学能力，发展学生的个性、优势潜力、学习能力、实践能力和创新能力。这些也都是教师自身生命实践活动的价值的体现，它更直接体现在不教自学的最高境界之中。

对于学生学习活动来说，学生是内因，教师是外因。学习得成功与否，内因起决定性作用，这是以学定教的哲学基础。但是，外因能起强大的反作用，因而激励、推动内因的发展，这是以教导学的哲学基础。

第一章　英语教学的理论基础阐述

第一节　英语教学与图式理论

一、图式理论的概述

（一）图式的概念及发展

图式一词原为古希腊文，意为"形象、外观"，最早出现在1781年康德的著作中。康德清楚论述了在感性直观和知识性概念之间建立联系的是人类的知性过程，在这个过程中，起主要作用的就是图式，图式是连接直观和概念所需要的中介。

图式概念进入心理学领域后得到了高度重视，英国实验心理学家巴特利特用重复回忆的手段研究记忆的过程，提出记忆是积极地把新信息同图式表征的旧知识加以联系加工，是反复推敲的构造。图式即过去经验和知识的主动性组织结构，新知识的构成即图式的激活和空档的填充，任何信息加工的过程都离不开图式。

瑞士著名的心理学家皮亚杰，从认知发展的角度将图式看作认知的起点和核心，是认识事物的基础。当图式发生改变时，认知会通过同化、顺应和平衡这三种方式跟着变化。在遇到新图式时，利用已有图式去理解接受，即同化。同化成功就达到认知平衡状态，如果不能理解新的信息，就会对已有图式加以修正调整去顺应新图式，达到认知平衡的状态。

20世纪70年代后期随着计算机科学、信息论等现代化理论的渗透，现代图式理论逐渐完善成熟。美国人工智能专家罗姆尔哈特、安德森、加内尔等为完善这一理论做出了重要贡献。在现代图式理论中，图式被解释为一种受先前经验的影响的记忆结构，图式在人脑中构成的一切知识都可以被划分为细小的单元组块和系统，除了包含知识本身之外，还包含这些知识如何被运用的信息。对新信息的理解即是将其对号放入已有经验构成的图式中，正确地激活已有图式。

研究还发现，图式形成后，会随着时间、既有经验、实践、情境等很多因素发生变化，需要不断巩固正确图式和修改错误图式，形成较为稳定的长时图式立体结构，在运用时才能快速准确达到理解的目的。具有较多学科图式的学习者能运用较完备的已有图式理解和整合新知识，更好地实现新旧图式同化，达到认知结构发展的目的。

（二）图式的主要分类

从对某些特殊个体或团体产生认知结构的个人图式或团体图式，到评价自己的自我图式，从在特定情境中对某些社会活动产生预期看法的事件图式到对特定身份者所持有的角色图式认知，图式的分类多种多样且具有较强的稳定性，决定和影响着人们几乎一切社会活动。图式一般分为语言图式、内容图式和形式图式三种形式，这三者在阅读过程中互相作用，共同决定了读者对文本的理解程度。

语言图式指语言知识及运用语言的能力，在阅读过程中发挥最基本的作用，是读者有效运用语言进行阅读的前提。只有掌握了一定的语言图式，具备良好的语言基本功，才有可能实现对文本信息解码或编码的可能性，才能实现文本线索的检索和已有图式的激活。内容图式指对文本材料主题的熟悉程度，内容图式包含丰富的文化色彩，词汇作为语言的基本构成，在特定文化背景或情境中会形成不同的含义。

在学生无法根据字面意思来掌握语言词汇时，就需要通过语言文化背景来掌握文章的主旨。假如缺少了背景知识，即便对语言图式有着充分了解，也不能有效关联文章，无法抽取和其相对应的内容图式，阅读理解就会存在片面性。

形式图式是读者对文本结构、体裁和形式的熟悉情况，形式图式的建立有助于读者从结构和逻辑性上分析文章的布局和脉络，揣摩作者的意图和思路，补充其他图式不足时缺少的图式信息，做出正确的预测和理解。在日常生活中接触到的书面资料格式较为丰富，主要包括各种应用文，比如信函、请柬、备忘录、行程计划等。阅读过程中读者需要掌握各种文体的特征与规律，通过阅读资料获取对应的信息，开启头脑中对应的图式，进而达到迅速理解的目的。

二、图式阅读对英语教学的意义

（一）对提升高校学生英语阅读理解水平提供指导

如果对阅读本质和过程缺少科学系统的认识，就很难对阅读学习进行有效自我监控和评估，也很难发现阅读理解过程中出现的问题并提出解决方法。图式英语阅读策略教学和词汇策略教学干预能够帮助学生从宏观上重新审视阅读理解过程，解决阅读障碍，增强图式策略意识，对不同水平高校学生均具有启发和指导的作用。

（二）对英语阅读教学有一定参考价值

英语图式阅读教学策略有完整的理论支撑和科学体系，在实践中有明确的思路和流程，改变了枯燥单一的传统阅读教学模式。以学生为本体，设计有效教学活动，将图式理论具化在阅读教学实践中，并根据实际效果不断反馈总结修正，增强了阅读教学的有效性，为以后的教育教学工作提供更多的实证支持和理论的补充。

（三）对高校生课外英语阅读学习有一定的指导意义

阅读学习绝不仅仅是课堂教学，保持阅读兴趣、加强科学课后阅读、培养良好的阅读习惯同样不可或缺。可以帮助学习者建立科学阅读学习观，从图式理论的视角加强全局观和系统意识，为学生多渠道、多角度构建立体化图式知识体系提供指导和方向，有助于英语阅读的长效自主学习。

三、图式理论在英语教学中的应用

从20世纪60年代以来，各国学者将图式理论应用到英语阅读教学中，分别从各个视角分析并探索了图式理论在英语阅读教学中的作用，对改善学生阅读效果、提高学生阅读能力起到了积极的作用。

阅读者的基本语法词汇知识能有效筛选阅读中的材料信息，帮助开启相关内容图式与形式图式。对于二外学习者来说，基础语言图式的匮乏必然会影响到阅读和理解的准确度。各种词汇句法构成了阅读文本，唯有展开"意义支持"，才可以实现"意义构建"，才能理解来自作者要传达的信息。因此，在语言图式教学方面，大学生更多采用具有意义倾向的词汇学习策略，且词汇的学习和理解与个体英语熟练程度有显著相关。语篇理解是词义理解的一个重要影响因素，只有当部分词汇被记忆吸收后，猜词的准确率和对词义的记忆才会提高。从语言图式的角度去理解和学习词汇、语法、句法，将词汇学习和阅读学习结合起来，比直接学习和记忆单词、语法更加有效。

内容图式教学研究成果比较丰富。阅读材料语言隐晦难懂，学生不能灵活应用"自下而上"的信息处理手段时，只能通过"自上而下"的模式来解决，如果学生已经具备良好的形式、内容图式，即使出现有难度的字、词、句及语法问题，内容图式也可以弥补语言图式上的不足，因此就产生了"内容图式对语言能力较低读者的影响更深刻"的观点。文化背景知识作为理解所必须掌握的课外知识，有时远远超过语言基础知识。因此，唯有将应用语言知识系统与非语言知识系统的过程有效整合，才可以充分理解文本信息，掌握知识内容。

学者 Carrel 尝试了不同故事体裁的图式对阅读的效果并发现，熟悉故事性图式结构能够帮助学生进行有效理解并转化为长时记忆。20 世纪 80 年代末，学者王初明在国内首先用实证研究的方法，揭示了背景知识与文章的语言难度与英语阅读理解的关系，表明图式理论能够提高学生的英语阅读理解水平。学者崔雅萍通过对图式类别、功能及图式理论和英语阅读关系的阐述，结合阅读过程中相关图式的激活过程揭示了图式理论在提高学生阅读理解能力的过程中所起的积极促动作用。

阅读的目的是为了理解，当阅读者理解失败时，学者鲁墨哈特提出了三种可能性：第一，读者缺乏适当的图式，无法理解文本的意思。

第二，读者脑中存有适当的图式，只是未能找到激活的条件，无法和新图式发生作用。第三，读者坚持一种图式，没有灵活修改适应新图式，所以不能理解作者意图。由此可见，三种图式在阅读中相互补偿、相互作用，缺少任何一种图式都可能造成阅读理解的障碍。

图式理论强调阅读理解过程中三种图式的相互作用，其中对语言图式和内容图式的研究相对较多。学者 Hudson 在研究中发现，语言水平是影响理解的重要因素，如果文本或教学材料难度太高，即便是查字典也无法帮助正常阅读和正确理解。在激活和导入既有图式方面，学者李平、齐萌通过实验证明了补缺和激活阅读前导都能提高阅读效果且后者的辅助作用更为显著。由阅读前导引出的背景知识与语言能力共同对阅读理解产生影响，且背景知识的作用更大。学者叶为尔介绍了图式理论中的语言图式和内容图式，通过对语言知识和背景知识的讨论，揭示二者对阅读理解的重要性。

近年来，图式理论的研究更加深入细致，涉及材料选择、阅读前导、阅读思维模式等外语阅读教学各个方面，在广度上也涉及中等教育和高等教育各个层次。学者王梅在研究中阐述了在阅读教学中丰富学生形式图式、内容图式和语言图式的重要性并将图式理论应用于阅读教学的三个阶段。学者李波从形式内容和语言图式三个方面，对比讨论了学生的阅读理解能力并提出相应的阅读教学模式。学生不仅要理解阅读材料，积极思考更有利于图式的完善和系统性，学者陆亚丽倡导英语阅读中要培养学生的"立体思维"模式，培养阅读思维主动性、完整性、发散性、逻辑力。

语言图式是阅读理解的基础，是理解的传承载体，无论对于哪个水平的学生来说，教师都应从实际出发，传授适合的、有针对性的策略和方法帮助学生充实语言图式，消除理解障碍。其中，中高水平学习者因为既有语言图式比较丰富，再加上图式词汇策略，对其巩固拓展新图式有很好的效果。但对于低水平学生来说，已有图式的不全需要花费更多的时间去建构基础，因此图式词汇策略的效果在阅读理解中并没有体现出来。

在实际教学中，教师应考虑到不同水平学生词汇的不同要求，从图式角度出发，多设计相应教学任务，比如学唱英文歌、关键词编故事、词汇接龙等，既能激发学生的学习兴趣，又能通过互动快速丰富语言图式。

对阅读教学中的另一重要角色——教师，有学者指出，教师对阅读策略的理念更新更有助于策略训练的实施，培训质量直接影响培训效果。当文本信息和已有图式不能匹配时，需要一位"组织者"来补充缺失图式，缩小消除差距，帮助学生进行有效阅读。学者陆亚丽以相关实验数据来解析母语思维对英语学习的影响，指出教师应发挥作用，帮助学生利用已有知识背景并学会处理母语和英语思维在阅读中的关系等。因此，要将理论研究与教学实际相结合，需要策略训练者提高理论学习素养，在实际训练过程中根据学生行为和课堂反馈不断改进，发现问题并采取有效措施。

在实际教学过程中，学生个体的水平必然存在种种差异，国内外对不同水平学生阅读差异及干预教学的研究不多。学者Hudson发现，图式理论对高、中、低不同水平学生阅读水平提高有促进作用，且图式对阅读理解的效果更大地体现在低水平的学生身上。学者谭茗兮在对学生进行图式阅读教学后发现，低水平学习者的阅读成绩提高幅度大于中高水平学习者。学者王哲经过对148名高校生的议论文图式训练，发现实验班学生的议论文阅读理解水平得到了提高，且在分布式训练中，低分组的成绩提高幅度明显好于高分组。

阅读理解是一个复杂的心理过程，单凭一个理论很难解释彻底，随着图式理论与外语阅读研究的深入发展，很多学者也发现图式理论存在的不足，并提出了一些应对办法和借鉴不同理论的新主张。学者刘丹丹提出单凭读者的背景知识去理解作者的意图很容易产生误解，她认为既要有高层次的阅读技巧，又要重视低层次如单词、句子等解码能力。学者付丽芳用问卷调查的方式，发现图式理论在阅读理解的运用中存在语言知识、母语思维和文化差异、阅读策略、情感因素、学习者个人因素以及文本难易程度等六个因素的影响。学者钟鸣提出，语篇分析模式的应用能弥补图式理论中过分强调背景知识的不足。

四、对高校学生英语学习应用图式理论的建议

（一）扎实语言基础，灵活运用阅读策略

对于低水平学生来说，应该从高频词等基础词汇着手，应加大对应级别的文章阅读量，避免错误语言图式造成的影响。低水平学生更倾向于将词汇、语法等语言图式独立出来学习，客观上讲有一定效果，但更应该把语言图式放到篇章中去领悟理解，才能更好地激活巩固图式。

对于中等水平和高水平学生来说，在了解策略目的、使用方法和注意点的基础上，开展阅读训练并及时调整学习策略，力求灵活高效。同时，将词汇的学习与篇章阅读相结合，充分利用思维导图、构词法、篇章理解、拼读等方式丰富语言图式。

（二）兼顾元认知意识的培养和训练

很多高校生的元认知意识不强，导致在阅读学习中对教师依赖度高，很少监控、反思和评价自己的阅读学习情况，在策略使用上也仅停留在理解和解决眼前问题的层面上。而低水平学习者在阅读学习的过程中更容易出现消极和放弃的情绪，应根据阅读目的和任务灵活调整自我状态和情感，及时寻求老师或同学的帮助。中高水平学习者在阅读学习过程中应学会总结，每篇文章读完之后，静心反思理解过程，发现不足并寻求解决方法，逐步实现有效的自主学习。

（三）转变局限的英语阅读课内学习观

个案访谈中，不同水平学生都把英语阅读学习局限于课堂之内，课外阅读情况均不理想，不止阅读量不够，阅读的材料大多为应试文章，种类也非常狭窄局限，英语阅读学习模式大多是课堂学习+试卷练习，从侧面说明在大多数学生眼中，英语阅读等同于阅读理解考试，既没有享受到阅读的乐趣，更缺乏对英语阅读学习的整体科学的概念。

应从图式角度将阅读学习细化，从语言、内容和形式三个角度选择不同难度阅读材料，将阅读看作建构知识体系的途径。反之，立体完备的图式知识体系也有助于阅读水平的提高。

五、对高校教师英语教学应用图式理论的建议

（一）加强图式意识和理论学习

从调查问卷中发现，阅读教学中教师或多或少都会进行策略教学，其中不少与图式理论不谋而合，但总体来说比较零碎，缺乏整体性和系统性，且对阅读策

略的训练多以应试为主，尤其缺乏课外阅读的指导。因此，教师要加强理论学习，从宏观上将阅读本质、过程和策略传授给学生。在制定大纲计划和教案时，应运用图式理论和元认知策略理论，经常反思和调整教学活动，将理论融入工作中，才能更好地引导学生使用理论和策略实现成功的阅读学习。

（二）注重学生需求、兴趣和差异

图式理论作为有效工具应用于阅读教学，如果不立足学生需求，不注重课堂活动的设计和激发学生兴趣，很可能事倍功半，达不到预期的效果。尤其对中低水平的学生来说，激发学习兴趣是良好学习的开端。只有产生了兴趣，才能够沉浸阅读活动中来，才会出现后续图式的激活和创建。

教师首先了解班级学情，针对性别、专业、个体兴趣、学习能力、学习习惯、策略水平、已有图式等诸多差异给出相应学习建议。寻找学生阅读理解困难的原因，并通过策略理论的输入和应用示范逐步减少依赖性，培养自我学习计划能力。对于中高水平学生教师可以给出额外的任务，尽可能多地从丰富阅读材料中拓展图式；对中低水平的学生可以降低要求，减轻学习压力，从巩固基础语言图式和阅读策略着手。

男女生感兴趣的阅读材料不同，对同一文本的看法也会有差异设计不同教学活动，兼顾不同层次需求。要花心思设计课堂活动，例如多组织类似小组讨论或辩论的活动，既能加强学生间的沟通交流，又能在短时间内实现图式的互助学习和激活。同时，教师在评价反馈时应注意语言，保护学生的学习兴趣和主动性。

（三）利用成熟阅读评价系统，加强课外泛读指导

阅读教学固然重要，但毕竟课堂时间有限，将课堂里的阅读兴趣扩展为自觉主动并有持续性的阅读兴趣绝非易事。阅读能力的提高离不开精读和泛读，泛读更多的是在课堂之外完成，要求学生具备较强的自主学习意识和能力，教师的科学指导和监督会起到事半功倍的效果。针对学生语言图式薄弱的问题，教师可以布置课外任务，要求对某一主题的相关语言图式用思维导图的方式进行整理；或者在主题阅读时，教师不直接提供背景图式，指导学生利用网络、图书馆等搜索信息建立相关图式，用头脑风暴或小组演示等方式进行课堂呈现。

在课外泛读中，教师应提供科学选书和阅读能力测评的原则和手段，帮助学生将有效阅读坚持下去，不会因为阅读材料过难、过易而影响阅读兴趣。

阅读是语言学习的重要一环，应和听力、口语、写作相结合，进行多层次训练和巩固。同时，阅读水平的提高不会一蹴而就，应注重培养良好阅读习惯，将阅读策略应用到日常学习。

第二节　英语教学与支架理论

一、支架理论简介

支架本来是指建筑房屋过程中搭建的脚手架。作为一种隐喻，支架理论是由美国著名心理学家与教育学家布鲁纳等人在吸收并发展俄国心理学家维果茨基"最近发展区"理论的基础上提出的。"最近发展区"是由独立解决问题所决定的实际发展水平与在成人指导下或者在与能力较强的同伴合作过程中，通过解决问题所决定的潜在发展水平之间的距离。成人的指导或同伴的帮助发生在学习者的实际发展水平与潜在的发展水平之间，即学习者自己无法独立完成某项任务的水平与经过他人的帮助可以完成任务的水平之间的距离。因此，成人不仅需要了解学习者现有的发展水平，还要了解学习者潜在的发展水平，并明确两者之间的距离，从而向学习者提供帮助。

支架最重要的作用是帮助学习者向"最近发展区"迈进，支架是创设情境的过程，使学生容易进入或获得预期结果，随着学生技能的娴熟，逐渐撤回并将职责交给学生。这种观点表明了支架式教学的要素包括三个方面，一是创设情境，即将学习者引入问题情境；二是探索，即学习者在教师或同伴的帮助下获得预期结果，随着其学习水平的逐步提升，他人的指导成分一步一步减少；三是再探索，即教师最后完全撤回支架，让学习者独立地探索。支架式教学的特点是根据学生的需要为他们提供帮助，并在他们能力增长时撤去帮助。支架式教学主要表现为当学生面临新的或较难的学习任务但是自己无法独立解决时，教师要为他们提供帮助，随着学生能力的逐步提升，教师的帮助逐渐减少，以便把学习的责任从教师转到学生身上。这种教学模式与我国高校培养学生自主学习的教育目标是一致的。

二、支架理论在高校英语课程教学中的应用

知识的建构是在一定的情境下，借助他人（教师或同伴）的帮助即通过人际间的协作交流活动而实现的意义建构过程。支架式教学主要包括创设情境、探索、再探索、协作和效果评价五个环节。现以教师指导学生探索学习"莎士比亚"为例，探讨支架式教学模式的五个环节在高校英语文学课程教学中的具体应用过程。

（一）创设情境

教师通过创设问题任务把学生引入一定的问题情境。问题任务主要是指新的

学习内容或有难度的任务。在创设问题任务时，教师应明确学生当前的知识水平，根据学生将要学习的概念框架提出适中的任务，难度不能过高，否则学生容易产生挫败感，不利于学生的进一步学习。"控制问题解决过程中的挫折感"是支架式教学的特征之一，因此教师要根据学生实际认知水平布置预习任务。

学生对莎士比亚了解不多，之前只对"英国文艺复兴时期的特征"有大概的了解，因此布置的问题难度要适中，教师应先要求学生通过课本了解莎士比亚的生平和创作特征。虽然"莎士比亚"这个学习主题对于学生来说有一定的难度，但学生只要在掌握背景知识的基础上借助课本就可以掌握。也就是说，教师捕捉到了学生的"最近发展区"。

通过创设问题任务，学生对"文艺复兴"这个已有的认知进行更深层的思考，即探索英国文艺复兴时期伟大的作家莎士比亚。在课堂上，教师应在把握学生现有的认知水平及我国文学教学现状的基础上创设问题任务，并将学生引入"莎士比亚的创作主题"的问题情境。教师在创设问题任务时，应激发学生的学习兴趣，让学生积极主动地参与到教学活动中。"激发对学习任务的兴趣"是支架式教学的另一特征。同时，教师也掌握了学生的现有水平，即学生在上节课学习了"英国文艺复兴时期的特征"，在此基础上，教师可以先从学生感兴趣的话题导入问题。例如，英国文艺复兴时期的特征是什么，代表人物有哪些，师生共同讨论之后，得出结论：和欧洲文艺复兴时期一样，英国文艺复兴时期的主要特征是人文主义，莎士比亚是英国文艺复兴时期最重要的作家，由此让学生明确"人文主义"是莎士比亚重要的创作主题，把学生引入"莎士比亚的创作主题"的问题情境。通过设置问题，教师让学生在实际的认知水平"英国文艺复兴时期的人文主义"的基础上对"莎士比亚的人文主义"进行深入的思考。

（二）探索

将学生引入"莎士比亚的创作主题"后，教师要引导学生进行探索。在探索环节，教师向学生指示有价值的资源，提供清楚的方向，明晰学习目标。探索环节是师生共同解决问题的过程，教师需要与学生进行互动性交流。支架必须是互动的、协作的。学生与教师进行了两次互动性会话，表明学生在教师的"支架"作用下，其发展水平逐渐得到提升，最终可以进行独立探索。学生与教师的第一次交流表明，通过与教师的会话性互动，师生共同解决问题，学生的能力得到了提升，穿越了第一个"最近发展区"，这时教师的指导成分较大；通过师生的第二次交流，学生的能力会再次得到提升，迈向了下一个"最近发展区"，并能独立解决问题，这时教师的指导成分逐渐减小。

学生在阅读课本的基础上与教师进行第一次互动："我对莎士比亚的生平及其

创作主题有了比较清晰的认识，但我不知道他的作品如何体现了其人文主义的创作主题。"在教师的指导下，学生达到了"最近发展区"，掌握了莎士比亚的创作主题，但也引出了下一个问题，学生此时就需要教师的帮助："你可以突破课本，阅读莎士比亚的《哈姆雷特》，并探讨人文主义的具体体现。"学生在阅读《哈姆雷特》之后，与教师再次进行了交流："《哈姆雷特》不仅体现了人文主义，而且是人性的体现。"在教师的支架作用下，学生再次达到了"最近发展区"，即《哈姆雷特》体现了莎士比亚的人文主义的创作主题。

教师首先要对学生进行鼓励，让其看到成功的希望，同时要让其明确努力的目标："你是否阅读莎士比亚的其他剧作来证实这一主题呢？"学生可以沿着这样的思路再进行探索。通过教师的支架作用和一次次的探索，学生的能力就会得到逐步提升，最终教师完全撤回支架，由学生进行独立探索。通过着眼于学生的"最近发展区"，教师为学生提供带有难度的内容，有利于调动学生的积极性，发挥其自身的潜能，超越其"最近发展区"而达到下一发展阶段的水平，然后在此基础上进行下一个"最近发展区"。学生通过积极主动的探索以及与教师的互动，能够独立建构意义。教师与学生的对话性交流，可以为学习者提供足够的指导和支持。通过师生交流，学生可以形成总体的学习思路，而教师为学习者提供了一种概念框架，即事先把复杂的学习任务加以分解，以便把学习者的理解逐步引向深入。

（三）再探索

随着学生学习能力的提高，教师的指导逐步减少，最终完全撤回支架，由学生自己选择方法，进行独立探索，决定探索的方向和问题。在这个环节中，教师让学生完全积极主动地展开学习，并通过学习建构出自己所理解与探索到的、真正属于自己的知识，从而跨越"最近发展区"。

在阅读莎士比亚其他剧作的基础上，学生明确了自己的见解，莎士比亚的剧作不仅是人文主义的体现，更是人性的体现。学生可以通过阅读莎士比亚的其他剧作，来证实莎士比亚人文主义的创作主题，也可以通过阅读英国文艺复兴时期其他作家的作品来证实人文主义是英国文艺复兴的创作主题，这些都需要学生通过独立探索来进行。通过阅读莎士比亚的原著，学生对英语文学原著产生了极大的兴趣，从而让学生阅读、欣赏及理解英语文学作品的能力得到了提高；再探索莎士比亚的创作以及文艺复兴时期其他作家的人文主义创作主题，就可以培养学生对文学作品的理解能力，使其人文素质得以提高。但是，教师要提示学生，其观点需要在协商、讨论的基础上才能完成建构。

（四）协作

再探索结束后，教师需要及时组织学生进行分组协商、讨论，便于学生深化并拓宽当前所学知识，完成意义建构。在英语文学课上，教师组织学生讨论"莎士比亚的剧作是人文主义的体现"。教师根据学生的不同知识基础和性格特征把学生进行分组，并开展讨论，每组推选一名学生发言。在多人合作解决问题时，参与者积极参与，共同合作，这种不同主体间互动的必然结果是参与者对会话和所要解决问题的不同理解。

在小组讨论时，学生在小组内各抒己见，表达自己的看法，从而互相学习；小组代表发言时，他们听取其他小组的观点，共同协商，相互促进，全班学生之间互为支架。学生在教师与同伴的帮助下完成了意义建构，他们对英语文学的审美和鉴赏能力得到提高。

（五）效果评价

支架理论认为，评价要与学生在一个新的具有挑战性的语境中运用和组合多种能力相契合。支架式教学要求确立多种评价模式。英语文学课程的学习评价包括平时成绩（学生的探索学习过程）和期末考试成绩（学生的卷面成绩）两部分，平时成绩和期末考试成绩按照比例构成总成绩。在培养学生能力、提高学生素质的同时，仍要让学生奠定扎实的基础。

支架式教学的效果评价主要发生在学生的探索学习过程中，包括共同评价、协作评价和自我反思。在英语文学课程教学中，全体学生共同评价学习者探索学习的过程仍以探索和学习"莎士比亚"为例。教师以学生的探索学习过程为例说明了其能力逐步提升的过程，学生的表现获得了自我价值感。同时，学生也向其他同学表达了其未来计划继续探索莎士比亚的其他剧作中所体现的"人文主义"，其他学生可以督促他进一步探索学习。在课堂上，全体学生思考教学内容，看是否达到了既定的学习效果，是否完成了对所学知识的意义建构。全体学生对"莎士比亚"所学内容进行反思，通过探索学习，学生不仅可以掌握课本知识，还能学到许多课本以外的知识，更重要的是，他们的自主学习能力与研究能力等都会得到提升。另外，学生通过反思其探索过程，认为自己要多与其他同学合作，多与教师进行交流，学习效果会有明显提升。

英语文学属于开放的学科，文学作品不存在唯一绝对的阐释。支架式教学可以让学生最大限度地参与学习的全过程，不仅可以激发学生的学习兴趣，培养学生阅读、欣赏及理解英语文学原著的能力，提高学生语言基本功和人文素质，还可以着重培养学生的学习能力和研究能力，有利于其综合素质的提高。同时，支架式教学也对教师提出了更高的要求，教师需要熟悉学生的"最近发展区"，在搭建支架时要适度，既不能包办太多，又不可放手太晚。总之，教师应合理地搭建支架，使学生沿着支架逐步攀升，成功跨越"最近发展区"，从而使学生的学习能力得到最大限度的提高。

三、支架理论在教师课堂反馈中的应用

随着英语教学的发展，目前我国有很大一部分高校英语教师已经开始注意转变以教师为中心的传统教学方式，并且有意识通过教师提问等方式去提高课堂互动性，但是教师对课堂反馈重要性的认识，仍需提高。

第一，有利于调动学生学习积极性。将支架理论运用于教师课堂反馈中，使教师可以从学生可接受的合理的范围内促进学生独立思考，并协助学生提高独立解决问题的能力。相对于类似"好、还有待提高、不错、继续努力"等仅带有评判性的表面反馈，带有引导性的或启发性的反馈，更能够有效引导学生发现问题、解决问题，使学生能够自主地去探索知识，意识到自己才是学习的主体，从而调动学生的学习积极性和主动性，提高独立解决问题的能力，从而有效解决学生在英语课上没有积极性、缺乏主动性等问题。

第二，有利于增强教学针对性。在支架理论指导下的教师课堂反馈话语更合理、有效，更容易被学生接受。支架理论要求教师的课堂反馈需要针对不同的学生，根据每个学生个体的认知发展水平给予有层次且在该学生可接受范围内的反馈，由此引导学生发现自己对学习的兴趣并体会取得进步的成就感。针对基础较好的学生，教师可以在反馈的时候对其进行适当的拔高，使学生在原有认知基础之上有所提高，使学生的学习热情和积极性高涨；针对基础较弱的学生，教师的反馈可以提高基础知识为出发点，及时纠正语音、语法错误，使这一部分学生不因反馈要求提升难度过大而丧失学习兴趣；对于介于二者之间的学生，教师在评估其基础掌握程度之上，进行有伸缩的难度提升，使学生两方面的认知可以得到有效兼顾。

第三，有利于提高课堂教学效果。支架性反馈将原本被动地回答问题转变为主动探究，积极思考。学生在教师有层次和针对性的引导下，积极纠正错误，从易到难，提高自身发现问题、解决问题的能力。学生从知识的被动接受者转变为问题的探究者和解决者，而不是在接受教师的问题后，随意给出一个答案，然后等待教师审判正确与否，自己全然身在状况之外。有条理、有针对性的反馈使得学生更加愿意参与到师生课堂互动中，在接收到有效反馈之后，学生更加能够自觉自愿地投入到问题的探索解决过程中去，真正实现以教师为主导、学生为主体的教学模式。

第四，有利于促进学生的语言输出。支架理论指导下的教师反馈更能够有效

促进学生的输出。学习过程中，语言的输出环节至关重要，单纯的语言输入还不足以使学生真正掌握一门语言。但目前在一些中国英语学习课堂上，还是有学生不愿意主动地进行语言输出，这可能是由于传统的授课模式或是地域文化的影响。针对这一现象，大多数教师的对策是用过多提问来促进学生的输出，然而仅仅通过提问的输出，大多数情况下都是被动的。因此，针对学生回答的反馈就显得尤为关键。当教师给出在学生能力可以接受范围内且能激发学生思考的反馈时，学生们会更加大胆、主动地进行有思维的高效输出，从而激发学生积极主动地学习语言，也使他们的发现和解决问题的能力和认知水平都得到相应提升。此外，师生的高效互动还有助于营造一个和谐、健康的课堂环境，而这对于班级的每一位学生来说都是十分有利的。

四、基于支架理论的翻转课堂教学在大学英语课堂教学中的意义

（一）有利于提升教学效率

目前，大学英语课堂以大班教学为主，在传统的大学英语教学课堂中，大班教学不利于教学效果的充分发挥，教师以课堂讲授为主，无法做到面面俱到，照顾到每一个学生。而在支架式理论和翻转课堂教学结合的过程中，学生对教学内容提前熟悉理解，提出疑惑，教师通过搭建支架，一步步解决学生的疑问。这有利于督促学生学习，将课堂学习时间和课下学习时间有效结合，提高教学效率。

（二）有利于提高参与度

在传统的大学英语教学模式中，学生以被动接受教师讲授的知识为主，无法真正成为课堂教学的主体，参与度较低。而在基于支架式理论的翻转课堂教学过程中，学生由被动听的客体变成了主动参与的客体、教学的主体，教师成为引导者和督促者，增加了教师和学生的互动与交流。翻转课堂视频等学习资料的引入激发了学生的学习兴趣，学生需要通过提前观看视频发现自己的问题和不足，做好充分准备，在课堂教学中更能提出疑惑，与小组成员和教师交流，提高了英语学习的兴趣和课堂参与度。

（三）有利于提高学习自主性

翻转课堂教学能实现的一个前提是学生课前自主学习。随着现在网络技术的发展，学生可通过网络教学平台和移动设备进行提前学习，利用课余时间在宿舍和家学习，观看翻转课堂视频，利用网络软件参与讨论，不受时间和空间的限制。这极大地提高了学生学习的自主性和灵活度，有利于教学效率的提高。

（四）有利于评价方式的转变

传统的教学模式是在教学活动结束之后，以终结性评价为主进行评价，这种评价模式并不适用于翻转课堂教学。翻转课堂教学涉及的过程较多，在各环节和过程中进行评价更加适合，这就促进教学评价方式由终结性评价向形成性评价方向转变，二者相结合。课前预习、课堂讨论、小组活动、作业完成等环节都可以进行评价，翻转课堂教学更加注重过程评价，有利于促进英语学习和实践，实现教学效果。

第三节　英语教学与人本主义学习理论

一、人本主义的理论基础

（一）马斯洛的学习理论

马斯洛是美国心理学家、人本主义心理学的主要创立者。他提出了人的需求金字塔式梯级等级表，包括基本生理需求、安全需要、归属的需要、尊重需要、认知需要、美的需要和自我实现的需要，上述需求是由低级向高级逐级递增的，人在低级需要获得满足后开始追求高级需要的满足。

自我实现是马斯洛人格理论的核心。他认为，个体之所以存在，之所以有生命意义，就是为了实现人的内在价值。在教育领域，受教育者首先是人，然后才是学习者，这是解决学习问题的前提和关键。在他看来，学习者要充分挖掘自身潜能，不断超越自我，是学习者个体价值实现的必然选择，教师应当对学习者加以积极引导，为学习者创造出良好的学习环境，而不是利用外界力量来胁迫和压制学习者学习。

基于人的自我实现的需要，马斯洛提出关于教育的五个原则。一是自我同一性原则。教育应该减少或消除学习者内心的矛盾和精神上的分裂，帮助学习者认识到自我与非我的统一，即个人与社会和自然的统一。二是启发性原则。为了激发和培养学习者的创造性思维，不仅要培养学习者的逻辑思维能力，更重要的是激发学习者的非智力因素。三是美育原则。重视音乐舞蹈、美术等艺术教育对人格的教育塑造。四是超越性原则。实现对自我的超越和对文化的超越，培养具有批判精神的人。五是价值原则。通过激发学习者的内在价值，使学习者获得生存的意义。

（二）罗杰斯的学习理论

罗杰斯是美国心理学家、人本主义心理学的主要代表人物之一，他认为教育的最终目的是要培养全面发展的人，他主张以学习者为中心来组织各种教学实践活动，认为只有以学习者为中心才能促进学习者自我学习、自我实现、自我发展，才能培养学习者的独立性、自主性和创造性。

罗杰斯在《学习的自由》一书中详细解释了他的观点。一是教师要帮助学习者增强对自我的理解，积极为学习者创立轻松和谐的学习氛围和学习环境，激发学习者的学习潜能。二是教材应当反映学习者的实际生活，能够反映目的语言的社会文化特征，切合学习者的能力水平，教材的选择应当由学习者自主决定。三是教师要尊重学习者的内心感受，建立有效的沟通交流渠道，帮助学习者积极调节和疏导由于各种因素引起的心理问题，给予每个学习者展现自我的机会。四是努力激励学习者积极主动地自主探究新知识，使其培养浓厚的学习兴趣，才能取得良好的教学效果。五是学习者不应是被动地接受教师灌输的知识内容，而是主动地探索、建构知识，注重培养自主学习能力，学会自我管理、自我评价和自我提高。六是鼓励学习者多参与社会活动，培养自我求知能力。

（三）康布斯的学习理论

康布斯认为，想要了解一个人首先要了解他是如何对自己和周围世界进行感觉和知觉的，这些具体的感觉和知觉汇聚起来就构成了一个人的信念系统，而一个人的信念直接决定和影响了他的具体行为方式。比如，教师认为某一个学习者行为怪异，不能仅仅去矫正学习者的某一具体行为，而是要了解他产生怪异行为的原因。康布斯认为学习者的怪异行为很可能只是为了博得教师的注意而已。

康布斯认为，学习活动的目的不仅仅是使学习者获得某一学科专业领域的具体知识和专业技能，更重要的是培养学习者的认知能力，即在已有知识的基础上探索、建构新知识的能力。所以，并不是教师将编写好的教学资料提供给学习者以后，学习者就会自然地真正地习得知识，因为知识的真正含义并不是直接显示于教学资料的表面，而是巧妙地隐藏其中。这就要求学习者善于从教学资料中发现问题、探索问题并解决问题，才能领悟到教学资料所蕴含的意义。康布斯强调人的发展应当是全面的发展，教育要满足学习者在知识技能、情感表达、意志品质等多方面的需求使学习者各方面的能力素质得到全面、均衡的发展和提高，以培养学习者健康、健全的人格，而不能只是机械教授学习者具体的知识或谋生的技能。这样学习者就会在社会工作和生活中正确地处理好人与人、人与社会的复杂关系，为自己的发展创造良好的外部环境，这是教育的根本目的，也是语言教学的重要内容。所以，教师应当结合学习者的基础条件、性格特征、能力水平、成长需求等各方面因素，创设一个活泼自由、充满挑战、互助合作，学会自我尊重和尊重他人的、善于调节个人生活的学习情境，为学习者的全面健康发展创造基础条件。

二、人本主义学习理论主要观点

从以上介绍的内容可以看出，不同的人本主义学习理论由于形成条件和研究背景的差异侧重于强调学习的不同侧面，但都是基于人本主义的自然人性论，各种理论观点存在的联系，主要有以下几点：

第一，人本主义认为，人们在理解探讨、建构关于自然界、人类社会和思维方式的概念体系时要基于一个基本的出发点，那就是关于人的概念和意义。人本主义心理学强调天赋人性，关注学习者的内心世界，把个人的思想、意愿与情感等因素放在所有人发展的最为重要的中心地位，要求从人的主观意识出发，从整体上研究人的动机、人格。它对行为主义理论提出批判，反对把从动物研究实验中得出的结论简单移植到人类身上用以解释人的行为方式，强调既要研究人的外在行为方式更要注重研究人的内在思维特征。它对弗洛伊德的精神分析学说提出批判，反对把研究精神病人这一特殊群体所得出的结论推理到正常人身上，强调应当把人的内在心理活动的特征规律作为研究的重点。

第二，人本主义认为，在学习过程中尤其要强调学习者自主的思想，以学习者为学习主体，以学习者能力素质的全面发展为核心，以学习者自主学习能力培养为目标。鼓励学习者要充分发挥主观能动性，根据自己的需求制订合适的学习计划，选择合适的学习方法，管理分配自己的学习时间，跟踪监控自己的学习进度，反馈调整自己的学习要求，评价反思自己的学习效果，在知识的探索建构过程中追求个性发展，提高能力素质，实现自我价值。

第三，人本主义理论认为，每个学习者都有潜在的能力，教育的任务就是试图挖掘并释放每一个学习者的潜在能力。这就要求教师在教学过程中要充分了解和分析每个学习者的基础条件、能力水平、个性差异智力结构等因素，针对不同学习者的个性化学习需求创设有针

对性的、多层次的、可选择的、顺序递进的教学情境系统，这样才能真正做到因人施策、因材施教，实现学习者的自我发展和自我实现。

现代教育技术、信息网络技术等迅速发展及其在教学过程的广泛应用，极大方便了学习者的学习，为学习者呈现了更加丰富多彩的学习资源和更加多样化的学习渠道。知识信息的呈现展示方式、收集整理过程不再受到学习者所处的时间条件和空间条件的制约，学习者可以在任何时间和任何地点以任何方式进行学习，使得人本主义学习理论的主要思想观点得到最大限度的实现，有效更新了学习者的思维方式，极大丰富了学习者的学习策略选择，理论上为学习者自主学习能力的培养、发展提供了无限可能。

第五，人本主义学习理论既重视学习者自主学习能力的培养，也重视学习者自我修养的形成，提倡学习者的全面发展。通过建立沟通交流、合作互动、协作分享的学习方式，通过设计一系列丰富多彩、形式多样的学习活动，使学习者的个体学习有效融入群体学习中去，以个体学习成效影响推动群体学习发展，以群体学习氛围感染带动个体学习进步，从而营造出和谐、平等、民主的学习氛围，能够对于塑造学习者的人格特质发挥积极的作用。同伴教学或者分组学习是群体学习经常采用的有效方法，一些高校还采取了设置学习者自主学习中心的方式将个体学习与群体学习有机结合起来。

三、人本主义教学观在高校英语教学改革

（一）高校英语课程性质、目标、教学改革中的人本主义

高校英语教学是我国高等教育的重要组成部分之一。高校英语教学在教学过程中，主要是以英语教学理论为基础，对学生的英语知识应用技能、跨文化交际等各方面能力进行综合培养，以达到促进学生综合素质稳步提升的目的。由于高校英语教学加强了针对学生听说能力培养的力度，不仅实现了促进学生学习、工作、社会交往等相关活动中英语应用交际能力的提升，同时也为学生自主学习能力以及综合文化素养的提升奠定了良好的基础，满足了社会经济发展的要求。而这也进一步说明了，在进行高校英语教学改革时，不能只是将英语教学简单地看作一种技能的培训，而是应该在帮助学生掌握语言知识的同时，引导学生加深对民族历史和文化的理解，才能确保学生树立正确的文化和社会价值观念，为其自身的全面发展奠定良好的基础，而这也是人本之一教学观的核心所在。

（二）高校英语课程教学模式中的人本主义

根据教育体制改革的要求，高校英语教学模式必须在充分体现其实用性、知识性、趣味性特点的基础上，对于学生在整个教学过程中的主体地位给予充分的尊重。这就要求教师必须充分发挥其教学主导作用，引导和帮助学生进行高校英语知识的学习，才能满足人本主义教学观念的要求。而这种以充分体现学生教学主体的教学模式改革措施对于学生的成长与发展具有极为重要的意义。随着高校英语教学中人本主义教学观念的推广和应用，不仅为学生选择适合自身学习需要的学习资料和方法提供了全面的支持和帮助，同时也促进了学生自主学习能力的稳步提升。而高校英语教学过程中要求的学生自主学习和个性化学习也正是人本主义教学观念中鼓励学生自主学习最直接的体现。这就要求高校在实施英语课程教学改革时，必须确保现阶段采用的英语教学模式实现两个根本性的转变，才能确保高校英语教学改革目标的顺利实现。

人本主义主要表现在从以往的以教师为中心逐步地向以学生为中心转变、由以往的教师简单地进行英语知识和技能传授的教学模式向既传授英语知识与技能，同时加强针对学生语言运用能力与自主学习能力的培养转变。由于高校英语课程教学改革在实施的过程中，对现代教育背景下的大小英语教学中学生的地位进行了重新定位，学生已经不再是以往被动接受知识的学习者，而是要求教师必须积极的引导和帮助学生通过自身的思考，掌握如何学习英语的方法。在充分体现学生主体地位的同时，给予学生全方位的服务和帮助，才能达到促进高校英语教学质量与效率全面提升的目的。虽然在这种教学模式下学生是整个教学活动的主体，但是教师在教学活动中仍然担负着引导、解惑的重要角色。而教师作为整个教学活动的组织者，必须将教学重点放在如何加强与学生之间的互动上，才能将人本主义教学观在高校英语教学中应用的价值充分地体现出来。

（三）高校英语教学评估改革中的人本主义

高校以往采取的教学评价体系，主要是以教师统一制定考试内容的方式对学生的英语学习情况进行测试，而对于高校英语教学而言，学生不仅要应对教师日常组织的英语测试，同时还要应对全国性的英语四、六级考试，由于这种忽略学生学习主体地位的评估体系，错误地将教师作为评估的唯一主体，再加上传统英语测试的重点主要集中于学生词汇的掌握，而忽略了学生英语听、说、读、写能力的综合考核，所以不仅对学生的学习积极性和自主性造成了严重的挫伤，同时也影响了高校英语教学效率和质量的提升。而根据新教育体制改革的要求，针对学生英语学习效果的评价应该采取形成性评价与终结性评价等几种方式。在这其中形成性评价主要涉及学生的自我评价、学生之间的相互评价、教师对学生的评价、教务部门对学生的评价等几方面。而终结性评价则是教师针对教学过程所进行的总结性评价，其主要是设计期末课程考试与水平考试等几方面的内容。这种以评价学生英语综合应用能力为主的教学评价方式，对于学生创造性、独立性、自主性等各方面能力的发展具有极为重要的意义。另外，高校采取的这种以人本主义教学观为核心的综合性评价体系，不仅充分体现出了学生的自我价值，同时也为人本主义教学观在高校英语教学中的推广和应用奠定了坚实的基础。

四、基于人本主义学习理论的教学模式

（一）全身反应法

全身反应法（TPR）是由美国心理学家阿舍尔于20世纪60年代初提出的。该教学法继承和发展了帕尔默的通过动作学英语的做法，吸取了心理学中记忆痕迹理论的观点，倡导把语言和行为联系在一起，通过身体动作进行语言教学。阿舍

尔认为二语习得和儿童习得母语的过程有相似的地方。在儿童学习母语时他们最初是通过动作对父母的指令做出反应，小孩学会说话之前已经能听懂成人的指令，所以母语的学习是先理解再表达。二语学习也应如此，首先要培养学习者的听力，然后再要求学习者用口语表达，再发展读和写的能力。在教学过程中教师首先用目的语发出指令，并运用身体语言进行示范演示，等学习者能理解指令后，再让学习者通过模仿教师的演示完成动作，然后边说边做，从而感知并理解掌握语言。

然而阿舍尔提出的全身反应法主要来源于儿童母语学习的经验，一般适用于语言学习的起步阶段，不适合于复杂内容的教学，一些比较抽象的概念、单词和句子难以用这种方法进行完整、准确的表述，造成教师在解释一些抽象事物的时候会遇到很大的困扰。

阿舍尔主张以句子为基本教学单位，重视语言内容和意义的理解，提倡整句学习、整句运用，尤其是他认为语言学习应以学习祈使句句型为主，其他的句型需要根据教学任务要求酌情使用，采取这种学习方式可以帮助学习者快速理解目的语言，尽快实现语言知识的长时记忆，通过一段时间的积累较好地奠定语言基础，能够有效减轻学习压力，有利于培养学习者实际运用语言进行交际的能力。然而过多地使用祈使句型不利于中高水平的学习者学习较深层次的教学内容，必须同其他教学方法结合在一起使用。

阿舍尔吸取了人本主义心理学关于情感因素在学习中的重要作用的观点，认为理想的语言教学应该为学习者提供大量可理解的输入。在教学过程中要以宽容的心态对待语言运用过程中的表达错误，只纠正一些比较严重的语法错误，同时需要注意方式方法，这样做有利于减少学习者的心理负担，培养愉快的学习情绪。学习者将所有输入变成可接受的信息，然后再转化为输出，对学习者的语言输出不做严格要求，不强迫学习者发言，允许学习者在预先做好准备的情况下发言。

阿舍尔认为应当提供一个与实际生活紧密相连的轻松活跃的教学环境和语言情境，让学习者在身临其境的体验中、在多种多样的活动中、在循环反复的练习中学习英语。由于TPR教学设计中包含了大量的游戏活动、角色表演、小组竞赛等课堂活动，必须以教学目标为导向，掌握好课堂活动的节奏和运用形式，这对于教师的课堂教学的管理能力提出了很高的要求。除此之外，他还认为每个学习者都是一个独特的个体，他们各有不同的优势和特点，存在各种形式的差异。全身反应教学法十分重视学习者的感官体验，在教学过程中广泛运用视觉、听觉、触觉在内的多种语言表达形式，有利于调动学习者的学习积极性。

总之，TPR教学法具有很强的兼容性和灵活性，在教学中一般不会作为一个完整的教学模式单独运用，而是嵌入其他教学方法中着重解决初学者对某一具体问题或语言概念理解上的困惑。

（二）暗 示 法

暗示教学法又称启发教学法，是由保加利亚心理学家罗札诺夫创设的，他的研究主要是受到心理暗示疗法成功案例的启发。

1.教学过程

罗札诺夫把教学过程分为阅读理解、朗读聆听、配乐听说三个部分。讲授新的课程单元时，教师首先以丰富的表情和肢体动作对相关教学内容和背景知识进行概括介绍，然后播放轻柔的背景音乐，和着音乐的节拍，教师以饱满的激情朗读课文材料，学习者在轻松愉快的氛围感染下陶醉于教师的配乐朗诵所营造的语言情境。与此同时，注重听力与口语能力的训练，鼓励教师与学习者进行交谈。这样一个轻松的教学情境可以有效激发学习者的潜能，使学习者产生超强的记忆能力，不知不觉地记忆所学的材料了。

2.基本观点

暗示教学法的基本观点是以学习者为中心，在学习过程中不仅包括有意识活动，还包括无意识活动，既是一种理智活动，也是一种情感活动，强调学习活动的整体性，注重发挥整体的功能，主要基于以下几个方面的理解：

第一，人具有可暗示性（也可以理解为人的可意会性、可启示性、可影响性）。暗示能力和效果的形成受到很多因素的影响，比如发出暗示的一方和接受暗示的一方在智力结构、社会地位、从事职业、语言能力等方面的差异，如果发出暗示的一方面在各方面明显优于接受暗示的一方，那么就会形成较强的暗示能力和效果。

第二，人具有无意识心理活动。这是一种非理性活动，人在进行理性活动的过程中同时伴随着非理性活动，也是产生暗示效果的重要因素。

第三，人具有非注意心理反应。在谈话过程中，听话者的注意力大部分是集中在说话者谈论的具体内容上，这就是注意心理反应，同时听话者也常常自觉不自觉地被说话者的语音语调、面部表情、动作姿态等外在因素所吸引，分散了听话者的一部分注意力，这就是非注意心理反应。

第四，人具有心理上和生理上的各种潜力。罗札诺夫认为学习者缺乏信心是最大的心理障碍，要创造轻松愉快的学习氛围和教学情境，以减轻压力，促使人主动挖掘并发挥出自己潜力，使人产生超常的记忆力、想象力、思维能力等。概括起来，就是教师要对教学步骤和教学方法进行精心设计，采取联想暗示、启发、强调等多种语言表述和教学组织形式，使学习者形成一种无意识的心理状态，关注学习者非理性因素对教学的影响。通过积极的心理暗示，激发学习者的学习动机和学习兴趣，克服学习者在学习中的恐惧心理，提升学习者对自身的学习期望，在轻松愉快的情绪状态下获得更好的学习效果。

3.应用策略

（1）正确运用教师权威。教师的权威是在教学过程中自然形成的，体现为教师对学习者的严格要求、关心爱护和平等相待，体现为具备精深的专业知识、广博的知识结构，体现为规范的动作表达方式，体现为健康的人格特征。树立和运用好教师的权威有助于学习者在课堂教学中更好地集中注意力，更乐于接受教师讲授的知识，更容易接受教学中的隐喻和暗示，有利于提高学习效率，增强学习能力。

（2）正确运用稚化技术。稚化是指成年学习者借鉴了儿童在学习过程中放松的心理状态、自发性的探究心理、强烈的好奇心等行为特点。稚化技术能够帮助成年学习者消除不利的、固有的暗示。教师主要是通过营造轻松愉快的教学氛围，形成主动积极的教学导向，运用灵活多样的教学方法等途径达成稚化的目的，以此消除学习者沉闷、压抑、恐惧和畏难的心理状态。

（3）正确运用无意识交流。来自教学环境和教师的表情、手势等无意识刺激对学习者具有不可忽视的潜移默化的重要影响。教师要十分注重教学环境的设置，在教学过程中要保持轻松愉快、热情洋溢的精神状态，促进学习者积极的无意识心理活动，激发学习的自信。

（4）正确运用高超的教学艺术。教师要通过自学、反思和参加培训，培养高超的教学艺术，尤其要努力学习大量的心理学专业知识，熟练掌握心理暗示技巧，才能在教学过程中有效利用暗示时机，恰当使用暗示形式，不动声色地达到暗示效果。然而在学习者人数较多的教学环境下，教师对学习者施加的暗示往往难以为大多数学习者所察觉和理解，对教学效果的影响并不大。

罗札诺夫提出的暗示法最初来源于研究如何提高语言教学中的记忆能力所进行的教学实验，而在其他方面的能力的培养上效果是否明显还有待进一步的验证。

（三）沉默法

沉默教学法是20世纪60年代由美国心理学家、数学家C.Gattegno在结构主义理论的基础上提出的，是人本主义教学理论的重要流派。Gattegno在Teaching Foreign Languages in Schools：The Silent Way和The Common Sense of Teaching Foreign Languages这两部著作中对沉默教学法原理进行了详细说明。

1.教师教学要求

沉默法提倡教附属于学的原则，认为教师的首要任务不是如何设计教案，不是考虑以何种形式向学习者讲授课文材料，而是如何鼓励学习者进行主动积极的思考和探究，要求教师在课堂上尽量保持沉默，强调课堂教学是以学习者为中心。学习者是学习的主体，注重培养学习者的自主学习和独立学习的能力，要求学习者在学习过程中对自己的学习承担责任，在没有教师干预的情况下自己归纳出语法规律，在教学过程中，教师由知识的讲授者变成了学习的引导者。教学的目的是培养学习者综合运用语言的能力，而不是单纯积累知识，所以对一些自主性较差的学习者来讲沉默法可能并不适合。

沉默法突出强调学习者学习的自主性，相对而言忽视了教师主导作用的充分发挥。在教学过程中如果教师对学习者在语言表达中出现的比较严重的语音和语法错误不能及时发现和纠正，长期积累下来必然会对学习者运用语言的准确性造成很大影响。

2.教具的运用

充分利用各种简单、标准的直观教具是沉默法的鲜明特色。其中最为典型的教具是菲德尔图表、奎茨奈棒等。Gattegno认为通过这些教具进行相关教学内容的辅助示范，可以创造一个生动活泼的课堂气氛，帮助学习者直观地理解知识的难点和重点，有利于激发学习者的好奇心和想象力，有利于培养学习者的创新思维能力，从而更快速地掌握所学知识。但是对于语言学习中遇到的一些抽象理论概念和复杂语法结构还必须依赖教师的讲解和示范，仅仅依靠简单的道具，很难系统地学习一门语言。

3.课堂互动

在沉默法中，教师的作用就是给学习者创造一个语言运用的环境。教师根据学习者的需求确定课堂活动的内容和形式，鼓励学习者尽可能多地运用语言进行表达和交流，充分调动学习者的主观能动性，使学习者积极参与课堂活动，通过同学互动来达到学习效果，让更多的学习者通过大量的语言实践活动掌握外语交际能力。所以沉默法把培养学习者的听说能力放在最重要的位置，尤其是即兴讲话的能力，在此基础上进一步培养学习者的阅读和写作能力。

但是沉默法也存在明显的缺陷，要求教师在课堂中尽量少说话，很少对教学内容做出比较详细的解释说明，也不对教学内容过多重复。当学习者出现语言表达错误时，教师不是立即指出，也不是直接予以纠正，而是寄希望于在课堂活动中由其他学习者发现并提出改进建议。由于依靠同学来指出自己的错误，不但不及时而且还可能并不正确，而依靠学习者自己的体会来逐步认识错误在短期内也是无法做到的，导致学习者在课堂上可能会在很长一段时间内一直重复错误的发音或语法，浪费学习者的学习时间。

五、人本主义教学观对高校英语写作教学的启示

英语写作是英语学习者需要具备的基本技能之一，对英语写作的批改是英语写作教学的一个基本和重要的环节。人本主义心理学家认为以学生为中心的教学

有利于发掘学生的潜能。因此，为了开发学生正确、高效地掌握和运用外语信息进行书面表达的能力，最有效的方法就是让作文批改成为写作教学的一部分。

由于班级人数多，教师在有限的时间内无法做到对所有学生的作文都进行篇篇精批细改。此外，很多学生对教师精批细改过的文章也不感兴趣，学生关心更多的是分数，很少有学生能自觉针对教师批改过的文章重新修改完善。实践证明，通过发现同伴的错误可以大大减少自己在写作中出现同类错误的概率。因此，教师应改变传统精批细改作文的方式，由作文的批改者转变为批改活动的组织者和策划者。一方面，在日常写作教学中，教师应激发学生的兴趣和成就意识，鼓励并引导学生参与作文批改活动；另一方面，教师要求和指导学生参与作文点评和批改活动，不但能促进学生分析并察觉同伴的语言问题，而且这种察觉还能激活学生自身的语言认知潜能，带动其英语整体水平的提升。

第四节　英语教学与多元智能理论

一、多元智能理论的概念

多元智能理论主要是强调个体在特定的环境下解决问题和创造的能力，而且它强调的智能并非是传统的语言能力或者逻辑能力，而是多个独立的且以多元形式存在的整合型智能。从该理论的分类来看，人的智能分为8个方面，即语言智能、数学逻辑智能、空间智能、身体运动智能、音乐智能、人际智能、自我认知智能、自然认知智能，他们分别代表着不同的特点。受教育环境和个人能力的影响，不同个体的智能表现存在明显的差异，因此在进行教育的过程中要关注不同个体的智能特点。除此之外，多元智能理论认为不同的智能有着同等的价值，指出教育者应该在8种智能上赋予同等的关注。最后，多元智能理论也强调实践性和开发性，关注受教育个体综合能力，提出教育者要重点开发，这是决定个体多元智能水平高低的关键。

二、多元智能理论在高校英语文学课程教学中的应用

（一）更新教学理念

教师应树立正确的教学理念，英语文学教学与实用英语教学同等重要，相辅相成。教师还应该深入研究多元智能理论，并将其纳入实践教学活动中，使教师不仅能充分发现自己的智力优势和缺陷，而且能理解学生的个体智力差异，从而提高教师的专业能力和学生的多元化发展。另外，教师应熟悉英语文学课程的特

点，英美文学具有强烈的文学品格。它主要反映了英美国家的风俗习惯、文化习俗和人文精神。

（二）优化教学资源

文学史与文学作品相结合的教学原则应充分体现在英语文学课程的教学中，以优化教学资源。教学内容的设计应尊重学生个体智力的差异性和完整性。目前，中英文学教材在网上有多种教学资源，如何设计适合地方高校英语课程的教学内容是关键。教师要熟悉教材，也要充分利用教材。根据多元智能理论，每一个学生都会在各种智力中表现出卓越的智力，而优秀的智力被称为"智力优势"。因此，教师应考虑每个学生的智力需求，合理选择和优化教学资源。

（三）丰富教学模式

多元智能理论强调"以个人为中心"的重要性，尊重学生。学生是课堂参与的主体，教师教文学阅读的时候，应在要求学生阅读原英文书的前提下，让学生思考作者的创作风格、作品的意义，并在课堂上讨论它。它不仅培养了学生的逻辑—数学智能，而且提高了学生的语言智能。在文学传统、文化背景和文学术语的教学中，教师应将教学方法与教学技巧相结合，使学生既能兼顾不同的智力，又能系统地吸收教师所灌输的知识。

（四）关注学生的个体智能差异

由于生活环境、家庭背景和遗传因素的影响，学生的认知能力、兴趣、性格、智力等方面都是有差异的。因此，他们的学习方式、方法、习惯和能力也有较大的差异。这就要求教师要对学生进行全面的认识，尊重学生的差异，灵活运用教学方法和手段，使教师的教学方法与学生的学习风格紧密结合，使学生通过多渠道学习相同的知识点。

（五）加强英语自主学习平台建设

加强英语自主学习平台建设不仅需要依靠课堂学习，更依赖于课外自主学习，因此加强自主学习计划的建设是十分必要的。教师可以利用网络资源和书籍资源来构建学生自主学习平台。教师建立交流平台（如QQ、微信、微博），学生可以在平台上独立学习，也可以与他人交流，向他人推荐优秀作品，这不仅体现了学习的灵活性和人文性，而且弥补了课时的不足。

（六）丰富评价方式

传统的评价方法主要基于考试，强调学生的语言智能和逻辑测量，往往忽视学生的其他智力测试。目前，许多地方高校仍然采用这种评价方法，评价的内容过于依赖教材。根据加德纳的多元智能理论，英语文学课程评价应考虑学生智力的差异性，多角度理解学生的智力。因此，教师应丰富评价方式，给予学生公正、客观、全面的评价。

第二章　高校英语学科教学模式

　　教学模式的研究、建构和应用一直为教学理论界和教师所推崇。教学模式是教学理论的具体化，它源于理论，又源于实践；它使教学理论实践化，又使教学实践概念化；它是理论的存在，又是实践的存在。因此，它使教育和教学理论指导教学实践成为可能，两者互动变得必要，也成为必然。英语教学也不例外，模式化是任何学科学习的本质属性，也是学科教学的基本特点。

第一节　高校英语教学模式概述

　　教学模式是以教学思想、教学理论为依据而构建起来的模型或范式，典型的模式有夸美纽斯的"观察——记忆——理解——练习"模式，赫尔巴特的"明了——联想——系统——方法"模式，杜威的"发现问题—提出假设—做出推论—验证假设"模式，布鲁姆的掌握学习模式等。我国教学模式的研究开始于20世纪80年代中期。教学模式研究主要涉及：教学模式本质的界定和教学模式建构理论的研究。因为研究者研究视野的多维性，教学模式概念的界定呈现出多样性。钟启泉认为，教学模式是能够用于构成课程和课业、选择教材、提示教师在课堂或其他场合教学的一种计划或范型，它具有简约性、理论性和相对稳定性的特点。而顾明远则认为，教学模式是反映特定教学理论逻辑轮廓，为实现某种教学任务的相对稳定而具体的教学活动机构。

一、国内英语教学模式研究

　　中国外语教学理论界对教学模式的理解主要有以下几种："对一个系统或理论构成因素的框架式描绘。""教学模式是有理论支持的教学活动的操作框架。它可能根据一定的教学理论而建成，也可由概括实践经验来形成。""对语言教学理论或/和英语教学过程各主要因素本质及其相互关系等的形象性表述。"而肖礼全则根据教学模式在实际应用中的表现形式分为抽象和具体两种意义。所谓抽象意义是"指较为系统的教学理论、方法和观点，或带有规律性的、有相对固定的方法、步骤、活动的教学实践"；具体意义是"指用图形、表格、线条等对教学相关因素及其关系进行的框架式的、概念式的描述"。

近几年来，高校英语教学界一直在探索一条适合中国国情的教学模式。比如，王才仁提出了一种意在中国适用的英语教学交际模式，该模式"不仅把整个英语教学过程看作交际过程，而且把每一步也看成是交际；整个教学是师生之间的交际的反复循环"。该模式的核心原则是交际，交际是教师与学生之间的纽带，语言的输入与输出都通过交际来实现。该模式吸收了西方第二语言习得理论成果，在"准备—过程—结果"的基础上发展成"输入—加工—输出"的学生语言输出流程。该模式强调交际的互动性和情景性。在该模式中，英语教学内容是语言信息、语用信息和文化信息，语言形式被看作是"为实现意义转换的工具"。在英语教育史上这无疑是一大进步，但是在学生语言输入的正确、得体和流利性方面该模式关注得不够。肖礼全在对20世纪下半叶以来中外四种教学模式评述的基础上，构建了一个"以中国国情为依据，以亿万中国人学习英语为目的"的中国英语教学宏观模式（也叫中国流）。该模式由教学环境、教学主体、教学过程、教学结果四个板块组成。它体现出很强的时代性，如教学过程分为实体和虚拟双轨。它吸收了先进的教学理论，该模式把教师和学生都看成是教学的主体，并提倡自主学习和任务型教学等新理念。但是作为一个宏观模式，它必须非常简洁明了，否则它无法涵盖"亿万中国人"的亿万种学习方式。该模式力图做到全面，但太全面了难于突出其重点或个性，反而易于失去自身存在的价值。

对教学模式本质的界定除了概念界定之外，还包括对教学模式层次的界定。在现代英语教学中，可以发现三种层次的模式：宏观模式（英语教学过程模式）、中观模式（大纲设计模式）和微观模式（课堂教学模式）。英语单词approach、method和technique分别具有宏观、中观和微观三个层面的意义。

近十年来随着课程改革的不断深入，我国教师、学者以及研究生在英语教学模式方面的研究取得了可喜的成绩。他们对模式的研究涵盖小学、初中、高中和大学等层面，如小学英语自律课堂教学模式、初中英语互动教学模式、高中英语逆向教学模式、三位一体高校英语整体教学模式；他们还从教学方法视角摸索教学模式，如"输入—输出平衡"英语教学模式、"四段式"英语教学模式、提纲式英语教学模式、封闭式英语教学模式等；教学方法方面主要集中在"互动""合作""任务""创新"等视角，如"互动"英语教学模式、自主—交互式英语教学模式、任务型教学模式、"探究合作创新"英语教学模式等等。此外，在英语阅读方面也总结了许多教学模式，如"问题式"英语阅读教学模式、英语阅读教学中的"交流——互动"模式、英语语篇教学模式等。

针对以上我国英语教学模式建构的现状，我们可以发现我国当前英语教学模式的研究基本上是零散式的，但是在总体上模式构建的视角有以下四个：①理论说——教学模式是从教学实践中形成的一种设计和组织教学的理论，并以简约的形式表达出来；②结构说——教学模式是在一定教学思想或理论指导下建立起来的各种类型教学活动的基本结构或框架；③程序说——教学模式是在一定教学思想指导下建立起来的完成所提出教学任务的比较稳固的教学程序及其实施方法的策略体系；④方法说——常规的教学方法俗称小方法，教学模式为大方法。英语教学模式的发展趋势具有三个主要特点：①由关注"教"的教学模式向关注"学"的模式转化；②在模式构建中越来越体现出多门学科知识的整合性特征；③模式研究的理论不断深入和实验研究逐步成熟。

在中学英语课堂教学中，我们很难发现某位教师采用了某种教学模式，但是可以发现五种程序设计常式，它们分别是翻译式、听说式、答疑式、网络式和交际式。翻译式是指在教学过程中，依靠母语系统讲授教学内容，熟悉课文，掌握语法规则和一定量的词汇。听说式强调用有限数量的句型来描写无限数量的句子，把英语学习过程看成是养成习惯的过程。答疑式是指教师对学生学习中提出的问题进行分类处理，讲课时围绕学生提出的共同性的、关键性的问题进行多角度、多层次的讲解或组织学生讨论。网络式要求教师和学生共同归纳选择具有共性且富有意义的知识点，让学生通过联想把新旧信息编织起来，形成合理的知识结构。交际式是指教师选择一个功能意念项目，并设置一定的信息沟，使学生为获取所需信息而进行模拟的交往过程。在实际的英语教学过程中，没有哪一节课可以说是用了某种纯粹的教学模式。只有根据教学的实际需要和实际情况，从整体的角度出发来把握英语教学模式，融会贯通地理解和运用多样化的英语教学程序，创造性地组织教学，灵活巧妙地衔接各个教学环节，才能符合教学的动态性与复杂性的要求。

在我国，外语教学界也曾引进国外优秀的教学模式加以实践。20世纪80年代，浙江大学开展了以德国"柏林模式"为基础的教学实验，取得了丰硕的成果。柏林模式由德国保罗·海曼于1962年首先提出。该模式提出了影响教学过程的四个基本因素和两个先决条件，即意向、课题、方法和媒介因素，人类心理条件和社会文化条件。前四种因素属于决定范畴，后两种属于条件范畴，所有这些构成了每一种课堂教学的基本框架。模式可以用结构图表示。该结构是多元互动的、相互关联的、开放的、不断自我完善的结构。其最大的优势在于它提出了两个先决条件，将对"此时此境中的人"的透彻理解作为教学的前奏。正确的定位，再加上课堂教学过程中四个基本因素的充分考虑，教学过程本身体现了教学效果。模式结构图清晰明了，充满了智慧，容易被一线教师理解和接受。该模式自20世纪70年代后一直是柏林基本的教学模式，并且也是柏林教师培训班的必修课。许多德国教育教学第一线的工作者都以它为基础来进行教学设计。之后，该教学设计思想又被广泛地应用于日本、韩国、巴西、蒙古等非德语国家的外语教学及其他学科的教学。

二、国外英语教学模式研究

在国外，语言学研究起步较早，已经建立起一套完整的语言学习理论。外国语言专家在对英语作为母语进行深入研究的基础上，将其中的一些理论迁移到TOEFL教学模式的探讨中，并总结了七种主要的英语教学模式。这七种模式在英语全球扩张的进程中迅速为各国英语教学研究者和实施者所接受。这七种模式分别为：

（一）克拉申模式

该模式由克拉申（S.D.Krashen）创建，主要描写二语习得过程。该模式的基本思想可以概括为：二语能力是在较低的情感过滤条件下，通过足量的可理解输入，是以可预测的顺序习得的。

（二）贝立斯托模式

该模式由贝立斯托（E.Bialystok）创建，主要说明在形成外语能力过程中的三个层次及其有关因素的作用和组成方式。这一模式特别强调外语能力形成过程中形式和功能练习的作用，强调其他学科知识和文化因素对外语知识吸收的促进作用。

（三）斯特恩模式

该模式由斯特恩创建，它确定了外语学习的五个要素及其内在关系。这一模式的特点是在强调外语学习的元认知策略的同时，也特别指出学生本身的心理特质和身处的社会环境等外部因素的影响。五个要素分别为社会背景、学习者特点、学习条件、学习过程和学习结果。社会背景包括社会语言、社会文化和社会经济因素；学习者特点包括学习者年龄、认知特点、情感特点和个性特点；学习条件是指课堂教学和自然接触；学习过程强调学习策略、技巧和大脑活动。

（四）艾伦·毫沃特模式

该模式由艾伦·毫沃特（Allen Howard）创建，它是一个多中心模式。根据交际的话题、题目或任务制定外语教学大纲，并采用F.S.E.三角形学习模式。（F

代表 functional practice；S 代表 structure practice；E 代表 experiment practice）。这种模式强调功能和结构分析，对我国的中学英语功能意念大纲的制定具有指导意义。此外，它首次提出任务型教学的概念，为后来任务型教学模式的建立奠定了基础。

（五）坎特林模式

该模式由坎特林（C.N.Candlin）创建，它把学习外语看作是语言形式、概念意义和人际关系的三个知识体系的结合。这种模式认为外语学习的实质是在人际交往过程之中语言概念的形成和正确语言形式的固化过程，它十分强调语言使用的正确性。

（六）哈伯德模式

该模式由哈伯德（C.R.Hubbard）创建，它是一种学习外语的交际模式，要求在客观的环境中进行愉快的交往。这一模式强调语言学习中的交际性，也就是信息差。它认为没有信息差就不可能有语言交际，没有实际的语言交际，也就谈不上真正意义上的外语学习。它实质上是我国交际模式的范例。这一模式是 ARC 三角形模式，A（affinity）表示亲近力，R（reality）表示现实的意义，C（communication）表示交际的意义。

（七）蒂东尼模式

该模式为蒂东尼（R.Titone）所创，它是力图吸收其他模式之长的一种综合模式。它既借鉴了克拉申模式的情感策略，又借用了斯特恩模式中的社会影响因素，更贯彻了哈伯德模式的交际性原则。我国现代中学英语教学模式中的折中法就起源于此。

以上是针对国内外教学模式，尤其是英语教学模式研究的概述，而接下来将以模式的内涵特征为线索分别展开讨论，主要有结构和认知取向的英语教学模式、功能取向的英语教学模式、任务取向的英语教学模式、社会文化互动取向的英语教学模式和全语教学模式等。在这些模式中，任务取向的英语教学模式和社会文化互动取向的英语教学模式在某种意义上说也可以归属到功能取向的英语教学模式，为了凸显它们的主要特征有意独立开来。下面将逐一进行讨论。

第二节　结构和认知取向的英语教学模式

结构和认知取向的英语教学模式是分别依据结构语言学教学观和认知心理学理论而建构的。结构主义语言学认为，语言的结构是内部各个层次有意义的对立体系。掌握语言就是掌握语音、语法、词汇的各种有意义的对立体系。比如，语音中的开、闭音节与长、短元音，语法中的过去、现在、将来时态，所以，掌握语言的过程，充满了对比这种对立关系的活动。同时，由于不同语言的对立体系并不相同，要明确所学外语中的那些对立体系对学生来说特别困难，因此必须通过与本族语的对比。这类教学模式具有理性主义教学观点，重视语言知识和利用学生的本族语等特征。认知心理学和认知语言学认为，语言能力是个体一般认知能力的一部分。认知法在教学过程中提倡发挥学生的智力作用，重视对语言规则的理解，而忽视语言学习中的情感因素。两种取向的教学模式中较为典型的教学法包括直接法、听说法、翻译法和认知法。

一、直接法

直接法诞生于19世纪末和20世纪初。欧洲和北美等地加速了工业化的进程，国际交往日益频繁，各国对外语人才的需求量迅速增长。人们发现外语人才的口头表达能力特别重要，而语法翻译法恰恰就不注重学生的口头能力培养，因此，在语言学领域内出现了改革运动，其中以英国语言学家斯威特（H.Sweet）为代表的改革派强调口语和语音训练的重要性，推动了外语教学改革。直接法由法国人古因（Gouin）提出，后由他的弟子索斯（Sauze）在美国倡导，并由教育家伯利兹（Berlitz）在教学中实施。由于他们的推广，20世纪初直接法流传颇广。

直接法的许多教学理念是与语法翻译法相对的，如：前者重视口语训练，用演绎法传授语法规则，采用母语解释难点等；而后者却重视阅读和写作能力的培养，用归纳法传授语法规则，课堂上拒绝使用母语等。直接法的教学内容基本上是关注语言的句法结构，即以句型作为教学的基本单位，并且以模仿为主要手段，基于这两个原则，直接法也是以语言的结构为基础的。

二、听说法

听说法被认为是结构取向的模式之一，它比直接法更为成熟。因为从英语名称来看，听说法（the Audio-lingual Approach）选了Approach（路径）而不是直接法中的Method（方法）。这说明"无论在理论基础、体系还是方法方面，听说法都较直接法更为系统和全面，内涵也比后者丰富得多"。

听说法继承了直接法的四个特点：口语第一，听说领先；变换操练；严格控制，养成语言习惯；限制使用本族语，课堂教学运用目的语内对比。它本身的创新只有两点：以句型为教材和操练的核心；用对比作为以所学外语进行类推和回避学习难点的基本方法。一般来说，听说具有三个特点：听说领先、句型操练和对比。

听说法的发展促进了布龙菲尔德教学法的不断完善，使之逐渐演化成为相对规范的五段教学：认知（recognition）；模仿（imitation）；重复（repetition）；变换

（variation）；选择（selection）。认知是指对所学句型耳听会意，一般采用外语本身相同或不同的对比，使学生从对比中了解新句型或话语；模仿包括跟读、齐读、抽读、纠错、改正；重复环节包括检查、让学生重复模仿的材料、做各种记忆性练习，同时教师要进行检查，当确信学生已能正确理解朗诵所学句型之后，才能进行下一段的变换活动；变换即替换操练，应按替换、转换、扩展三步逐渐加大难度，同时要注意学生的理解情况；替换分单项替换和多项替换，转换包括含义转换、结构转换和增减句子要素，比如主动句变为被动句，陈述句变为疑问句等，扩展包括前置修饰扩展和后置修饰扩展；选择是指在实际交际和模拟情景中对所学语言材料进行活用。

早期的听说法注重机械操练，可是到了20世纪60年代后，机械操练受到了批评，一些应用语言学家开始改进听说法，使操练朝着有意义和有利于实际交际的方向发展。其中最具代表性的是波尔斯顿（C.B.Paulston）提出的"MMC"法，第一个M是指机械操练（mechanical drills），第二个M是指有意义操练（meaningful exercise），C是指交际性活动（communicative activities）。这三个步骤是递进式的，早期先进行机械操练，然后进行有意义的练习，要求教师给出结合学生生活的情景，让学生在规定的情景中做语言操练；在第三步骤的交际活动中，可请以英语为本族语的人来交谈，要求学生在交谈中尽量用所学语言结构等。

三、翻译法

翻译法的形成与发展与语言认知有直接关系，它起源于中世纪，经过了语法翻译法、词汇翻译法和自觉对比法，再发展到认知法，在历史上历时最长，所产生的影响较为深刻。翻译法中最有影响的是语法翻译法，下面我们对它进行简单分析。19世纪盛行的历史比较语言学为语法翻译法提供了理论基础：通过翻译的手段，比较母语与外语语音、词汇和语法的异同达到掌握外语和欣赏外国文学作品的目的。张正东把语法翻译法的发展分为三个阶段：第一阶段为18世纪上半叶，具体教学方法是将外语译成本族语，内容偏重于机械背诵语法规则，其教学目的是为了解外语服务；第二阶段是18世纪下半叶至19世纪末，以本族语翻译成外语为主要方法，其教学目的是用外语表达本族语的内容；第三阶段是20世纪以来，在众多教学流派的影响下，在教学方法上吸收了许多其他学派的方式方法，但是其核心教学思想如重视系统语法的教学、依靠本族语进行翻译、侧重语言形式和采用演绎方式等都没有改变。

语法翻译法主要有以下几项教学原则：①关注语言知识的学习；②采取单向传授式教学法；③重视读写能力的培养；④依靠母语进行教学。语言知识包括语音、词汇、语法等，在传授语言知识时，教师常常运用母语，通过对比法和演绎法等方法讲解和分析句子成分，同义词和反义词之间的差异以及语音、词汇和语法规则。教师的讲解是课堂教学的唯一活动，学生学习比较被动。

在我国20世纪90年代之前，中学英语课堂教学基本上都采用语法翻译法，英语语言知识传授是课堂的主要活动。随着1993年人民教育出版社和英国朗文出版社联合出版的新教材的发行，我国中学英语教学开始关注学生口头交际能力的培养。到21世纪初新课程标准（实验稿）的实施，中学英语教学的目标进一步提高，学生的综合语言运用能力的培养成为教学的最终目的。新的教学理念日益深入人心，学生的语言运用能力，尤其是口语水平得到了前所未有的提高。尽管如此，因为语法翻译法对教学条件和教师的要求较松，故国内外仍有不少人乐于使用。

四、认知法

认知法是在语法翻译法的基础上形成和发展起来的。它是以转换生成语法为理论基础。该理论认为，语言的深层结构体现语言能力的特点，表层结构表现语言行为的特点。人通过习得深层结构而获得语言能力，有了语言能力就能生成语言行为，运用话语。把这一语言学说与认知心理学的理论联系起来，语言能力就是核心结构。认知法的首倡者卡鲁尔主张学习外语应先掌握以句子结构为重点的语言知识，要理解所学内容；理解、信息加工和逻辑记忆对于学会外语极为重要。在理解的基础上，再让学生在生活实际和交际情景中进行操练，操练中发展逻辑记忆能力。因为学习外语不是形成习惯，而是先天习得能力的发展过程。这些过程落实到教学活动上主要是语法先行并用演绎法教语法，故卡鲁尔又称认知法为经过改造的现代语法翻译法。而左焕琪却认为认知法重视语法，必要时用母语进行教学，要求通过有意义的练习而不是大量使用演绎法。

认知法被认为是当代外语教学法，它的一些教学原则已被当代各个学派接受，如学生中心原则，容忍错误的原则，视听兼用的原则和情景原则等。认知法的教学过程可概括为"理解句子结构和所学内容→形成语言能力→运用语法"三大阶段。

五、认知法教学案例（45分钟）

（一）讲授新词

教师在黑板上挂上一幅图画，内有男孩、女孩各两名，每人在进行一种活动。学生根据已经学过的语言知识谈论这幅画。当学生使用与新词接近的词时，教师引出需要学生学习的新词。当学生提到动词时，教师引出动词现在分词的形式与意义。在理解的基础上，学生跟教师朗读新词。了解新词意义后，教师要求学生根据图画内容，尽量运用所学单词讲故事。学生讲完后，教师讲他的故事（即课文）。（7分钟）

（二）讲解语法

要求学生根据教师已使用的动词现在分词，小结该语法现象的形式与意义，然后教师进行总结。适当使用汉语解释难点。（8分钟）

（三）语法练习

引导学生由近及远谈论现在正在做的事情：①教室里发生的事；②学生家庭中发生的事；③回到图画，鼓励学生创造性地使用英语，谈论图画中四个孩子的活动。教师在学生用到现在进行时时，加以重复和强调。（10分钟）

（四）传授新课

学生打开书，开展小组活动，逐句讨论课文内容与意义。然后根据课文互相提问。小组讨论结束后，教师先要求学生提出不能在小组内解决的疑难问题。全班就这些问题进行讨论后，教师总结，给出问题的正确答案。教师再一次小结动词现在进行时的形式和意义。（15分钟）

（五）巩固课文

回到课文——听两遍录音后，学生就课文内容提问。（4分钟）

（六）布置作业

听课文录音，改进语音语调；拼写单词并回答书面练习；动词现在进行时问答与填空。（1分钟）

第三节　功能取向的英语教学模式

斯特恩认为功能派与结构派最大的差异是它更加关注语言使用者的社会和环境因素，在语言研究方面体现这些改变的是语义学、社会语言学、交往人类学以及语用学的诞生。把交际视为教学内容本身的功能派有两种不同观点：一种是分析性的，被称为"功能分析"（function analysis）；另一种是整体性的和非分析性的，被称为"功能大纲"（function syllabus）。近年来，功能分析已经对语言大纲的制定、教材的开发以及教学方法的选用等方面都产生了影响。下面举几个典型的例子来说明功能分析对语言教学产生的影响，如威尔克斯（1976）提出意念大纲的概念；维德森（1978）提出的交际语言教学法重视语言的"使用"（use）而不是"用法"（usage）；蒙拜（1978）提出特殊目的语言教学项目内容鉴定模式；

卡内尔和斯温（1980）、卡内尔（1983）分析了交际能力的内涵，为语言测试的发展和语言水平研究奠定了基础。

从20世纪60年代开始，语言研究的重点逐渐由语言形式、句法关系转向语言使用、语义和语言的社会功能。社会语言学对语言教学乃至整个语言学界所做的重大贡献之一是提出了交际能力的概念。1972年社会语言学家海姆斯（D.Hymes）在著名的《论交际能力》一文中指出，离开了使用语言的准则，语法规则是毫无意义的。海姆斯认为，交际能力是由语法、心理、社会文化和实际运用语言等能力系统互相作用的结果。1980年，加拿大的卡内尔（M.Canale）与斯温（M.Swain）系统总结了关于交际教学法理论的探讨与研究成果，并提出交际能力应由以下三方面能力构成：①掌握语法（grammatical competence），包括词汇、词法、句法、词义与语音等方面的知识；②掌握语言的社会功能（social linguistic competence），指使用语言的社会文化规则与语篇规则；③使用策略（strategic competence），即为使交际顺利进行而采取的语言与非语言交际策略，后经不断充实，已具体到怎样开始会话、维持对话、要求重复、澄清事实、打断对方、结束对话等。后来，卡内尔对交际能力的构成框架进行简单调整，把语篇能力从掌握语言的社会功能中分离出来，构成了第四方面的能力。同时拓宽了使用策略的能力，包括提高交际有效性的所有努力。功能取向的英语教学模式的诞生与当时的哲学、语言学、心理学、人类学和社会学发展息息相关。以"语言的社会交际功能是最本质的功能"为核心思想的社会语言学的诞生为该模式提供了语言学基础。

交际法兴起于20世纪70年代的欧洲，它是一个典型的以语言的功能项目为纲的一种教学方法。但是，实际上交际法不是一个一般意义上的教学模式，它已形成了一场国际性的交际运动（communicative movement），并出现了多元化的局面。交际教学（communicative language teaching）是一个多种理论的联合体，至今似乎没有一种定义能对其内涵做出界定。Yalden在1983年就曾把交际教学归纳为六类。在总体上，胡春洞认为交际法有两个基本观点：①外语学习者都有其特定的对外语的需要；②语言是表情达意的体系，而不是生成句子的体系，社会交际能力是语言的主要功能。因此，交际法的教学目的在于培养学生在特定的社会环境中使用外语进行交际的能力。为了提高学生的交际能力，交际法教学过程可以从以下三方面展开：

一、分析学生对英语的需要

在制定教学大纲时，首先分析学生对外语的需要。通过对学生需要的分析，就能知道这个学生需要掌握什么样的语言功能、什么样的文体和什么样的语言形式，并以此制定出相应的教学大纲。由于交际法对学生需要的重视，"需要分析"

已成为一个独立的研究课题。

二、以意念/功能为纲

交际法认为以语法或情景为线索组织教学内容忽视学生的特殊需要，难以培养其交际能力。交际法在其形成之初主张以学习者所要表达的内容即意念为线索。这种以语言使用者通过使用语言来实现的交际功能为线索的意念大纲，也被称为功能大纲。交际法第一份具体的教学大纲正是以语言的交际功能为线索组织教学内容的大纲。以意念/功能为纲的思想是交际法的核心思想。

三、教学过程交际化

大纲的制定和教材的编写不是一个完整的教学体系的全部内容，交际能力的培养最后必须在课堂教学中实现，教学过程的交际化也是交际法的一个重要组成部分。它可以体现在以下几个方面：以话语为教学的基本单位，语言材料的选择力求真实和自然；以学生为中心，教师是活动的组织者，学生在各种活动中学习外语；教学活动以内容为中心，大量使用信息转换、模拟情景、扮演角色、游戏等活动形式；对学生的语言错误采取容忍的态度，不以频繁的纠错打断学生连续的语言表达活动。

以上三个环节表明交际法在教学过程中以学生的需求为教学的出发点，学生需求是制定教学大纲即学习内容的依据；同时所使用的材料尽可能真实，如可以把目标语的人士带进课堂或进入使用目标语社区，或引入英文书籍、报刊节选文章、电影以及电视和电台报道片段等。鼓励学生在实际生活中使用语言，他们的错误被认为是学习过程中出现的自然现象而无须指责。

斯特恩认为要在语言课堂上开展标准的交际活动必须包括四个条件：①与目标语人士接触；②有机会融入目标语环境；③创造真实使用语言的机会；④需要学习者个体参与。这些条件在我国较难做到，尽管在一些比较发达的地区，目标语人士可以进入课堂，也有项目支持中学生融入目标语环境。但是，英语教学可以吸收这些条件的精神，利用以下一些活动来优化课堂教学：①充分利用语言课堂的教学行为；②讨论话题尽可能源自学生的个人生活或至少与之相关联；③尽可能多地挑选对学生有教育意义和有利于学生职业发展的话题；④设置交际课堂练习，如设置小型活动让学生练习并熟悉目标语的一些表述特征。有关文献对第四种方式讨论较多，前三种尽管有人研究过，但是文献非常有限。总之，交际课堂教学的具体教学方法十分多样，其基本精神是开展师生之间、生生之间有意义的对话或讨论，也称"语言意义的谈判"（negotiation of meaning）。上课经常采取两人结对进行对话，4——6人为一组的小组活动和全班讨论的形式。交际法教学虽然提出在语言使用（use）过程中学会语言的用法（usage），但是它并不排斥有关语言形式的教学。

王才仁在参照国外一些模式的基础上，提出了一个可在我国进行的英语教学综合模式——英语教学交际模式。该模式的命名是基于这样一个教学理念：整个英语教学过程是交际过程，而且把每一步也看成是交际；整个教学是师生之间交际的反复循环。下面将对该模式的几个核心环节进行简单介绍：①"教师"和"学生"是教学的双主体，师生之间的交际构成教学全过程；②社会环境对教学提出要求，体现在教学大纲中，对教师有制约作用；③教学大纲由国家制定，是教师执教的依据，对教材的编写和使用起指导作用；④教材要通过听说读写等渠道和一定的情境活化为交际行为，成为信息的源泉；⑤输入是学生接受语言材料，主要包括三方面的信息：语言信息（包括操作性、观念性）、语用信息和文化信息；⑥加工指信息加工，外部加工表现为课堂活动，内部加工指大脑内的活动，外部加工与内部加工互相作用，互相促进；⑦输出指学生运用英语的能力。每一项输出都会反馈给教师，以便教师了解教学效果，整个过程达到的程度则最终反馈给社会。

该模式认为教学的实质是交际，而交际是通过活动得以体现的。如：教学中师生二主体作用是通过活动来体现的；英语物质操作和观念操作二重性是通过活动体现的；信息的输入和输出，也是通过活动实现的。所以，活动是更新教学观念、开创英语教学新局面的一个重要哲学支撑点。另外，该模式还强调运用英语时要遵循四个原则：意义性（meaningfulness）、功能性（function）、得体性（appropriateness）和移情性（empathy）。此处前两个原则容易理解。所谓得体性是指所说的每一句话要根据不同的对象、场合和时机选择合适的表达方式；而移情性是指在表达意思时要考虑目标语国家的文化风俗习惯。最后，该模式把我国的英语教学目标定位在培养学生的交际能力上。

交际法教学的理念正不断地深入我国的英语课堂教学实践。彭那祺通过多年的教学探索，把交际法教学融入自己的日常教学，不断提升自己的教学理念，2000年她出版了专著。她总结道："和谐"是交际法教学最重要的艺术特色。她认为，在英语课中最为重要的是要从交际的高度出发，去帮助学生打下坚实的英语基础和培养学生运用英语交际的能力，并在习得英语的过程中掌握一套成功的英语学习方法和养成良好的语言习惯。这些将构成他们可持续发展的英语潜能。

第四节　任务取向的英语教学模式

一、任务型英语教学模式的定义

任务型语言教学是指一种以任务为核心单位计划、组织语言教学的途径。它是诸多交际教学途径中的一种，其教学思想仍然在交际语言教学思想的理论框架之内。在国外，任务型语言教学已有二十多年的实践，最先进行任务型第二语言教学实践的是印度学者 Prabhu。针对任务型语言教学的研究已经取得可喜的成果，很多学者从不同的侧面对任务型语言教学进行了研究，赋予其新的内涵，具有影响力的专家有卡德林（1987）、努南（1989）、克鲁斯（1993）、威尔斯（1996）等。其中，努南根据英语课堂教学中的任务与真实生活中的任务的相似程度把任务分为"真实世界的任务"或"目标任务"（real-world tasks or target tasks）和"教学任务"（pedagogical tasks）。前者是指那些在生活中有类比对象或原型，即通过客观分析考察后，根据实际需要设计的任务，旨在赋予学习者完成真实生活中类似任务的语言能力；后者指基于第二语言习得理论和相关研究，未必直接反映客观实际的任务，只限于在一定的教育环境中运用。

龚亚夫和罗少茜根据目前的有关文献，把主张任务型教学的专家和学者分为"广义任务派"和"狭义任务派"两类。狭义任务派认为，只有为了某种交际的目的使用语言的活动才可以称为任务。该任务定义与 Nunan 所提出的"真实世界的任务"或"目标任务"的概念比较吻合。而广义任务派认为，任务可分为"交际任务"（communicative tasks）和"学习任务"（enabling tasks），此处的学习任务与 Nunan 提出的教学任务意义比较接近。学习任务概念的提出对当前中学英语课堂教学活动的设计有更大的推动意义，因为中学课堂的英语学习非常关注课本内容的理解和运用，如在阅读课上，教师根据课文的相关信息设计出一个部分信息缺失的表格，让学生快速阅读后把表格填满。这种围绕课文内容设计的学习任务容易被中学教师接受。但是，我们的教学如果要真正提高学生的语言运用能力，并提升学生的素质，那么任务的定义最好能满足 Skehan 对任务提出的五方面要求：①意义是首要的；②有某个交际问题要解决；③与真实世界中类似的活动有一定的关系；④完成任务是首要的考虑；⑤根据任务的结果评估任务的执行情况。换言之，任务关注的是学生如何沟通信息，通过交流互动解决交际问题，而不是强调学生使用何种语言形式；任务具有在现实生活中发生的可能性，而不是"假交际"；学生应把学习的重点放在如何完成任务上，对任务进行评估的标准是任务是否成功完成。

目前教育部制定的英语课程标准的实施建议明确指出：倡导"任务型"教学途径，培养学生综合运用语言的能力。任务型英语教学提倡以教师为主导，以学生为主体的教学活动，它提倡体验、实践、参与、交流和合作的学习方式。学生在活动中认识语言，运用语言，发现问题，找出规律，归纳知识和感受成功，真正让学生掌握讲英语、用英语的本领，从而培养兴趣，树立信心，发展自主学习的能力和合作精神，为终身学习和发展打下基础。

二、任务型英语教学模式的理论基础

任务型教学概念被提出后，二十多年来，它的发展、演化和内涵的不断丰富得益于理论的支撑。言语行为理论是任务型教学与研究一个十分重要的理论来源。言语行为理论旨在回答语言是怎样用于"行"，而不是用于"指"这样一个问题。奥斯汀认为言有所为的话语是被用于实施某一种行为的。根据个体说话时所实施的三种行为，奥斯汀提出了三种模式行为，即言内行为、言外行为和言后行为。言内行为是指传统意义上的"意指"，即指发出语音、音节、说出单词、短语和句子等。言外行为是指通过"说话"这一动作所实施的一种行为。人们通过说话可以做许多事情，达到各种目的。言后行为是指说话带来的后果。塞拉尔在奥斯汀研究的基础上，把言语行为理论提高为一种解释人类语言交际的理论。塞拉尔认为，语言交际单位不是单词或句子等语言单位，而是言语行为。于是，语言交际过程实际上是由一个接一个的言语行为构成的。每个言语行为都体现了说话人的意图。他把一句话所实施的言外行为与内容联系起来，即话语行为与命题行为之间的关系。

随着任务型英语教学研究的不断深入，国内学者从不同的视角来探讨和建构它的理论基础。龚亚夫和罗少茜认为该教学模式的理论依据来自许多方面，有心理学、社会语言学、语言习得研究、课程理论等等。从语言习得的角度可以解释任务型英语教学的必要性；而社会建构理论和课程理论可以阐释任务型语言教学的教学理念。魏永红认为系统功能语言学的诞生对20世纪80年代以后的语言教学的发展产生了重大影响，其中就包括任务型教学。同时她又从学习论的一些视角，如皮亚杰的认知发展论、布鲁纳的发现学习论、奥苏贝尔的意义学习论和社会建构主义学习理论，以及教学论的活动教学来分析任务型教学的教学理念。下面我们重点从语言习得理论、课程理论和活动教学三个视角来理解任务型教学的必要性和意义。

语言习得是指一个人语言的学习和发展。此处的学习与课堂上教师的语言知识的传授式的学习意义相对。我们通常说："Language is not taught but acquired."（语言不是教会的而是习得的。）语言习得理论告诉我们，在语言课堂上仅仅学一些语言规则和词汇意义并不等于就能自如地运用该语言了。威尔斯通过研究语言习得发现，当学生做机械性语言练习时，他们的注意力有意识地集中在语法形式上，可能看起来暂时掌握了所学习的语法结构。而一旦让他们用语言去交流，将注意力集中到语言的意义上时，语言错误就会很多。另外，蒙麦里和爱森汀做过一个实验，他们把一个班分成实验组和对照组两组，实验组教语法，但同时也有实践的机会，对照组只讲语法。结果表明，虽然实验组用于语法学习的时间少，但是实验组不仅交际能力强，而且语法测试的成绩也比单讲语法的对照组好。因此，语法加交际比单纯讲解语法知识更能提高语言的流利程度和语法的准确程度。

语言习得理论并非反对教语法，而是提倡在学习了该语法项目后，能有实践和运用的机会，如在不同的情景或语境中反复使用含有该语法规则的句式。只有不断地在真实情景中使用语言，才能逐渐发展自己的语言系统，这正是任务型英语教学所要追求的效果。语言使用在任务型教学模式中是指用语言来做事情，即完成各种任务。当学生积极地参与用目的语进行交际的尝试时，语言也就被掌握了。当学习者所进行的任务使他们当前的语言能力发挥至极点时，习得也扩展到最佳程度。课程理论是指人们对课程与社会、知识、学生等关系的规律性认识。英语学科课程理论是从学习者的角度，将学习理论、课程理论和教学实践综合的一种课程理念。它具体为由意识（awareness）、自主（autonomy）和真实（authenticity）三要素组成的3A课程观。课程理论有助于我们对任务型教学模式的教学理念做更深入的理解。

在3A课程框架中，Vanlier首先提出意识的重要性。意识是指在课程学习时教师要让学生知道自己在做什么和为什么做，只有当学生明白自己学习的内容与他的生活或发展是有价值时，他才会投入注意力，对某物开始关注，有意识地参与，用心去感受过程，用心去反思效果。意识给普通教师的启示是教学不能只给学生灌输知识点，而是首先要在思想上让学生明白学习的目的和意义。任务型教学模拟人们在生活中使用语言的情景，在各种有明确目标的活动中，学生有意识地参与语言的交流，从而掌握语言。学生一旦找到了学习的价值，内在动机被激活后，学习就进入第二阶段——自主阶段。

此处的"自主"指的是学习者可以根据自己的兴趣对要求完成的任务具有一定程度的选择权利，如可以自主确定总任务下的次任务内容，以何种方式完成任务，以及小组成员的分工等等。学习者被赋予了选择权，同时也被赋予了责任。学习者带着这份责任会尽力做事，这份发自内心的动力有助于对信息进行深度加工，提高学习效果。

同样这份对自己学习负责的责任感有利于学生成为富有责任感的公民，达到民主教育的目的。学生通过参与任务型教学，不仅学会了语言，更重要的是学会了做人，因为学习过程就是人生磨炼的过程，这就自然要求学习过程的真实性。

凡里尔的"真实"包括教材的语言材料没有被加工，课堂中使用的语言与生活相一致，更重要的是人的"真实行动"。所谓真实行动是指该行动是发自内心的、自愿的行动。在任务型教学中，学生想做的事情是他们自己想做的，他们的行为是自己选择的，他们表达的是他们的真实感受，他们所说的语言是他们想表达的，这才是真实。相反，不真实的行为是由外部因素引起的，是那些因为大家都这样做，或是被要求这样做，自己才这么做的事情。任务型教学鼓励学生表达自己的真实感受，传递真实信息，讲述生活中真实的经历，而不是背诵和转述课文。

活动教学主要是指在教学过程中以建构具有教育性、创造性、实践性、操作性的学生主体活动为主要形式，以鼓励学生主动参与、主动探索、主动思考、主动实践为基本特征，以实现学生多方面能力综合发展为核心，以促进学生整体素质全面提高为目的的一种新型教学观和教学形式。该教学观有以下四方面基本主张：①坚持"以活动促发展"为基本指导思想；②倡导以主动学习为基本习得方式；③侧重以问题性、策略性、情感性、技能性等程序性知识为基本学习内容；④强调以能力培养为核心，以素质整体发展为取向。

以上有关活动教学的基本主张表明，它与任务型教学的理念非常吻合。首先，任务型教学中以任务即"用语言做事的活动"为基本教学组织形式。这样做的理论假设是有效的语言学习不是传授性的，而是经历性的，让学习者参与有目的的交际活动，在交际中认识、掌握、学会使用目的语是习得第二语言的最有效途径。其次，从学习方式来看，任务型教学积极倡导合作学习、交往学习、探索发现学习、体验学习等学习方式。通过用目的语交流、沟通、协商，完成任务的过程，促进交际各方在目的语的掌握使用上相互取长补短，促进各方中介语系统的扩展、修订、重构，从而使语言的输入也在语言的使用过程即输出过程中得到落实，语言的输出"能激发学习者从以语义为基础的认知处理转向以句法为基础的认知处理。前者是开放式的、策略性的、非规定性的，在理解中普遍存在；后者在语言的准确表达乃至最终的习得中十分重要。因此，输出在句法和词法习得中具有潜在的重要作用"。最后，从发展能力、提高素质的角度看，人作为社会个体，交际能力是最基本的生存能力之一。通过任务型教学，学生的语言水平不仅得到提高，学生的沟通能力、合作能力也得到了锻炼，因此，任务型教学是一种有效的素质教育途径。

三、任务型英语教学模式的特点和原则

努南提出的任务型语言教学包含五个特点：①强调通过交流来学会交际；②

将真实的材料引入学习环境；③学习者不仅注重语言的学习，而且关注学习过程本身；④把学习者个人的生活经历作为课堂学习的重要资源；⑤试图将课堂内的语言学习与课堂外的语言活动结合起来。这五个特点针对我国的中学英语教学来说，要特别注意以下几点：

（1）尽可能把英语课设计成各项语言活动，如回答问题、填信息表、设计课文提纲等，给学生提供真实情景下的、基于信息差的、有意义的交流活动。

（2）注重语言知识的教学，但是不要单向地灌输，而是在任务布置后，让学生感受到要完成任务必须得到必要的语言输入。教师先创造需求，之后以交互方式和在完成任务的情景中提供学生所需的语言输入。

（3）要充分体现真实性原则，即语言材料的真实，问题设置尽量以学生的实际为出发点，同时要求学生提供真实的感受和想法，教师也要以真实的思想与学生交流，达到心灵的沟通。师生之间和生生之间通过这样的真诚沟通，加深相互的理解，使课堂上共同度过的时间更加美好。

随着对任务型教学的研究逐步深入，努南在提出任务型教学的五个特点之后，又于1999年提出了五条教学原则：①言语、情景真实性原则；②形式—功能性原则；③任务相依性原则；④在做中学原则；⑤脚手架原则。这五项原则相比他提出的五个特点，在理论上进行了高度概括，对教学实践具有更强的指导意义。"言语、情景真实性原则"在上文已经分析过。"形式—功能性原则"中的形式是指语言形式，即有关语言知识本身，功能是指语言知识在真实情景中的运用。该原则要求教师和学生对语言形式和语言功能有清晰的认识；任务设计要注重语言形式和语言功能的结合，旨在使学生掌握语言形式的同时，培养其使用语言的能力。总之，在进行任务型语言教学时，语言的形式与语言的意义是紧密结合的。"任务相依性原则"是指任务设计既要遵循由易到难的原则，又要体现任务之间的关联性，如总任务涵盖许多小任务，小任务环环相连、层层铺垫，随着小任务的完成，最后完成一个总任务。"在做中学原则"可以说是任务型教学最核心的原则，"做"可以指我们前文中的"活动""交互"等概念，在此不展开讨论。"脚手架原则"可以从两方面进行理解：一方面，教师设计任务，一定要适合学生的实际，让学生通过努力能够顺利完成，从而获得安全感和成就感。另一方面，在具体完成任务过程中，任务如何完成、任务的成果会是什么样的，教师都能在教学的初级阶段提供给学生一些可以借鉴的思路或样式。

第五节　社会文化互动取向的英语教学模式

课程作为一种社会文化，教学活动作为一种社会文化的传承与发展的现象，教育社会学流派对学校课程与教学的影响已经显而易见了。其中的解释理论（也有人称为"互动理论"）是我们本节讨论的社会文化互动取向的英语教学模式的理论基础。该理论由现象学、知识社会学、符号互动论、俗民方法论、拟剧论等社会学术思潮共同构成。在课程与教学方面，其基本要点包括：①关注教学活动中教师与学生如何构建、解释并控制其日常生活过程中的问题，关注师生人际互动过程。②强调师生共同创造课堂生活，解释师生各自的角色和各种行为所表达的意义。注重师生在课堂中的对话，认为要通过理解、解释去剖析师生的观念与行为。③分析课堂教学情景时，认为语言是最基本的符号，课堂教学是通过语言进行有效沟通的；在教学过程中，师生对课堂情景的不同理解是影响课堂教学效果的重要原因之一；社会互动是指人与人或群体与群体之间发生的交互活动或反应的过程。此外，英国新教育社会学家扬（M.Young）于1971年出版的《知识与控制：教育社会学的新方向》一书，发展了知识社会学理论。其基本观点是：把教育现象看成是一种创造性的事实而非一种既定的事实，师生互动是一种解释的过程而非一种由教师要学生被动接受的过程，教育知识和内容并非肯定是"客观的、公正的、有效的"，而是受制于社会、政治的权力影响。

以上观点表明课程是一种社会文化，课堂教学是社会文化的传承，所以社会文化互动取向的英语教学模式，可以简称为互动教学模式，或"交互（式）"英语教学模式。张森和蔡泽俊认为交互式教学模式是指在主体间的交往中（包括师生交往、生生交往），师生共同参与教学活动，相互承认与尊重，通过多种方式相互作用、相互沟通，促进学生全面和谐发展。它是开放的、建构性的，是一种全新的教学模式。该模式最早由帕林斯卡于1982年提出，它是一种以支架式教学思想为基础来训练学生的阅读策略的教学模式。该模式具有两个特点：重点放在培养学生特定的、具体的用以促进理解的策略；这种教学以教师和学生之间的对话为背景。那么对于语言课堂，交互意味着什么？威尔斯认为"交互"是学生通过使用语言而获得语用能力，在使用过程中学生的注意力集中在传达和接受真实的语言信息上（即在关系到交互双方利益的情景中交换信息）。威尔斯以为交流是话语的基本单位，语言交互是合作活动，不管交流是口头的还是书面的，都包括在信息发送者、接受者和情景环境三者之间关系的建立中。交互不仅是自我观点的表达，而且是对别人观点的理解。

交互对语言学习为何如此重要呢？首先，通过交互学生可以增加他们的语言储备。因为在交互过程中他们倾听或者阅读真实的语言材料，如倾听同学们在讨论时的语言输出，完成共同参与的解决问题的任务，以及撰写对话日记等。其次，在交互时，学生能够使用他们所有的语言知识进行真实的交流，而这种表达真实意思的交流对他们来说是很重要的。就这样，他们能从所听的内容中提取信息，因为理解是一个创造过程，此外，他们也能通过创设语篇去表达意图。最后，在二语语境下，新语言和文化的交互是必不可少的，所以学生需要在新语境中进行交互方式的训练。

交互有利于语言学习，那么在语言课堂上如何进行有效交互呢？Wells等学者对此展开了研究，并总结了以下一些有效措施：

一、教师给学生创设大量的倾听真实语言材料的机会

此处的真实语言材料包括教师流利的课堂英语、录音或录像带、报刊、书籍、产品说明书菜单、地图等。如有可能，可把英语为母语的人士带入课堂与学生进行非正式的交互。真实材料不一定都很难，可以在一些有意义的活动中使用。

二、学生必须在课堂情景中听、说英语

例如，学生可以面对挂图和实物听、说英语；可以进行角色扮演和讨论；可以编制电台脱口秀；还可创建一些场景，如在教室建立一个二手货市场，举办鸡尾酒晚会或求职面试等等。

三、学生一起做一些有意义的活动

诸如，制作某物品、为他人提供娱乐、为跨文化交流活动准备材料等。

四、学生观赏一些原版电影或录像带

观察以英语为母语的人士如何交流，如观察非言语行为——如何感慨，如何开始、维持对话交流，如何进行意义协商以及如何结束交流等等。

五、语音可以通过交互来提高

除通过对话式的听说活动，还可以通过诗歌朗诵、创编对话或剧本等过程来锤炼语音和语调。

六、跨文化交互对现实世界语言运用来说是很重要的

首先，学生大多拥有相同的观点和价值观、相同的行为方式和言语方式。他们能辨别自己对目标语人士以及相互文化的思维定式。这种学习经历有助于学生直接进行观点交流或介入另一种文化的活动。其次，与来自不同文化的人士进行交互，清晰自己如何应对不同民族人士，监视自己的言语风格，以及操练不同的交互技巧，这些都能帮助学生将来在不同文化环境中生存。最后，在英语作为外语教学的国家，学生可以把那些有可能因为文化差异而导致交流失败的片段表演

出来。如有可能，还可以请以英语为母语的人士从他们本民族的文化视角来谈谈这些文化差异。歌曲、音乐和舞蹈也能让学生欣赏不同民族的文化底蕴。

七、在阅读活动中

读者与文本之间应该有精彩的交互，如解释、拓展、讨论其他的可能性或其他结论。通常阅读可以让学生进行有效的口语、书面语输出。

八、针对写作活动

要注意写好的东西应该有人来阅读，如在班级报纸上刊登或抄写在通知栏上。对话日记是交互性写作的典型例子。

九、交互并不排除语法学习

语法知识有利于交互水平的提高，但是要把语法学习过程交际化，让学生通过有效的意思表达的经历来内化语法规则。

十、测试也应该是交互性的水平测试

多项选择和填空题是语言知识的测试，不是正常的语言使用活动。测试应该尽可能地转回到语言的正常使用上来，成为一个在理解和表达方面意义建构的有机过程，因为测试本来就是学习过程的一个部分。

近年来，我国的学者和教师也越来越关注英语课堂教学的互动性。李秀英和王义静认为"互动"英语教学模式是高校英语教学的必然趋势。作为教师，我们不能把自己看作是不断向学生传递信息的源泉，而应看作是语言学习活动的组织者和参与者，为学生使用语言创造机会，提供指导，使学生通过自己的语言实践来掌握语言知识和能力，同时帮助学生并在学习过程中逐渐掌握最适合自己的学习方法。此外，李秀英和王义静提出"互动"英语教学模式必须是创造性的有意义的语言操练。具体地说，互动活动的内容应有助于激发学生的兴趣、学业目标和事业目标等；在互动教学过程中新导入的内容必须要与学生已有的知识、背景等相关；互动活动的内容还必须能够激发学生参与活动的内在动机。这样的活动可以包括以学习者为中心的、合作性的教学，以内容为中心的活动，语言、文化相结合的活动，以语言表达能力培养为基调的活动，以技能培养为基础设计的测试。此外，李秀英和王义静在具体课堂教学过程中把"互动"英语教学模式设计成以下种类：以问题为中心的操练活动；以词语使用为方式的词汇学习过程；以人称替换、原文内容为主线的故事"重组"活动；以翻译为检测手段的巩固方式；听说结合的听力教学方式；形式多样的趣味英语活动。

这些有关高校英语教学的"互动"理念和根据这些理念设计的教学活动在2000年前后显得比较新颖，其实这些操作方式就是课堂教学交际化的具体体现，把学生的主体性充分体现出来，通过语言运用来学习语言。从"互动"英语教学模式设计的种类看，该模式把各个教学环节都变成了互动过程，这点做得非常好。但是，互动活动在很大程度上仍然是关注语言本身，如操练活动，词汇学习方式，巩固活动，听力教学方式等，这表明"互动"只是在教学技巧上的一种改变，在总体上没有形成比较完整的新的课堂教学体系。

要想使自己的课堂更具交互性，建议教师在英语课堂上不妨抛弃那些程式化的教学语言，如：Now we are going to study grammar./Now let's study the new words./Now Let's use this word to make a sentence，而更多地使用与交谈话题相关的、富有情感的、互动式交际性语言，如，Let's imagine.../Suppose.../In that case，what do you think...What's your opinion about…/Put yourself in the position.../Do you want to make a guess？/Who has a different opinion about…等。

随着英语课程改革的不断深入，对互动英语教学模式的研究也在不断深入。例如，张森和蔡泽俊总结了"交互式"课堂教学基本模式的流程：目标导入一小组讨论一组际发言一成果评价。在课堂上可采用同桌互学、小组讨论、大组辩论、自由发言等形式，营造"生一生""师一生"间自由平等的氛围，通过学生之间的互相提问、互相帮助，学生学会思考、解决问题、发展思维，从而实现学习的目的。

张森和蔡泽俊提出的交互概念与上文提及的 Wells 等提出的概念不完全一样。前者仅仅把交互定位在语言符号的使用上，而后者可以包括语言、活动和非言语性的理解活动（如读者与文本的交互）等。

总之，社会文化互动取向的英语教学是一种面向未来的新事物，它的内涵与形式需要不断完善和丰富，它的教学组织方法也将朝着多样化的方向发展。

第六节　全语教学模式

全语教学模式也称整体语言教学模式，该模式的理论首先由古德曼提出，其核心理念是：语言是整体的，不能被分割成听、说、读、写等技能。同样，语言中的词、短语、句子和段落好比是一件东西内部的原子和分子，我们可以研究原子和分子的特性，但是其整体意义总是超过各部分加起来的总和。此外，该理论还把语言教学的范畴推广到与学生生活有关的其他各个方面。学习语言的目的是满足学生现实生活中的真实需要，使学生能够进行有意义的人际交流，解决生活中的实际问题。它的优势是能够使一个主题概念多角度、多层次地反复重现，使学生有机会把过去的知识和经验与今天的学习任务结合起来，使新旧知识在头脑中形成网状记忆、网状联想，从而使英语学习的质量发生飞跃。我国学者王才仁把上面第二层意思进行了拓展，认为"整体语言法"（Whole Language Program）就是把学语言与学习其他文化课结合起来，实行综合推进，既学语言，又长知识，互促互动。一个学英语的人，如果汉语水平不高、知识面狭窄，很难在英语上有很高的造诣，即便能流利地说英语，也无法充分发挥英语的交际工具作用。

　　语言是一个整体，知识学习也是一个整体，学习者的生活和学习也应该整合起来。对此，左焕琪认为整体教学法的最大特点是："它一反自古以来由教师决定从部分到整体进行教学的传统，强调由学生主动参与并遵循内容从整体到部分的教学过程。"这种反传统的教学方式是受到了语言习得和学习的科研成果的启发，该成果表明只有当学生认识到语言的整体时，他们才能认识语言的本质。在外语教学中，要注意以下几点：①应先让学生在教师的启发下看到整体，然后逐步掌握教学内容；②每一部分的学习应该是有意义的，而不是无意义的机械操练；③可先用母语讲清概念，然后采取师生之间与学生之间互相交流的形式练习；④口语与书面语并重，以达到透彻理解与掌握的目的。

　　整体教学法可用于宏观与微观外语教学中。宏观是指每个单元开始时，先与学生一起讨论该单元的主题的概况，然后学习具体内容和词汇、语法结构等；微观是指如教授某一语法现象，可先讨论同一大类的特点，再学小项。在每次上课时，整体教学把每节课作为一个整体来处理，而每节课又都有侧重。这种教学法的心理学基础是格式塔心理学。该理论认为为了培养创造性思维，教师也应把学习情景作为一个整体呈现给学生，人对语言刺激的反应是综合的，而不是通过对语句的分析来理解其内容的。王静认为该整体教学模式可以体现在以下方面：①课堂教学的整体设想；②课堂教学内容的整体处理；③在设计整体教学过程中，教师必须遵循语言学习的规律；④注重发挥教师的主导作用；⑤注意整体教学的适应性。针对课堂教学的整体设想，要注意面向大多数学生，课堂教学要以多数学生的听说读写活动为主。

第三章　高校英语课堂教学研究

第一节　慕课与高校英语课堂教学

MOOC 是 Massive Open Online Course（大规模在线开放课程）的缩写，2008年兴起于美国，之后迅速在全国范围内传播开来。这四个字母代表了慕课的特色，"M"代表 Massive（大规模），传统课程由于受授课地点的限制，虽然多则可达数百名学生，但一门慕课的上课人数是以万来计算的，最多的可达 100 多万人；第一个"O"代表 Open（开放），传统的课程不管学生是否对这门课程有兴趣，都必须来上课，慕课则不同，它以兴趣为导向，只要学生对这门课有兴趣，有学习的意愿，就可通过邮箱注册来学习，对学习者的年龄、国籍没有任何限制；第二个"O"代表 Online（在线），学习在网上完成，不受时空限制；"C"代表 Course，就是课程的意思。通俗地讲，慕课是以连通主义理论和网络化学习的开放教育学为基础的大规模网络开放课程。慕课包括 Course、EdX、Udacity 三大平台，这三大平台各有特色，注册人数已有数百万人。

2012年，慕课开始引入国内。我国教育界的专家和学者就慕课的发展历程进行了多层次、多角度的研究，取得了丰富的研究成果。慕课的教学模式有三种：第一种是完全的网络教学模式，学生自主选课，自主学习；第二种是网络课程+学生自助式面对面互动模式；第三种是网络课程+本地教授面对面深度参与教学模式。慕课在高校英语教学界的研究也逐步深入，理论构建和运行机制的研究也日益成熟。慕课时代的来临引发了教学理念、教学内容、教学方式及教学效果等多方面的变革，为此，各高校要以积极的态度应对慕课的挑战，寻求慕课与高校英语教学的契合点。

一、慕课与高校英语教学相结合的优势

学习更加灵活方便的慕课的应用改变了传统的以教师为中心的教学模式。慕课以建构主义为理论支撑，教学过程中学生为教学的主体，教师担任主导角色，学生可以根据自己的时间安排，自主选择什么时候上课，用多长时间上课，而不是按照学校的规定必须在固定的时间去固定的教室上课，实现优质资源的公平分配和教育的均衡发展。

有利于促进学生语法知识体系的形成。英语语法学习是高校英语学习的关键，要求学生在头脑中形成清楚的语法框架，使语法知识具有连贯性和体系性。慕课是按照严格的英语学科体系构建而成的，为学生带来的是系统化的知识，而不是碎片化的零星知识。当前高校英语慕课的课程设置是以知识单元为标准来进行划分的，让有需要的学习者能够按照慕课展现出来的图谱进行针对性的学习，帮助高校生构建起准确的语法知识系统。高校生在运用英语与他人进行交流的过程中就可以将已经掌握的语法知识自然地使用出来，能够准确使用语法知识，从而在保证语言流畅性的同时，提高语言输出的准确性。

互动性更强，有利于培养学生的自主学习能力。慕课背景下教师的教学方式和学生的学习方式都发生巨大改变，师生之间的互动形式也由原来的实体课堂变为虚拟课堂或者两者的结合。慕课的评价方式也更为灵活。这就要求教师在教学过程中及时观察学生的学习状态，注意发现学生身上的闪光点，承认学生之间的实际差异，并学会欣赏这种差异性，在差异中寻找学生的独特之处。采用线上评价和线下评价相结合、教师评价和学生互评相结合的方式，使学生及时快速得到学习方面的评价，有利于学生及时发现问题，从而形成良好的学习反馈循环。

二、慕课背景下高校英语课堂教学策略

随着教育体制改革的不断深入，现代教育侧重于提高学生的学习效率，使学生能够在最短时间内获取最多的知识，使学生的能力得到更好地提升。要想实现教学质量的提升，就要在教学策略上下功夫。无论教育理论多么完善，教学手段多么丰富，只有将教育理论和教学手段付诸于具体的实践课堂教学中，才能检验出教学模式的效果。教师只有使用好课堂教学策略，才能提高教学质量。

高校英语课堂有效教学准备策略。教学准备策略又称为备课，它是教学过程中的重要环节，直接影响教学的成败。教学是有目的、有计划的活动，教师在进行教学之前要进行必要的准备，做到心中有数，这样教师在上课的时候才能按照组织好的策略开展教学活动。要想构建有效的教学组织策略，教师在上课前不仅要了解英语教材，还要了解学生的情况，只有将教材内容与学生认知结构完美融

合，才能设计出好的教学方案，二者缺一不可。只注重挖掘教材内容，而忽略对学生基本水平和情况的了解，设计的教案就会让学生抓不住重点，无法有效掌握教学内容；如果只专注学生的认知水平，而对教学目标和教学内容没有清晰完整的认识，那么教学就缺乏目的性，使学生对学到的知识无法形成系统而完整的认识。慕课专业性较强，在运用慕课进行英语教学时要先进行小范围的实验，确定慕课的应用能够有效提升学生的听、说、读、写能力之后，再进行普及和推广。另外，教师要根据学生总体英语水平的实际情况，运用慕课来组织教学策略。

英语课堂有效教学实施策略。合理利用课堂教学时间，是提高课堂教学效率的前提条件，要在较少的课堂教学时间内完成规定的教学任务。课堂教学活动要针对学生的水平和要求来开展，以满足学生对知识的需求为宗旨，注重对学生学习能力、语言表达技能、情感态度和价值观的培养。英语学科知识是结构严密、互相联系的一个系统，教师在教学过程中要遵循系统化的原则，注重知识之间的联系，在讲授新课之前注意回顾以往学过的知识，特别是词义相近的词汇要重点分析，教学的过程中要逻辑清楚，表达准确，可以通过语言、动作等手段来展示自己对英语、对学生的热爱和热情。

讲授的过程中要注意理论联系实际，将教学内容与学生的生活经验衔接起来。语言要幽默风趣，为学生创设一个轻松、和谐的课堂氛围。创建适宜的讨论环境，创设探究问题的教学情境，适时地组织课堂讨论，讨论的问题要设计新颖，以引起学生的好奇心，激发学生的学习热情，让学生自行组织组内讨论。培养学生的团队合作意识和竞争意识，从而培养学生的发散思维和思辨能力。

英语课堂教学评价策略。评价不应只关注学生语言知识、语言技能的掌握情况，更要关注学生掌握知识、技能的过程与方法以及情感、态度、价值观的形成过程，进行发展性评价，既要求学生全面发展，又强调学生的个性发展和创造性，注重考查学生的学习方法、情感态度、创新意识、实践能力、合作与交流等多方面的综合素质。

慕课背景下的高校英语课堂教学策略的实施符合当前高校以学生为中心的理念，有利于帮助学生形成良好的自主学习能力，培养学生的创新能力，促进学生的可持续发展，对当前高校的英语课堂教学有着一定的促进作用。慕课建设是一项系统工程，需要高校领导高度重视，深化教学管理体制改革，完善相应的规章制度。教师要转变教育教学观念，切实关注学生的全面发展，自觉学习现代化信息技术，不断提高自身的专业知识能力，从而提高英语教学质量。

第二节 "互联网+"时代高校英语课堂教学

随着现代信息技术的不断发展,"互联网+"对各行各业产生了深远的影响。在高校英语课堂教学中,以"互联网+"作为教学形式以及教学内容的创新已经成为高校英语教学改革的重点。在"互联网+"的背景下,网络也为高校英语教学提供了更加丰富的教学资源,为教师的教学以及学生的学习带来便捷。本节将着重对"互联网+"背景下的教学模式与传统高校英语教学模式进行对比,探寻高校英语的教学改革方向,为高校英语教学改革寻找途径。

一、"互联网+"时代背景下高校英语教学改革与创新的必要性

当下我国社会对高校的英语教育事业进行了积极的分析和研究,实现了对教学理念的探讨,进一步完善了教学的方式,逐步实现了对教学工作的升级改革。针对英语教学的开展状况进行总结,主要包含两方面:其一是通过英语教学,学生具备了一定的英语知识和听说读写能力。其二是培养了英语人才,为国家和社会的发展提供了专业的人才。专业的英语教学能够拓展学生的知识面,协助学生更好地进行跨文化交流,满足国家和社会对人才的需求。因此,进行科学的英语专业教学改革,可以更好地培养学生的专业能力,为社会发展提供良好的人才基础。

二、"互联网+"背景下的教学模式与传统教学模式比较

(一)"互联网+"背景下的教学模式

"互联网+"背景下的教学模式在高校英语课堂的应用中具有自身的特点,相对于传统教学模式来说,这一教学模式虽然是以网络教育为主要目的和基础,但是在课程形式上却更加灵活,其优势主要为:能够改变以教师为中心的学习模式,以学生为主,更好地提高教学效果,"互联网+"背景下的教学模式能够设置互动环节,实现教师和学生之间的实时对话,有效提高学生的学习积极性。但是其中依然存在着一些缺点,主要体现在学生的自主学习能力比较差,如果缺少老师的面对面引导,很难自主进行学习,这也是"互联网+"背景下的教学模式面临的最大问题。

(二)传统教学模式

传统教学模式是目前各个高校英语教学中比较常见的教学手段,其主要的优势就是学生能够在课堂中及时提出问题,并且在老师的引导下更好地融入教学过

程当中。同时传统教学有着一定的强制性，能够帮助学生学习知识。但是这一教学模式也存在着缺陷，主要体现在学生不能够发挥出自身在课堂上的主体作用，并且很难在学习中找到乐趣，从而降低了学习的效率。

三、"互联网+"背景下高校英语教学的改革

（一）构建"互联网+"环境下的教学模式

在"互联网+"环境下的教学模式中，学生在课堂结束之后能够通过网络资源获取需要的知识内容，然后总结出自己不能理解的知识点和内容，并在课堂上提出，老师和同学共同解决。实际上这也是一种课后学习的手段，能够把学生获取知识和消化问题相结合，以此更好地带动课堂的氛围，促进学生的发展和进步。

（二）建设多媒体与讨论相结合的教学模式

"互联网+"背景下的教学模式强调的是网络学习和课堂学习二者之间的互补，所以需要把这一教学模式和课堂讨论的教学手段相结合，这样才能够创建更加符合教学需求的良好的课堂氛围。因此教师可以在课堂设置的过程中，利用互联网平台进行教学，并且在课程学习的过程中不断强调这一学习方式，同时引导学生在课后使用这一学习方式，鼓励学生在课堂上提出问题进行讨论，以此解决线下学习问题，也能够保证学生在课堂上获取更多的时间，接触最新的知识。长此以往，学生不仅能够养成自学的习惯，也能够拓宽视野，学习到更多的知识。

（三）增强学生英语学习意识

很多高校对于学生英语课程的学习都是以传授知识点为主，并没有考虑学生是否能够把知识点应用到实际生活之中。同时还有些教师只讲考试内容，其他内容一笔带过，这样的方式会严重制约学生英语学习和使用意识的养成。所以还需要教师丰富课堂内容，在"互联网+"的背景下增强英语学习意识。高校可采取线上和线下相结合的教育方式，线上讲授课程内容，同时老师和学生之间进行信息互动；线下是学生巩固已学知识，以此更好地促进学生的发展和进步。

（四）培养学生英语能力

几乎所有高校都会出现的一个问题就是学生语言能力的培养力度不够。这主要是由于高校教师采用的依然是传统的"满堂灌"的教学手段，长此以往，学生的英语能力就会出现缺失，甚至在毕业之后难以把学习的知识应用到工作之中。所以在"互联网+"的环境之下，教师还可以通过网络中的技术平台，把教学中使用的案例进行丰富，带领学生应用所学知识有效提高学生的英语能力。

多媒体在教育领域的迅速应用，对高校英语教学有着非常大的影响，不仅表

现在高校英语课堂教学形式上，还表现在高校英语教学内容方面。高校英语的开放式网络课程的引进，进一步丰富了多媒体教学内容，同时也对教师传统教学观念产生影响，促使教师更新教学理念，有效提升了学生的学主动性，所以在"互联网+"背景下对高校英语进行教学改革也是高等教育发展的必然趋势。笔者通过深入探讨，提出了基于"互联网+"背景下高校英语的教学改革与创新，希望本节的内容对高校英语教学改革起到一定的促进作用。

第三节　多维互动模式与高校英语课堂教学

随着我国教育体制的不断改革和发展，高校培养人才的模式发生了转变，高校英语教学从传统的知识灌输型教学模式，转变成注重学生口语表达与英语交际的教学模式。在众多的英语教学模式中，多维互动教学取得了不错的成效，因此本节先从多维教学课堂的重要性入手，在全面分析现阶段我国高校英语教学现状的基础上，归纳出几点构建多维互动教学模式的意见。

为顺应时代的发展和学生个性化的需求，多维互动教学模式走入高校英语教学，该教学模式以注重学生能力的培养为最终目标，分别从听、说、读、写四方面入手，全面锻炼学生的英语表达能力和写作能力。这种"接地气"的教学模式便于学生将所学的英语知识运用到实际生活中，同时为学生未来的发展奠定了坚实的语言基础。

一、多维互动教学模式简述

（一）多维互动教学模式的内涵及作用

多维互动教学模式是以学生为中心，在比较自由、对等的学习环境中，把各项教学要素（如教学设施和方法、施教者、受教者等）有机融合后的动态发展过程，以此创造出多层次、全方位、多方式的学习氛围，有利于培养学生的积极性、参与性和创造性。

多维互动式教学的作用体现在：实现师生间和学生间的平等交流和互动，改变了以往灌输式的教学方式，为教学的个性化提供了基础条件；转变以教师为主体的课堂模式，突出学生的主体地位，使学生从被动地接受知识转变到主动地索取知识，从而实现培养学生综合能力的目的；以调动学生的学习兴趣为原则，充分开发学生的潜力，实现高效的英语课堂教学。

（二）高校英语教学现状

当今社会，多媒体在教学中的应用已经十分广泛，科技的进步使得云平台、电子白板等高科技、现代化的教学资源日渐增多。不过在英语课程的具体实施方面，教师仍然是课堂教学的主体，决定着英语教学的课堂组织形式和内容。但是大部分英语教师还是按部就班地进行英语教学，信息技术仅仅作为英语教学的辅助手段，受限于教师的操作水平和应用技巧，所以现代化的教学手段并未发挥出应有的效用，教学结果并不乐观。

要开展高校英语多维互动教学就要以网络教育和多媒体为平台，借助于网络技术、多媒体技术等资源。现阶段比较流行的教学手段有翻转课堂和慕课。其中翻转课堂就是教师用小视频的方式将所要讲授的英语内容录制成视频，然后再借助于网络的优势让学生在家自主学习，针对课后习题，教师和学生可以在课堂上交流互动，共同完成。

二、高校英语多维互动教学的意义所在

多维互动教学作为一种全新的英语教学模式，它的应用和实施具有十分重要的意义，主要从以下两点入手进行简要分析。

（一）多维互动教学模式在高校英语教学中的应用

不仅使英语的实践性和应用性得到了重视，而且还突出了学生听、说、读、写、用能力的培养，既提高了学生合作、探究学习的能力，又强化了学生利用英语交际的能力，符合社会对英语人才的要求。

（二）多维互动英语教学是将整个英语教学看成一个多维动态的过程

由以往单方面的交流模式转变为双向的交流过程，将整个英语教学作为一个统一的系统，即单个英语教学活动具有统一性，以此加强师生和学生间的互动，使得教师和学生能够全程参与教学过程，给学生以丰富的语言体验，加强学生对英语的掌握。

三、构建高校英语多维互动教学模式

（一）树立多维互动教学的理念

在构建高校英语多维互动教学模式前，教师先要树立多维互动的教学理念，本着以学生为主体的教学观念，开展英语教学活动，将师生的角色互换，教师充当学生英语学习的引导者、合作者和组织者，逐步引导学生自主学习和探索，加强师生间、学生间的交流，给学生提供展示自我的平台。在多维互动教学模式下，促进学生英语应用能力和口语表达能力的提高，达到提高英语课堂效率的目的。

（二）善于整合有利于构建多维互动教学的资源

在英语教学方法方面，高校英语教师多以讲授法为主，只注重对学生进行语法知识点的灌输，却忽略了学生对语言能力的应用。同时很多英语教师在课堂上无法做到完全用英语和学生进行交流，忽略了创设英语环境的重要性，而且教师更没有认识到学生间用英语交流的必要性，教学方式还停留在应对考试的阶段，缺乏与社会实际接轨的意识。创新英语教学方式已经迫在眉睫，而多维互动教学模式在高校英语教学中的应用确实取得了较好的效果，因此要对该模式有进一步的把握，以便更好地满足学生需求和社会发展需求。

（三）善于创建多维互动的教学情境

教学情境是提高学生英语学习兴趣的前提条件。在高校英语多维互动教学过程中，教师要将生活中的情境有意识地加入英语教学中，并鼓励学生进行自主交流，充分调动学生的主观能动性，还可以将学生分成小组，通过小组合作、探讨、协商等方式实现英语教学的多维互动，让英语课堂教学可以多角度、多方向、多层面地展开，真正形成师生间和学生间的多维互动。在创设多维互动教学的情景对话时，既要贴近生活实际，又要富于挑战而不能完全脱离学生的实际生活和学习，最终提高学生的综合英语能力。

（四）加强课内与课外教学的互动，构建多维互动课堂

传统英语课堂教学时长有限，师生间和学生间没有充分的互动时间，致使学生参与的积极性不高，所以，可以加强课内与课外教学的互动，从而有利于多维互动英语教学模式的构建。课前，英语教师可以将本节课的主题导入和重要知识点以微课视频的形式发给学生，方便学生在课外进行自主学习；课上，学生可以根据自己在课外自主学习过程中遇到的难点而有针对性地听课，这就是课内和课外的互动，换句话说，就是英语教师利用微课的形式让学生在课外自主学习，之后在课堂教师只需重点讲解学生提出的问题，这也是构建多维英语教学的一种可行方法。

综上所述，多维互动教学模式在高校英语教学中的合理运用，不仅为教师扩宽了教学思路，减轻了教师的课业负担，还增强了学生学习英语的兴趣，让学生有勇气用英语交流，使得学生的综合实践能力得到提升，同时该教学模式的应用也可以改变以往"哑巴英语"的现状。

第四节　合作学习与高校英语课堂教学

随着新课改步伐的加快，合作学习作为一种科学、高效的课堂教学模式已普

遍应用于现代各学科的实践教学中。顺应时代发展潮流，将合作学习模式应用于高校英语课堂教学中对教师的"教"和学生的"学"具有双向的促进作用。本节从合作学习模式的内涵入手，通过分析合作学习模式应用于高校英语教学的重要性，探索出合作学习在高校英语中应用的有效性策略。

一、合作学习内涵及合作学习模式

一是合作学习的任务通过小组合作、分析讨论的方式完成，在讨论过程中解决各种难题。二是合作学习要求小组成员面对面地交流，以最直接的方式迅速实现合作目标。三是在小组合作氛围中蕴含浓郁的互助协作精神，有助于提高学生的团队凝聚力。四是每一个小组成员都能极大提升自身的责任感。五是合作学习基于学生能力和认知的高低合理编排小组成员。六是合作学习中教师可以直接指导学生进行技巧性合作，提高教学效率。七是小组成员具有较强的组织纪律性，相互之间互相依赖和信任。

二、合作学习在高校英语教学中的重要性

合作学习作为一种高效的教学模式可应用于各学科的课堂教学中，教师应基于学生的个人实际、学习兴趣、情感态度和认知水平等为学生营造合作学习的广阔平台，不断推动师生、生生之间的交流互动，帮助学生降低学习焦虑感，提升学习自信心，加强学生团队协作意识。继而通过合作学习激发学生学习的积极性，达到提高课堂教学效率的目的。

三、合作学习在高校英语教学中的应用策略

（一）在高校英语情境提问中践行"合作学习"

提问能活化学生思维，启迪学生智慧，诱导学生主动思考和求知，提高学生课堂参与的积极性。因此，在高校英语实践教学中，教师有目的、有意识地创设一定的英语问题情境，在问题情境中践行合作学习模式很有必要。合理的问题情景不仅可以活跃课堂氛围，还能培养学生的积极的参与意识，提高学生的质疑、探疑、析疑和解疑能力，促使学生综合英语学习能力的提升。

（二）在高校英语写作教学中践行"合作学习"

传统高校英语写作教学理念指导下的写作教学，普遍遵循"布置题目—讲解题目—完成写作—教师批改"的教学模式，这种写作教学模式极大限制了学生主体性地位的发挥。教师成为写作教学的主体，在限制学生的思维拓展的同时，也忽视了学生的个性发展。这样的后果便是，学生写作思维堵塞，写作模式单一，

用词粗糙枯竭，内容干瘪生硬，灵活性较差，继而学生厌"写"情绪激增。因此，教师应巧用合作学习提升学生的写作水平。例如，在话题作文"Smoking is harmful to us"的教学实践中，教师可以先给出关键词汇 cigarette、nicotine 等，还可以将写作中可能用到的一些语法、句型呈献给学生，然后鼓励学生分组讨论，并根据写作话题与内容列出讨论要点，继而各小组向教师汇报讨论结果，下一步开始独立写作，最后将个体写好的作文以成员互换的方式进行评改。这样学生不仅可以在互助学习中拓展知识，还能在讨论与评改中明得失，经过反复训练，学生写作能力自然提升。因此，为了学生英语写作能力的提升，在高校英语写作教学中融入合作学习模式尤为重要。

（三）在高校英语讨论教学中践行"合作学习"

高校英语教学的开放性、合作性、共享性与包容性，使讨论教学成为践行"合作学习"的一种有效教学手段。由合作学习的内涵可知，合作学习模式离不开师生、生生之间的经常性的交流与讨论，课堂讨论是小组合作学习最基本、最重要的形式，在合作学习教学中发挥着举足轻重的作用。例如，在全新版英语教材"Friendship"的教学实践后，为了加深学生对课文内容的理解、巩固与运用，培养学生的发散思维能力，教师可以设定一些与 Friendship 相关的话题让学生展开讨论："What kind of friendship is everlasting？""In terms of friendship，what enlightenment does this article give you？"……以上讨论话题，是对英语课文内容的延伸与拓展，有了课文内容做铺垫，学生通过思考与讨论，可以很快基于课文内容与自身经历给出讨论结果，教师可以将学生给出的最有价值的结果公布在黑板上，进行鼓励与褒扬，以此来活跃课堂氛围，激发学生的学习兴趣，启发学生独立思考，积极探究。

综上所述，将合作学习应用于高校英语课堂教学中具有重大意义，合作学习一方面可以改善教师的教学效果，使高校英语课堂更富有生机与活力，多角度促使教师整体教学水平的提升。另一方面也能极大促进学生学习能力的提升。因此，作为高校英语课堂教学的组织者和引导者，教师应充分发挥自身主观能动性，运用多种途径践行个性化学习和合作学习模式，以达到提升高校英语课堂教学效率、培养学生英语综合运用能力的终极目标。

第四章 信息技术与高校英语教学

第一节 信息技术与高校英语教学的生态整合

一、信息技术与高校英语教学整合的内涵

信息技术和英语教学的整合是教育界发展的必然趋势。所谓信息技术与高校英语教学的整合就是以素质教育为主体，将信息技术贯穿于各学科教学中，从而促使学生和教师共同学习进步。具体是以教师为主导，充分发挥学生的自主探究能力，调动学生的积极性和创造性，改变传统的以教师为主体的教学方式，让信息技术成为培养学生综合能力的主要途径，进而提升学生的综合素质。

高校英语课程教学改革始终走在我国高校外语教育信息化改革的前列，课程要求着重提出了基于计算机和网络的高校英语教学模式——这是我国首次以方针性的文件明确指出信息技术在外语教育体系中的重要地位，正式提出了信息技术和外语课程整合的概念。随着我国高校英语信息化教学改革的逐步深入，高校英语生态化教学体系建设取得了一系列的成果，体现为：

（1）信息技术与高校英语课程整合后，传统"理论/方法+课程/教材"的二维教学模式逐渐被"理论/方法+信息技术+课程/教材"的新型立体教学模式取代，信息技术的有益补充是新型高校英语教学体系的一个重要特征。

（2）信息技术与高校英语课程整合后，教学环境变得更加真实、丰富，师生关系、生生关系以及师生与教学环境之间的关系也都在发生着积极的变化。

（3）信息技术与高校英语课程整合后，高校英语教学理念发生了变化，以教师的"教"为中心的单向灌输型课堂，逐渐被教学并重、强调培养学生自主学习能力的多元互动型课堂替代。两者的整合不仅有益于生态化教学体系的建立，更

有助于我国外语教育生态系统的形态、结构和功能发生积极的调整，增强了信息技术在高校英语教学体系中的作用。

二、信息技术与高校英语教学体系的生态失衡现象

为解决教学资源短缺、师资紧张的问题，许多高校被迫扩大班级规模。如此一来，教师在高校英语教学过程中就无力关注学生的个体发展需求，故因材施教的个性化教学理念就成为空谈，违背了教育生态学的最适度原则。为保证教学效果，高校英语大班教学多采用多媒体教学模式。然而，信息技术并未真正融合于高校英语课堂之中：①教学班级庞大、教学任务繁重使得教师无力借助多媒体、互联网等组织丰富多彩的课内外教学活动；②许多高校英语教师特别是较年长的教师，受限于自己的教学理念和信息技术的操作水平，多媒体教学设施的引入并未从本质上改善其教学组织手段，"以学生为中心"的教学理念并未真正实施。在这样的英语教学环境中，知识的流动仍然是单向的，师生、生生、教学环境等生态因子之间缺乏必要的信息交流和情感互动，不利于学生的个性发展和自主学习能力的培养，影响了复合型英语人才培养目标的实现。

教学评价是所有教学设计中的最后环节，是高校英语教学体系的一个重要环节。然而，许多高校的高校英语教学评价仍采用"期末成绩+平时成绩"的单一终结性评价模式，忽略了计算机教学管理软件等信息技术在评价体系中的重要作用。这种评价方式存在评价主体单一、主观性强、缺乏对教学的反馈、与未来工作环境需要脱节等问题，不利于学生个体全面、和谐的发展。因此，构建生态化高校英语教学评价体系，应该改变过去单一的教学评价模式，发挥信息技术的积极作用，尊重学生个体发展的差异性。

三、整合信息技术与高校英语教学体系，维护教育生态平衡

高校英语生态课堂建设机制。作为高校英语生态教学体系的微观层面之一，个性的、互动的、开放的高校英语课堂生态体系的构建程度将直接影响高校英语教学体系的生态平衡状况。高校英语教师要善于借助信息技术打破传统的"平面"课堂，构建数字化、网络化、智能化、人性化的"立体"课堂，建立真实的语言学习环境，加强教师、学生、环境之间的多向信息流动，强化课堂学习与课外实践的关联性，还高校英语课堂以勃勃生机。

利用信息搜集工具完善高校英语教学目标。在生态化高校英语教学体系中，虽然教师和学生所处的地位、扮演的角色不同，但他们之间是相互依存、相互作用的，只有建立和谐平等的师生关系才能实现良好的教学效果。高校英语的教学目标是培养学生的英语综合运用能力、提高学生的综合人文素质，通过学习策略

的培训增强学生的自主学习能力，满足我国经济社会发展的需要。需求分析是高校英语生态教学体系构建的一个重要环节，是各环节教学活动设计的基础。通过广泛的需求分析，学校和教师可以清楚地了解社会的需要和学生个体发展的需求，从而更好地确定高校英语培养目标，为"通识英语—专业英语"的线性教学实践做好准备。以多媒体、互联网为代表的信息技术的飞速发展，为开展需求分析提供了多种途径，如 E-mail、QQ 群、微信群等在需求信息搜集中发挥着重要的作用。

利用信息加工工具设置高校英语课程。教师在确定高校英语教学内容时，应结合学生的专业发展需要并借助信息技术对相关信息进行加工、分析，明确英语在学生未来工作中的使用场景和任务类型，从而有针对性地确定教学内容；教师在传授基础英语语言知识的过程中，课堂活动和实践（实习）活动的组织也应该模拟学生未来的工作任务，把语言训练与技能培养有机地结合起来。各高校只有以社会的发展需求和学生的个体发展需要为基础，科学地设置高校英语课程，才能实现高素质复合型英语人才的培养目标。

总之，21 世纪以来，以互联网和多媒体为代表的信息技术的飞速发展对人们的教育和学习理念产生了深远的影响，改变着传统高校英语教学的环境、师生关系，为高校英语教学提供了前所未有的发展空间。同时，这些改变打破了原有的高校英语教学的生态平衡，引发了诸多的失衡现象。教育生态学作为一门新兴学科，体现了生态学思维和教育学理论的有机结合，强调教育实践活动中各生态因子间的和谐、平衡和可持续发展关系，它为诸多教育问题的研究提供了新的视角。

第二节　信息技术环境下高校英语微课程构建

微课教学是近年来信息技术快速发展下衍生出的新型教学模式，其最大的特点在于在传统课堂中融入现代化信息教学内容、颠覆传统上课时间。在微课教学模式下，课前学生通过教师上传于互联网的资料或在教育资源网站自行下载的资料，进行随时随地的自主性学习研究，完成课前预习内容，并与不同教师、同学在网络中进行实时互动和交流，进而完成新知识的学习以及旧知识的巩固。

一、微课的特点与优势分析

（一）微课视频时间较短

视频资源作为微课视频教学信息的核心传达方式，以视频的短小、精练为主要特点。根据教育心理学理论研究发现，成年人的注意力相对于未成年人来说更容易集中，但是若集中时间长度不足，学习效果将大幅下降，严重影响教学质量。微课视频的时长普遍在十分钟到十五分钟之间，甚至更短，以便在学生注意力高度集中、精神紧张的时间段完成全部知识点和考点分析的讲解，进而实现提高教学效果和质量的最终目的。

（二） 微课视频内容清晰、突出重点

微课主要是针对教学全过程中重点内容、难点内容的讲解和分析，其关键在于点位知识内容完成度高，讲解过程简单易懂，在几分钟到十几分钟的时间内将重点和难点完全呈现在学生面前，有利于学生的理解和接受。微课教学所呈现出的教学内容清晰明确，能够很好地突出重点，并通过声音、图像等差异性表达方式的有机融合，将知识点的全部过程包括细微情节全部展现出来，使学生把握认清学习重点，帮助学生答疑解惑、排除疑问，帮助教师完成课堂中难以完成的教学目标。

（三） 微课视频应用便捷

微课教学的重要载体是微视频，微视频具有内容精简、时间较短的优势。通过信息技术环境下的互联网平台能够实现各种微视频的快速下载和学习，只要在能上网的地方，准备一台移动智能终端或PC端便可获得符合自己需求的微课视频，只要有互联网的地方就能完成教师和学生、学生和学生之间的沟通交流。由此可见，微课还具有高效率、便捷性等一系列优势，并且受众群体的课堂不再受空间制约，无论学生身处何处，图书馆也好、公交车上也好，均可以利用微课自主学习的方式完成学习任务。

二、信息技术背景下，微课教学模式在高校英语教学中的影响与作用

（一） 激发学生学习热情，促进学生主动积极地进行英语学习

微课教学模式依托于互联网微视频，将图像、声音等各种信息传达方式结合为统一体。其一，微课教学模式能够为英语教师提供更加丰富、种类繁多的教学资源。其二，有利于激发学生对英语的学习热情和兴趣，通过视频学习的方式，弥补英语课堂中的种种不足，完成英语课堂难以实现的教学任务。具体而言，教师在以教学内容为基础组织教学互动的实际过程当中，将课堂内需要讲授给学生的知识难点、重点制作成符合学生需求的微视频，在课堂中播放给学生，改变传统教学模式中以教师单方面说教为主的陈旧方法，以新颖、活泼的视频内容吸引学生的注意力，用短短几分钟的时间将知识重点展现出来，进而为学生留下大量讨论和自我思考的时间，使学生具备充足的时间去吸收和理解，加深学习印象。

同时，教师在利用微课进行英语教学的过程中，转变传统"灌输式"的教学方法，灵活安排视频播放时间，利用微课营造良好的教学氛围，继而实现学生学习兴趣、热情以及积极性的进一步强化。随着互联网、计算机等信息技术的快速发展，网络中各种类别的视频更新速度极快，高校英语课程不再是传统意义上的灌输式教学，也不再是乏味无趣的代名词，而是汇集图像、声音、文字于一体的、特色鲜明的、有声有色的全新教学形式。微课不受地点和时间的制约，只要有网络和简单的上网工具，便可随时随地享受英语学习带来的乐趣。此外，学生在进行微课学习的过程中，如果遇到没听懂、不理解的情况，还可以将视频进行反复播放，使自身突破英语学习瓶颈，充分感悟英语语言文化的独特魅力。

（二）实现高校之间的英语教学资源共享，提升教学资源质量

微课不但改变了高校英语传统的教学模式，而且展现了各个高校英语教师的教学成果，是教育教学工作的关键组成部分。微课是展现教师思想理念与从业经验的载体，不同英语教师讲解的微课，所表达出的教学思想、教学方式、教学技巧以及教学风格均存在一定的差异。在信息技术快速发展的宏观背景下，教师利用互联网信息平台将自身制作和主讲的微课视频上传至网络共享平台当中，在为学生提供便捷的自学条件的同时，还能够加强教师与本校其他教师、外校教师甚至国外教师之间的交流和资源共享，极大程度地拓展了高校英语教学资源的数量和种类，为教师提供了更为广阔的创新空间。由于信息时代互联网覆盖范围极为广阔，英语教师上传于网络平台中的微课教学视频，随着点击量、播放量以及其他影响因素指数的不断上升，将会受到更多英语教师、英语学习人员以及社会其他领域人员的关注。反之，质量相对较差的视频将被淘汰和取缔。如此一来，英语微课教学视频资源的质量将会越来越高。

（三）总结优秀英语教师教学技巧，提高自身的英语教学水平

对于高校英语教师而言，既然采用微课教学模式，必将进行微课视频的准备工作，这也正是教师对教学内容进行再思考的绝佳时机，有助于教师以更加灵活的方式合理把控教学内容，有助于教师对教学环节的重新组织构建，是实现英语教学创新的有效举措。教师在进行微课视频制作或寻找的过程中，将对自己日常教学中存在的不足和缺点进行总结，并更加准确、完美地把内容呈现在视频当中。同时，教师也可主动学习其他英语教师的先进教学方法和技巧，探索优秀英语教师的教学思路、理念和范式，充分结合学生的实际特点和需求，最终总结并融于视频当中，促进教学实效性的提升。对于水平不同、层次不同的英语教师来说，微课教学的侧重点差异较大，对于一个刚刚走出校门的新英语教师来说，利用微课教学模式，还可使其在归纳、制作视频资料时完成自我学习，巩固自身理论知

识，学习他人教学方法，大幅提高自身英语教学的水平和质量。

随着全国高校教育改课、课程改革的不断深化与完善，高校英语教学的改革步伐被快速推进。然而，传统教育理念、思想下的英语教学模式对高校、对英语教育工作者的影响极为深刻，要想实现英语教育的实质性改革难度较大，对英语教师的教学能力、综合素养要求极高。在多重因素影响下，大量高校英语教学的改革并不能发挥出应有作用，相对于其他非语言类学科，英语科目的改革力量和成效更为薄弱。

一方面，英语教师人数和英语教学任务总量划分并不合理。在高校全面扩招的背景下，我国高校在校学习人员数量呈指数上涨，同时英语作为大量本科类、专科类高校的基础性课程，教学任务量巨大，导致我国高校普遍存在英语教师数量不足的问题。再加之扩招影响下学生素质上的差异，形成了英语教师欲想实现英语教学改革，可却有心无力的尴尬局面。

另一方面，实践教学课时不足。由于高校人数的上涨以及教师人员数量的不足，教师在教学过程中为顾全大局、兼顾更多高校学生的英语学习，被动选择以教师讲授、灌输为主的传统教学模式。学生学习英语最直接的场所就是英语课堂，但是在这样的情况下，教师和学生的英语语言实际交流练习、实际场景模拟练习等实践性教学内容开展频率明显下降，学生在学习的过程中面对枯燥无味的理论知识和练习题难以提起兴趣、无法产生热情，感受不到英语语言交流时的乐趣，教师难以将因材施教的方式应用到教学当中，不能立足于学生真实的英语水平实施有针对性的指导。因此，英语教学的质量和成效难以得到本质上的提升。

三、信息技术环境下高校英语微课构建

在国家大力发展信息技术的宏观背景下，微课逐渐普及到高等教育中的各个科目，微课视频具有内容精简、时间简短，能够准确突出重点、难点，可以重复播放、不受时间地点限制等多方面优势，能够有效解决我国高校英语教学开展过程中存在的大量问题，转变传统与改革进退两难的教育窘境，实现高校英语教师的实质性、根本性改革。

在构建高校英语微课课程的时期，需要加强微课和教学活动的结合，并融入理论教学和实践教学的各个环节，充分展现和发挥出微课的多方面优势与特点，在提高学生英语水平的同时，激发学生对英语的学习热情和兴趣。

（一）微课在高校英语教学过程中的具体时间设置

以一节英语课堂为例，可将微课教学模式分为课前、课内和课后三个不同时期。依照具体教学要求，英语教师可以选择自行录制英语教学视频，或选择在互

联网教育平台中下载优秀教学视频，为学生进行播放或要求学生课后观看。对于课前教学而言，可以选择对于下节课教学内容具有引导性和导入性的视频，或者选择与下节课有关、能够激发学生英语学习兴趣的趣味性视频。

在课中微课视频的选择方面，也需要依照具体教学内容、进度进行合理安排。可立足于学生的实际学习情况和反馈，利用信息技术环境下的大数据分析技术，归纳出学生日常观看次数最多、频率最高的视频，继而在课堂上向学生展示。在展示的过程中，还需要教师对视频中的内容进行补充和完善，学生也可以随时举手向教师提问，做到有问题当场解决。利用微课模式的英语课堂，能够大幅度促进学生对英语知识点的感悟和理解，同时互动式、交流式的方法能够精准找出学生学习中存在的不足，进而采取针对性策略。在课后微课视频的选择方面，应选择能够对课堂内容进行补充、总结的视频，使学生进一步巩固所学知识。也可选择能够延伸拓展学生知识面的教学视频，使学生在观看时提出问题、发现问题，培养学生的独立思考能力。

（二）微课在高校英语教学过程中的具体内容设置

微课不仅是一种全新的教学手段，更是营造良好课堂气氛、激发学生各方面能力的有效工具。因此，教师在英语微课教学内容的选择时期，不仅要重视英语知识讲解的功能性，还要兼顾英语语言文化的趣味性，选取能够充分展现英语语言文化特征、展示英语国家风土人情的教学视频。虽然前些年的英语语法教学范式已经逐渐被淘汰，但语法依然是大量高校学生英语学习的薄弱点，所以教师在选择视频内容时，还要注重语法性知识的输入，对课堂中的语法教学内容进行补充，以声情并茂的视频讲解提升学生的英语语法水平。在微课视频制作方面，应充分考虑教学情境的带入，使学生在观看的过程中，体验到设身处地的语言环境。此外，教师也可以让学生参与到微课视频的制作当中，成为视频内容的主导者和策划人，学生以自身实际需求的角度制作视频，继而使视频内容更加贴合于学生的特点。例如，教师可以将微课视频设置成对话模式，使学生能够在观看视频的过程中通过暂停键、开始键的切换，与视频中的教师完成模拟英语语境对话，学生通过反复练习，英语口语水平、听力水平将得到有效提高。

在微课内容选择或制作微课视频的过程中，需要注意微课以点及面的延伸功能，内容绝对不能偏离教学重点，不可追求范围广、内容繁多的讲解，内容需要具有针对性。此外，为提高微课视频对学生的影响力，在制作微课视频时，教师应找准学生的心理特征，将社会实时性热点引入视频当中，或将视频内容附带一定的娱乐性色彩，从而提高学生的学习兴趣，让学生充分感受英语语言的魅力。例如，在制作微课视频时，可以将当下年轻人普遍喜爱的卡通动漫融入其中，激发学生的学习兴趣。

综上所述，随着现代信息技术水平的不断提高，计算机、大数据等高新技术涉及的领域不断拓展。高校作为我国培养应用型、复合型人才的主基地、主战场，必须与时俱进结合时代背景，将信息技术合理应用于教学改革、教学创新的实际工作中，充分结合微课、翻转课堂等现代化教学模式，合理把握课前、课中、课后三个时期，将英语教学微视频渗透其中。在合理安排课程时间和内容的基础上，激发学生对英语的学习兴趣、提升学生英语水平和实践能力，使学生带着问题走入课堂，带着问题离开课堂并通过观看视频得以自行解决，继而进一步激发学生的自我思考能力。这与我国高等教育改革的基本要求高度一致，因此将微课合理运用到英语教学当中，具有极高的可行性。

第三节　信息技术环境下高校英语课堂的有效教学

"有效教学"自从20世纪60年代被首次被作为一个学术概念提出以来，国内外学者们已经在不同的背景下做了大量研究。在国内，仅CNKI期刊网上以"英语有效教学"为篇名的研究论文就多达74364篇，其中核心期刊论文6059篇，以"英语教学"为标题的优秀硕士和博士论文共2887篇。不同时期的研究者遵从不同的教育理念、教学观念和理论视角，采用各种研究方法对英语有效教学的概念内涵、特征、影响因素和教学模式进行多层次、多角度诠释，大大丰富了人们对"有效教学"的认识。从这些研究中不难发现，所谓的"有效教学"只是一个动态的概念，是不同时代背景下人们对教学系统理想状态的期待，随着时代变迁、教育技术的进步、教育观念的演变、教研理论的发展和教育研究范式的革新，人们对"有效教学"的认识也会经历一个从量变到质变的过程。每当教育技术领域出现质的突破，人们对"有效教学"就会表现出新的期待，需要研究者对"有效教学"进行顺应时代的诠释。

随着信息技术与教育融合的不断深入，"有效教学"的研究背景已与传统研究背景迥异，课堂教学结构、教学模式与评价标准都应顺应信息化的时代潮流，人们对"有效教学"概念的认知也在不断地被解构和重构。因此，随着以互联网和移动通信为标志的信息技术与教育的结合越来越紧密，重新审视高校英语"有效教学"具有重要意义，本节旨在探索信息化背景下高校英语"有效教学"研究的主要内容和可能途径。

一、融合信息技术的高校英语课堂"有效教学"

"有效教学"概念提出于20世纪60年代西方教育的科学化运动中，几十年以来，学者对"有效教学"的研究从未停止，且随着时代变迁和教学观念的变化，研究的视角和焦点也不断变化。如，从最初只对教师的特征和品质的研究发展到对教师的教学行为和教师知识的关注，以及对教师与学生心理、行为特征及课堂生态的研究，研究的视野逐渐从教学系统的某一个或几个要素的作用扩展到对整个教学生态系统的整体关注。也就是说，学者们渐渐认识到所谓的"有效教学"不是教学系统中某一个孤立要素或几个相关要素的"部分有效"，而是作为系统的教学在"整体上有效"。教学系统中各要素相互配合、相互适应，共同维持一个健康高效运转的课堂教学生态系统，这样的教学才是真正意义上的"有效教学"。

信息技术作为课堂教学系统的要素之一，不再仅仅扮演教学辅助工作的角色，而是成为重塑系统要素关系的主角。目前，信息技术不再仅仅是内容展示的工具，更是营造学习环境、发展学生认知能力和构建学习社区等方面的工具，在此背景下，其他要素的角色和功能也相应地与传统课堂迥异，课堂"有效教学"的内涵和标准也因此需要重新定义。本节从结构、模式和评价标准三个维度构建高校英语有效教学研究框架，这种结构、模式和系统评价"三位一体"的研究框架强调教师、学生、教学内容与信息技术相互适应、协同发展，有效地促进课堂教学系统健康地发展。

二、信息技术环境下高校英语课堂有效教学研究设计内容

（一）融合信息技术的高校英语课堂有效教学结构研究

所谓教学结构是指在一定的教育思想、教学理论和学习理论指导下，在某种环境中展开的教学活动进程的稳定结构形式，是教学系统各要素及各要素相互作用的稳定关系。信息化背景下的高校英语课堂教学结构研究的关键是要探讨在信息技术广泛介入教学和学习过程的情况下，课堂教学系统要素即教师、学生、教学资源和信息媒体如何互动并促进有效教学的，即探索信息化背景下高校英语课堂有效教学的影响因素及其相互关系。

（二）融合信息技术的高校英语课堂有效教学的模式研究

教学结构研究探索教学系统要素间的相对稳定关系，是从静态的角度描述融合信息技术的高校英语课堂有效教学"是什么"的研究，而教学模式是开展教学活动的一套计划或模型，是基于一定教学理论而建立起来的较稳定的教学活动的框架和程序。如果把课堂教学看作由教学结构、教学模式和教学策略等三个不同层次构成的复杂系统，教学模式属于系统的中间层次，融合信息技术的高校英语课堂有效教学模式则是联系信息化背景下教育思想和教学实践的桥梁和纽带，它不仅反映教学设计者的教学思想，又能直接面向教学实践，指导教学实践。

建立在信息化教学理论基础上的高校英语课堂有效教学研究，采用"基于设计"的研究路径。首先，从理论上"设计"高校英语课堂教学模式，然后在真实的教学环境中实施，以验证其效果；通过分析教学实践效果和反馈信息进行反思，并对设计进行改进；通过不断地迭代循环逐步排除设计缺陷，使模型设计臻于完善和值得信赖，从而保证教学模式的有效性。

（三）融合信息技术的高校英语课堂有效教学评价标准研究

无论是教学结构模型的探索和验证，还是教学模式的设计与完善，都需要教学实践经验和数据的支持，因此，教学效果反馈应该贯穿高校英语课堂有效教学研究的全过程。课堂教学评价体系的建立为有效教学结构和模式研究提供信息反馈和监控机制，是融合信息技术的高校英语有效教学研究设计中必不可少的组成部分。

融合信息技术的高校英语课堂教学评价有两重含义：一是以信息技术为辅助工具的教学评价，如借助信息技术平台和大数据实现对课堂教学更加准确、及时的反馈和监控；二是以信息技术作为课堂教学系统要素之一，评价信息技术与其他要素相互作用协同发展的有效性。本研究主要关注后者，即研究融合信息技术的高校英语课堂教学系统各要素是否相互配合以达到最优的教学过程和令人满意的教学结果。

对于这方面的研究，健康课堂生态理论具有借鉴意义。"健康课堂生态系统以教师教学活动和学生学习活动为中心，实现活力、组织结构、恢复力三要素动态平衡，它们分别发挥激发、协调、调控的功能，共同保障课堂生态系统的健康运行。"借鉴健康生态理论，本研究中的"融合信息技术的高校英语课堂有效教学评价体系"可以从高校英语课堂教学系统的活力、组织结构和恢复力三方面来构建，即从教学投入、学习投入、互动性和课堂生态恢复力等几个维度分别评测教师和学生这两大活力主体的能量和活动性、活力主体之间及其与教学环境互动的复杂性与活动符合对方需要的"合意度"、课堂生态在外力胁迫下维持理想状态的调控能力等。

在借鉴健康课堂生态评价理论和高校英语课堂教学特征的基础上，根据文献建构的理论构念，要想切实体现信息化背景下高校英语课堂教学的实际情况，还须征求英语教育专家、一线英语教师和学习者的意见，并与实际教学经验和案例相结合，才能使理论得到验证和完善。具体可以通过专家咨询、师生访谈、案例分析等形式收集信息，总结高校英语课堂有效教学评价维度和主要因子，然后展开实证研究。大规模的问卷调查和数据统计以及对评价量表进行实证检测，可使这些因子得到确认或修正、补充和完善。

信息化背景下，以教为中心的教学结构转变为"主导—主体"的教学结构，网络媒体不仅仅给课堂带来了先进技术，且教师、学生、教学资源、教学媒体这四个课堂教学的核心要素在教学过程展开的进程中，作用和表现形式也都发生了实质性的转变。本节在回顾以往有效教学研究历程和成果的同时，立足信息化背景，怀着对"信息技术与教育深度融合"的追求，提出了融合信息技术的高校英语课堂有效教学研究设想，即基于扎根理论的教学结构研究思路、"基于设计"的教学模式探索路径和基于健康课堂生态的有效教学评价体系的研究构想，旨在为信息化背景下高校英语课堂有效教学研究提出设想，并将在随后的研究中逐步实施和修正该研究方案，以期推动高校英语有效教学研究不断适应教育信息化发展的要求。

第四节　利用信息技术优化高校英语任务型教学

计算机网络和多媒体技术的普及，给人们的生活带来翻天覆地的变化，也为教育的发展带来契机。信息技术大大丰富了课程资源，拓宽了学习的渠道，改变了知识的呈现方式、教与学的方式，引发了教学的革新。充分利用现代信息技术，促进信息技术与课程的整合，解决传统课堂教学存在的不足，实现教学创新，提高教学质量，是每个教育工作者关心的问题。

一、任务型教学法及其局限性

（一）任务型教学法概述

任务型教学法（Task-based Approach）由英国语言学家 N.S.Prabhu 于 20 世纪 80 年代首先提出，是一种以"任务"为单位组织语言教学活动的途径。任务型教学法的基本框架以 Jane Willis（1996）提出的结构为代表：Pre-task（任务前阶段）、Task-cycle（任务环阶段）和 Language Focus（语言知识要点阶段）。

任务型教学法要求学习者在真实或接近真实的情境中，以完成任务为导向，通过目的语进行意义的创建和交流，实现对语言知识的掌握。它强调在"做中学"，让学习者成为课堂的主体，充分调动学习者的积极性，因而能够促进学习者语言技能的培养；完成任务的过程是培养学生分析问题、解决问题能力的过程；沟通与协作的同时提高学习者用目标语言进行交流的能力。因此，任务型教学法体现了"以学习者为主体"的教育理念，备受教育工作者的推崇。

（二）任务型教学法的局限性

任务型教学法具有诸多优势，因而越来越多地被应用于高校英语课堂教学之中。然而，笔者在教学实践中发现，在传统课堂实施任务型教学法并不能够发挥其全部优势，达不到应有的教学效果。问题主要体现在以下几个方面：

1.情境创设问题

真实的教学情境具有实际意义，能够激发学生的学习欲望。任务型教学法强调，必须将真实的情境引入语言学习中，创造有效的学习环境。Jane Willis认为，创造有效学习环境必须满足三点：让学习者充分地接触目的语；为学习者提供机会以目的语展开交流；激发学习者的学习动机。因此，教师要为学习者设计真实的或尽量接近真实的场景。然而，在传统课堂环境下，教师以口授加粉笔黑板的形式展开课堂导入，呈现方式呆板、枯燥，无法创设真实的情境，继而无法提供真实的任务，课堂气氛沉闷，结果是无法激发学习者的学习动机，不能为学习者提供机会交流，教学效果大打折扣。

2.教学资源问题

任务型教学法要求学习者以解决"任务"为导向，开展探究活动。真实任务的解决，有赖于多层次、高质量、丰富的信息资源。然而，在传统课堂环境下，教学资源只限于有限的材料，所有学习者面对的是统一的教学资源。孤立、封闭的有限教学资源，无法开阔学习者的思路，找到解决任务的最佳方案。同时，完全一样的教学内容无法满足不同基础、不同学习风格的学习者的不同需求，无法实现个性化教学。

3.协作交流问题

语言学家Feez提出，任务型教学法重视交际与意义，强调学习者在参与活动、完成任务的过程中，通过有目的的互动掌握语言。另一位学者Nunan认为，交际任务要求学习者在课堂活动中运用已有知识以目的语表达意义。可以看出，任务型教学法强调参与和互动，强调学习者在完成任务的过程中运用已有的目的语知识开展交流协商和意义构建，在协作与交流过程中，学会以目的语交际，实现对目的语的掌握。因此，开展高校英语任务型教学必须重视"互动"。然而在传统课堂环境下，因为课时和场地的限制，一半以上的学生没有机会表达，大多数学生基本上是独立思考或两人协商，无法充分交流与协作，不能全面完成任务，无法发挥任务型教学的优势。

4.评价体系问题

教学评价是高校英语教学的重要组成部分。教学评价一方面为教师提供教学反馈，从而调整教学手段、保证教学质量；另一方面帮助学生了解学习情况，从而调整学习策略、提高学习效率。因此，制定全面、科学、准确的评价体系对高校英语教学非常重要。然而在传统课堂教学中，评价侧重学习结果，而不是学习过程；教师是评价的唯一主体，无法实现学生相互评价与自我评价；学生在评价中只是被动地接受评价，无法参与评价方式的制定；评价只限于书面作业和问答类形式，较为单一，无法调动学生的学习积极性。

二、利用信息技术优化高校英语任务型教学设计

（一）利用信息技术优化情境创设

通过以计算机网络和多媒体为核心的信息技术，改变传统课堂以单一枯燥的形式创设情境，融入图片、声音和影像，使得教学情境图、文、声、像并茂，以综合表现力呈现语言，创造高效的语言学习环境，变单一枯燥为形象生动，使学生犹如身临其境，变被动消极为主动积极，充分激发学生的学习兴趣。教师利用信息技术的优势，为学生创设真实、自然、与学生的现实生活和兴趣密切相关的情境，让学生多层面、全方位地充分接触目的语，以目的语展开交流，激发学生的探究欲望，促使学生积极主动地投入学习。

（二）利用信息技术优化教学资源设计

现代信息技术的超文本功能突破了书本的限制，互联网的庞大数据库将教学内容由课堂向课外无限延伸，解决了传统课堂统一、有限、封闭、孤立的教学资源问题。教师根据学生的不同基础、不同风格，将海量网络资源进行梳理和整合，开发适合学生特定需求的教学资源，设计网络学案，因材施教，既涵盖大多数学生的共有需求，控制好难度，做到难易适中，又考虑个体学生的个体需求，实现差异化、个性化教学；学生在丰富、地道的多元化语言环境中，根据自己的基础、兴趣等情况选择需要的学习资源，开展网络探究，完成任务，在这一过程中提高语言的综合运用能力，实现语言习得。

（三）利用信息技术优化协作交流

在由信息技术创建的交互式教学环境下，学习者在教师的主导下，通过电子邮件、BBS、QQ、微信等平台，完全摆脱时间和空间的限制，建立学习共同体，以小组为单位进行合作、协商、讨论，在共享集体的思维和智慧的基础上，全面、正确地理解所学知识，最终完成意义的建构。这样的交互式教学环境为每一位学习者提供条件，把每一位学习者调动起来，让他们积极主动地参与、实践，真正成为教学的主体；教师不再是课堂的主宰者、知识的掌控者，而是学习过程的设计者、组织者、引导者、协助者、辅导者，打破传统的师生、生生关系，彻底改变传统的师生角色，真正实现"以学生为主体，以教师为主导"的教学理念，充分发挥任务型教学的优势。

（四）利用信息技术优化评价设计

通过多媒体网络环境建立动态电子评价档案，可以将学生每一阶段的学习情况，包括探究、协作活动的参与情况及任务的完成情况纳入评价的范围。动态的评价方式完整地评价出整个学习过程，确保评价的全面；评价的内容既包括学习过程、结果，又包括态度、情感；通过网络实时将评价结果进行反馈，帮助学生及时了解学习状况，调整学习方法；在教师评价之外，将学习者本人和小组成员纳入评价主体，通过自我评价使学生由被动接受评价变为主动参与评价，使学生明确学习目的，培养学生的责任感，加强小组成员互评，提高团队协作精神，自评、互评与教师评价相结合，制定合理比重，使评价结果更客观、更准确；让学生参与评价方式的制定，促进学生对学习活动进行思考，调动学生参与的积极性；评价形式多样化，成果可以是主题报告、角色扮演、设计的网站等；形成性评价贯穿整个教学活动的始终，与终结性评价相结合，使整个评价体系更全面、客观、准确，调动学生的学习主动性，成为促进学生有效学习的良好手段。

实践证明，通过信息技术优化情境创设、教学资源、协作交流与评价体系，克服任务型教学法的局限性，弥补高校英语任务型教学的不足，有助于充分发挥其优势，提高教学质量。

第五节　高校英语课中如何实现信息技术与教学的深度融合

教育信息化是我国高校教育发展的一项重要任务，其中信息技术与教学的深度融合是高校教育信息化的最直接的切入点。在我国传统的教学模式中，教师是课堂教学的中心，起着主导课堂的作用。同时，教师根据课本所设计的知识对学生进行传授，因而信息量和信息面严重受限。教师严格按照提前设定的教学计划按部就班地进行教学，学生没有选择，在整个课堂学习过程中始终处于被动地位。学生的学习积极性和主动性被忽视。因此，传统的英语教学越来越不能适应新形势的要求，必须更新观念。师生通过信息技术的使用活动，构造了新的教学环境，生成了新的教学关系，提高了人才培养的质量。

一、创设良好的语言学习环境

"注意是知识的门户""兴趣是最好的老师"，创设一种使学生主动参与、兴趣浓厚的课堂教学学习氛围是唤起学生主动参与的前提和保证。学生在愉快而轻松的学习氛围中容易积极参与教学活动，并且能激发其内在的学习要求。学员学习兴趣的提高往往离不开生动形象的教育素材，信息技术正因为其集图、文、音、像、画、照片等功能于一体，具有形声、动画兼备的优点，所以在营造氛围方面比其他媒体来得更直接、更有效。例如在讲解 Australia 一课时，先用电脑向学员展示 kangaroo 和 koala 的视频资料，然后自然过渡到它们的原产地———Australia，介绍 Australia 的地理位置和气候，由于直观明显，学生自己就总结出了其位置关系，而且由于该课图文并茂，学生的学习主动性极高，很多知识是自己提炼总结出来的，所以印象深刻。

二、以学生为本，以教师为指导

信息技术使课堂教学变得更生动、直观。例如，教师要培养学生在阅读中筛选信息的能力，在课程中设计了让学生介绍一个国家的环节，首先教师简单地向学生演示了怎样浏览英文网站，然后给出了学生网址。最后给学生布置任务：选择自己要介绍的国家，阅读资料并筛选信息。同时，要求学生制成 ppt 或者 word 文稿，在全班进行交流。在整个活动中，学生要自己搜集信息，仔细阅读，并对信息进行筛选分析以符合教师的任务要求。最后学生将筛选出的信息进行编辑整理，形成成果。由于整个过程都是学生自主获取知识，重组有价值的资料，不仅使知识内容历久弥新，而且真正锻炼了学生的能力。课程整合的目的是让学生学会学习、学会思考，真正成为学习的主人。

三、有利于学生个性化学习和自主学习

辩证法告诉我们事物的发展是不平衡的，主体之间总是存在着差异。由于学生受社会、家庭的不同影响，学生的个性不同，学习能力也存在差异。要想使每个学生在课堂中都有所收获，教师备课时必须注意合理设置教学梯度，使不同层次的学生都能学有所得，让不同思路的学员都能体验学习的成功和乐趣。计算机和网络技术使学生能够根据自己的水平和需要选择英语学习的内容和学习方式，为学生的个性化学习和自主学习创造条件。信息技术与英语教学的融合，使分层次教学成为可能，最大限度地发挥学员的自主性与创造性。

四、促进交流合作、资源共享，发挥团队优势

（一）教师之间

科技进步和知识爆炸使每个人的知识储备和能量都十分有限。现代英语的教学模块涉及天文、地理、历史、人文、政治、环境等等各个方面，一位教师要想在短期内对所有知识都非常清楚根本不可能，而信息技术为教师之间的资源共享搭建了平台。

（二）学生之间

在整合的教学模式中可安排结对交流和学习讨论。结对交流可通过抽签、自由组合或其他方式使学生组合在一起，就学习内容、方法、资源等进行交流、切磋、寻求帮助。学生按要求创设规范的文件夹，可以互相使用搜集到的学习资源，实现资源共享。

（三）师生之间

在课程整合的过程中，教师要通过互联网和其他信息源组织和指导学生与他人合作，完成对某一课题的研究和分析，得出自己的结论或看法，并将自己的成果与他人共享。在学习的过程中，在某一方面或领域里，学生的水平超过老师是完全有可能的，这就可以极大地激发学生的学习兴趣，对老师的积累也是有益的补充，真正做到教学相长。

五、注重电脑和网络的实际应用，融合多学科的知识，体现时代特征

学生的学习离不开真实的社会生活环境，也离不开网络虚拟环境。课程整合的过程中，多媒体电脑成了学生自主学习的主要辅助工具，也是学生展示自己学习成果的主要工具。学生通过网络平台，发表自己的学习成果，锻炼演讲能力，展示自我风采。学生在网上查找、处理信息的过程中，所学到的知识、获取的信息是传统教学模式无法比拟的；学生的学习更能体现自主性，更有利于实现个性化。例如，学生在制作演示文稿或创建网站中，为获取某一方面的知识，比如"濒临灭绝的动物"，他会努力在网上查找相应的资料，读到许多原汁原味的英文文章，获得许多有关濒临灭绝动物的知识，因此既扩展了知识面，又扩大了英语阅读量和词汇量；同时，学生的计算机水平、信息处理能力也大大提高了。学生在实践过程既达成学习英语知识的主目标，又提高了处理信息、操作多媒体应用软件的能力。这种学习是自觉的、自主的，而且是探索性的。

实现信息技术与英语教学的高度融合，就是要鼓励教师广泛应用信息技术手段，充分利用现代信息技术和信息资源，改革教师教的方式和学生学的方法，培养学生探究、实践、思考和综合运用能力，最终达到利用信息技术改善学习的目的，让学生主动参与、增强自主探究的能力。

第六节 信息技术嵌入高校英语口语课堂动态评价模式构建

随着高等教育信息化的快速发展，信息技术已深度融入教学过程当中并以惊人的速度改变着高等学校外语教学的方式。然而在实践中，应用信息技术开展课

堂评价探索却寥寥无几。课堂评价中，教师采用信息化方式评价学生比例较低，而且手段比较单一。课堂评价的反馈和学习者自我调节环节缺乏有效工具的支持。因此课堂评价亟须信息技术的支持。

口语能力作为国际化进程中跨文化交流的基本能力，长期以来都是我国大学生英语能力中最薄弱的环节。造成我国大学生英语口语能力不强的原因既有传统教学模式的影响也有高校测评模式的制约。目前我国高校英语口语课堂还是以传统的静态评价为主，即标准化测验。以评价者为中心，偏重学习结果，将信息技术应用于高校英语口语课堂评价研究仍是一片空白。因此探索新的评价模式，鼓励教师应用信息技术，提升信息技术应用于高校英语口语课堂评价的效果，这对于提高整个高校英语口语教学，增强学生语言表达能力至关重要。

一、高校英语口语课堂评价研究现状

目前高校英语口语课堂评价模式主要聚焦在以下三大方面。

（一）聚焦口语考试的内容及其对教学的反拨作用

近年来该方面的研究主要针对现行口语教学与测试中存在的不足，以研究者所带班级为例，从测试角度构建高校英语口语测试体系并通过实证研究证明该体系对学生具有积极的反拨效应。作为评价手段之一的测试对口语教学具有非常重要的功能评价意义与指导价值，高校英语口语测试模式在国内高校口语测试实践中的推广，任务仍然十分艰巨，有待全面展开规模较大的实证研究，从不同视角、不同层次、采用不同的方法开展口语测试模式研究。

（二）形成性评估的研究掀起了外语教学评价领域研究热潮

形成性评估，即在教学过程中进行的过程性和发展性评估，根据教学目标，采用多种评估手段和形式，跟踪教学过程，反馈教学信息，促进学生全面发展。教育部2014年颁布的《大学英语课程教学要求》也明确倡导应用学习档案记录、课堂活动记录、访谈和座谈等形成性评估手段来更科学更全面更合理地评价学生的学习过程和结果。针对形成性评估的研究国外早在20世纪80年代就已开展起来，并得到了政府的高度重视和大力资助。在语言测试领域处于领先地位的美国和英国，形成性评估获得了深入的研究和发展，广泛地应用于教学实践，并不断推广和完善，取得了较大的成功。在国内，形成性评估理论已趋于成熟并在评估实践中逐步开展起来。目前将形成性评估理念引入高校英语口语测评体系，既有理论方面的探讨也有实证方面的研究。这些研究主要批判了传统的终结性测试对口语教学的负面影响，一是评价测试形式单一，二是口语测评手段缺乏励志功能。进一步的实证研究证明形成性评估对于客观、全面、公正反映学生口语能力，激发学生口语表达兴趣以及学习的积极性具有一定的作用。但这些研究存在以下局限性：一是研究主要聚焦在测试的评价功能和动机激励功能，而对测试的反馈功能和诊断功能尚未有人涉足；二是借助现代信息技术发展构建高校英语口语测评体系的研究仍是一片空白。例如基于网络的形成性评估工具的开发，这也是后续研究趋势所在。

（三）动态评价理念为我国外语教学评价注入新的生机

由于传统的静态评价忽视了学生在学习中的主体性和能动性，无法科学客观地考核学生的实际能力，因此迫切需要探索一种新的评价方式。动态评价是最近二三十年在西方兴起的一种新的交互式评估理念。这一术语是由苏联著名心理学家 Luria（1961）基于其同事 Vygotsky 的社会文化理论提出的。该理论又称学习潜能评价，是对在评价过程中通过评价者和学生的互动，尤其是在有经验的评价者的帮助下，探索和发现学生潜在发展能力的一系列评价方式的统称。这一理论在过去四十余年受到西方心理学和教育测量研究与应用领域的重视，并取得了丰硕的成果，但在外语教育领域则刚刚起步。在二语教学领域进行动态评估研究的领军人物 Matthew E. Poehner 在著作 Dynamic Assessment: A Vygotskian Approach to Understanding and Promoting L2 Development 中详细探讨了如何把动态评价用于解决学生二语发展过程中出现的问题。在我国，韩宝成先生最先对该理论及其理论基础——Vygotsky 的社会文化理论，尤其是最近发展区概念进行了探究，综述了国外二语教育领域动态评价相关研究。在我国，基于动态评价理论的实证研究寥寥无几，主要集中在高校英语写作和课程评价领域，然而，动态评价理论在备受关注的高校英语口语测试领域除了一篇硕士论文之外尚未有人涉足。因此将动态评价理论引入高校英语口语教学评价从实质上提高大学生的口语表达能力至关重要。

二、信息技术嵌入高校英语口语课堂评价模式构建框架

借助信息技术支持课堂评价不仅仅停留在发挥信息技术的优势，而要充分考虑到课堂评价活动的特点。教师需要掌握一定的课堂评价知识，做到"教、学、评"三者相融合。本研究拟借助网络自主学习平台，尝试将动态评价引入到高校英语口语课堂教学评价实践之中，进行小规模的评估。教师适时介入学生口语课堂评价，提供诊断性反馈，帮助学生不断发现问题，解决问题。所有的评估活动以学生为中心，加强师生、生生之间的协作对话，并开展教师评价、学生自评及同伴评价。在整个教学评价过程中，创建学生电子学习档案袋，记录学生系统学习成长过程，充分体现教学与评估相融合的评价理念。

课前网络自主在线学习。教师事先将每节口语课讨论的话题、学习目标、学习内容、课堂学习形式及评价标准等制成小视频、文档或PPT加音频的形式上传到网络自主学习平台，并提供讨论话题的相关背景知识、常用句式及注意事项。学生可以根据自身实际情况，进行在线自主学习，明确学习目标，了解学习内容，并将自己的疑问和困难在线反馈给教师。教师在线和学生进行交流，帮助学习答疑解难，给学生提供指导和建议。同时，教师详细记录每个学生在线自主学习完成情况，将其作为学生"电子学习档案袋"的重要内容之一。

课堂小组团队合作式学习及评价。在上课前，教师将全班分为若干个小组，约四人一个小组，实行小组组长负责制。整个课堂教学在语音实验室进行。教师将具体的课堂教学任务通过多媒体形式呈现给学生，并讲解相关知识。学生在准备评价任务时，教师适时介入给予学生提示、建议，鼓励和引导学生发挥最大潜能。在学生完成任务后，教师给予评价，小组成员之间开展互评和自评，教师进一步给出改善建议。学生根据教师评价反馈和小组成员评价再次完善任务。这一环节是整个口语课堂评价的核心环节。小组团队合作式学习及评价充分体现了Vygotsky的最近发展区思想。教师一系列有针对性的教学和评价活动激发了学生的潜能并调动了其积极性。学生之间开展的评价和自评也是一种交流和学习的方式，能够取长补短。这一环节通过录音或者录取视频的方式记录学生的整个课堂活动，最后将其归入学生电子学习档案袋。

课后在线评价反馈。在这一环节，教师将前两个环节学生的表现加以整理、总结，并再次通过网络自主学习平台反馈给学生。学生通过教师的反馈不仅清楚地意识到自身的问题，还能看到与小组成员之间的差距，从而系统地修正学习方法，改善自身不足，不断完善进步。教师也可以借此环节完善教学方法，优化教学效果。该环节可作为学生电子学习档案袋的重要内容之一。

三、信息技术嵌入高校英语口语课堂动态评价模式实现策略

革新观念，与学生开展"互助式"对话。将信息技术嵌入语言课堂评价实践，教师的评价素质直接影响着技术作用的发挥。一方面，教师需要顺应时代潮流，革新观念，积极学习新技术，在语言教学评价中引入信息技术。同时教师还需要掌握动态评价相关理论知识，改变传统的测评观念，做到与时俱进。另一方面，充分发挥教师的引导作用。教师的角色不仅局限于知识的传授者、课堂的组织者，还应该以中介人和推动者的角色出现。通过线上、线下等各种形式与学生展开对话，关注学生的语言认知能力，推动学生最大程度地发挥潜能。

提高网络自主学习监控力度。由于网络自主学习本身的自主性和分散性，教师无法全面监督学生的学习情况，只能通过后台参数监督学生，因此需要充分调

动学生语言学习的积极性，培养学生自主学习能力。可以通过实行小组组长负责制、小组成员互相监督制提高监控力度。同时从技术层面可以引入视频认证体系和指纹识别系统，节省教师和管理员监管的时间和精力。

实行学生助教制，协助教师完成教学评价工作。信息技术嵌入高校英语口语课堂动态评价之中，教师需要倾注大量实践和精力，这对教师来说是一大挑战。可以为教师提供一名学生助教，也可以实行学生助教轮流制，帮助教师收集、整理课堂教学评价电子资料。这对学生本身也是一种锻炼，更重要的是减轻了教师负担，保证课堂评价高质量地完成。

总之，基于信息技术的外语教学已经成为新世纪高等学校外语教学的主要方法，信息技术融入外语教学评价体系也势在必行。信息技术融入课堂评价有助于课堂教学中"自主"和"反馈"功能的实现。然而信息技术只是一种手段，课堂评价能否取得良好效果关键在于课堂评价的实施理念是否有助于促进学生的学习。教师需要充分发挥信息技术的优势，提高使用多种信息化评价方式进行评价的能力，同时也要避免过度依赖信息技术而忽略人在教学中的地位。

第七节　基于信息技术的高校英语听说实训体系设计研究

随着信息技术的不断发展，信息化教学已经成为高校一种新兴的教学模式。全国各高校都在积极地建设信息化网络和数据库，并广泛地应用于各科的教学实践。信息化教学以其再现真实的情境、提供丰富的学习资源以及易操作的考评条件等无可比拟的优势，越来越多地被应用在高校英语听说教学中，将信息技术与英语听说教学整合提高学生英语听说能力已经成为大的趋势。

根据美国著名外语教学法专家 Wilga M.Rivers 的统计，在人类的言语交际活动中，听占实际时间的45%，说占实际时间的30%，合计为75%，可见听说在人类交际中的重要性。2004年高校英语课程教学要求就提出高校英语的教学目标是培养学生的英语综合应用能力，特别是听说能力。而现实情况是虽然大学生总体英语水平较高，但听说能力相对较低，存在听不懂、不敢说、说不出等诸多问题。听说实训教学相对于理论教学来说为学生提供了更多的交际环境和操练机会，成为提高大学生英语听说能力的重要途径。

那么英语教育工作者如何将信息技术与英语听说实训教学有效整合，提高学习效率和教学效果？如何利用信息技术有效提高大学生英语听说能力？基于信息技术的高校英语听说实训设计成为有待我们研究的重要课题。

一、理论基础

基于信息技术的高校英语听说实训设计研究主要以建构主义理论、输入—输出假设和任务型教学法为理论基础。

（一）建构主义理论

建构主义认为，学习者的知识是在一定的情境下，借助他人的帮助，如人与人之间的协作、交流、利用必要的信息等等，通过意义的建构而获得的。因此，信息化环境下的高校英语听说实训需要利用现代信息技术，通过生动的图片、声音、动画、视频等为学生创设仿真情境，帮助学生对所学知识的意义进行构建；教师要指导学生利用信息化网络技术进行合作学习和相互交流，实现意义的构建。

（二）输入——输出假设

克拉申认为，语言习得的关键是足量的可理解的输入，需要连续不断的有内容有趣味的大量的会话才能奏效；输入的语言材料越有趣、越关联，学习者就会在不知不觉中习得语言；输入过程中，越焦虑，输入越少，反之，则容易得到更多的输入。除了必要的可理解性输入外，学习者必须有机会使用所学语言，这样才有可能达到流利的水平，输入和输出密不可分。所以，信息化背景下的高校英语听说实训应设计连续的、足够量的、有趣的、与学生生活就业相关的实训任务，并通过网络交流减少学生实训中的焦虑和紧张，将听力与口语相结合，才能有效提高学生听说水平。

（三）任务型教学法

任务型教学法要求教师围绕特定的交际和语言项目，设计出具体的、可操作的任务，学生通过表达、沟通、交涉、解释、询问等各种语言活动形式来完成任务，以达到学习和掌握语言的目的。Willis（1996）提出基于任务的教学框架：前期任务—任务操作—后期任务。根据这一框架，英语听说实训应利用信息技术对每个项目都应设置听说前期任务、听说任务实施和听说后期拓展任务三个部分，通过依次完成这三个部分，完成听说能力的训练和英语应用能力的提高。

二、高校英语听说实训体系设计

基于信息化的高校英语听说实训设计包括实训的前期准备、前期任务的设计、实训实施阶段的设计和后期拓展任务的设计。

（一）实训的前期准备

实训前期，教师可以利用信息技术将网络资源和教材整合，精选实训的语言项目。语言项目中的听说材料需要基于学生水平，与工作岗位相关，具备趣味性、可理解性、可接受性、连续性和足够量的特点。例如，商务英语专业的学生毕业后就业岗位多数为商务秘书或商务助理，根据这一岗位和对应的工作过程，听说实训的项目可以从其求职面试开始，设计为求职面试、入职培训、电联客户、机场接待、宾馆预定、商务宴请、参观工厂、欢送客户等连续的听说实训项目。实训项目中，教师利用网络为学生提供相关的图片、音频、动画及视频，赋予项目趣味性。实训项目设置合适与否直接关系到实训目的和实训效果的实现。

（二）前期任务的设计

在每个实训项目进行前期都要精心设计实施前任务，并通过网络在该项目进行前布置给学生。实施前任务应包括与项目有关的背景知识学习、信息搜索等，并要求学生通过小组合作的方式完成，在实训项目实施前进行成果展示。通过实施前任务的完成，学生通过自主学习、合作学习建立相关图式，使其在项目实施时能够自然接受，没有障碍，提高学习效率。以上面的一个项目"宾馆预定"为例，在项目实施前，教师可以通过听说前任务单的形式给学生布置任务：第一，请用英语介绍不同的房间类型及宾馆设施，并附图片；第二，请介绍预订房间时常用英文表达；第三，请搜索预订宾馆的方法和注意事项。要求小组合作，制作PPT展示。任务单通过数字化学习中心等校园网下发给学生，并利用该学习中心的分组功能给学生分组，接下来学生完成上述任务，并将制作的PPT成果在班级空间展示，之后进行自评和互评。在此期间，如遇问题，学生可以在线提问，教师可在方便的时候进行解答。通过这一系列任务的完成，学生建立了宾馆预订的相关图式，在进行宾馆预订听说交际时就容易得多。

（三）实训实施阶段的设计

实施阶段是英语听说实训设计的主体部分。这一部分的设计是整个实训设计的最重要部分。在此阶段，首先找3组学生用英语对实施前任务成果进行展示，这3组应为在数字化学习中心的班级空间里得到不同评价的3组，分别为评价最好、评价居中和评价不好的，然后教师进行补充、更正和点评。这一环节对实施前任务完成情况进行了检查，起到了监督的作用，典型成果展示起到了示范的作用，同时也帮助学生强化了与项目相关的英语词汇及表达，为项目实施做好铺垫。接下来，教师利用网络收集的相关图片、动画、音频、视频等为学生创设仿真情境，利用信息化手段将真实情境再现，激发学生学习兴趣和积极性。将学生带入情境后，通过信息技术设置由易到难的多层次听力理解任务，如重点词块填空、细节信息改错等，帮助学生掌握、强化相关的词汇、词块。然后学生以小组合作的方式找出该情境的功能表达，并根据大屏幕提供不同的图片或播出不同的情境开头，再次把学生带入情境，在情境中进行仿句练习，使枯燥的仿句练习变得真实而有意义。通过仿句练习，学生操练并掌握了该情境的功能表达，为口语交际的顺利进行打好基础。最后，教师创设3个左右的类似的仿真情境，要求学生自选进行模拟表演，并录像，帮助学生在逼真情境下通过亲身体验吸收、内化并输出。在模拟表演后，学生进行自评和互评，教师进行总评，完成实训实施阶段的评价；学生通过观看和体验以及教师的总结，完成语言项目的学习。

（四）后期拓展任务的设计

信息化教学以其先进的网络技术为英语听说实训提供了实训后期进行拓展训练的更多可能，这一阶段主要利用数字化学习中心这样的校园网完成拓展任务的设计和实施。在一个实训项目完成后，可以将学生的表演录像和更多的情境表演资源上传到数字化学习中心的班级空间，供全体学生反复观看、模仿、学习、反思。巩固和强化实训实施阶段的知识，提高交际能力；可以根据实训主题，设置更多的拓展任务，如根据"宾馆预订"这个项目，设置讨论题目："What do you think is important when choosing hotels for guests？1.location；2.facilities；3.service；4.rates"。可以在班级空间上传相关的原声电影或英文歌曲，激发学生练习听说的兴趣，也给学生提供了体验原汁原味英语的机会，从而进行有意义的模仿和学习；可以在班级空间上传相关的文化视频，帮助学生了解西方文化，注意中西方文化的差异，培养学生的跨文化意识。在这一过程中，学生可以在校园网上自由讨论、发表意见、小组合作完成任务、在线询问等，不受时间、空间的限制，也没有面对老师的心理障碍，使学生的听说能力得到升华，并充分地培养学生的自主学习能力。

信息技术以其先进的多媒体技术和网络技术，为高校英语听说实训教学和学生听说能力培养提供了广阔的空间。在高校英语听说实训的设计和实施中，教师可以充分利用信息技术，整合学习资源，设置有意义的适合学生水平的实训项目，创设真实的语言情境，布置难度各异、形式各异的听说任务，进行畅通的师生互动和学生自评、互评，设置更多的拓展任务引导学生开阔视野，培养跨文化意识和自主学习能力，全面有效地提高学生的英语听说能力。

第五章 大数据时代下高校英语教学

第一节 大数据对高校英语教育教学的影响

随着世界经济一体化的到来、信息技术的高速发展，尤其是互联网及各类移动终端的普及把人类带入了一个几乎涵盖所有行业的大数据的时代。大数据时代的到来使高校英语教育模式发生新的变革，无论是教学形式、学习行为，还是教学评价、教学理论、教学资源以及教学评估等方面都随着大数据的变化而做出相应的更新、改进。笔者结合实践教学活动，从大数据对现代英语教育的影响进行了探索与研究，并提出了相关优化措施。

在大数据时代，高校英语教师面临新的挑战。传统英语教学模式受大数据的影响与冲击，已经逐渐转变和改进。数据的集中以物联网、数据库技术、云计算等综合技术的成熟为基础，数据是过程性和综合性的考虑，它更能考量真实世界背后的逻辑关系。高校英语教师在大数据相关知识的整合、教师职能与角色的转变、学生主体个性化发展与变化、新型教学设计和教学评价等方面面临着巨大挑战。如对一个学生英语考试成绩的研究，可以依靠大数据进行分析，综合考虑这个学生的努力程度、学习态度、智力水平等数据，这些数据正是学生所得分数的正面反映，教师可以根据数据对学生进行相应的教育和帮助。但是需要教师具有相关的知识储备和大数据整合能力。教师要适应大数据时代高校英语教学改革的趋势，加强大数据整合能力的培养以适应个性化教学的需求，改进课堂教学模式和方法以切实提高学生的英语应用能力，提前做好自我准备以适应高校英语教学的一系列变化转型，参加相关培训和研修以提高自身的教学和科研水平。

一、大数据时代教学方式的特征

传统教育模式是随着工业时代经济发展过程中集中批量生产的模式产生的，其主要特征是有标准化模式：集中教学、教材统一、教师的主体地位不可动摇、课堂有时间限制等，这些教学方式兴盛于工业化时代，并且为当时社会培养了需要的人才。相比较这些特征，大数据教育更倾向于弹性学制、随时随地在线和多媒体教育、个性化辅导、多师同堂、家庭学习等模式。大数据具有非结构化、分布式、数据量巨大、数据分析由专家层变化为用户层、大量采用可视化展现方法等特点，而现代网络环境下的大学教育会更加个性化、开放化、数据化、人性化、平台化，两者正好可以相互融合和适应。教育除了是社会学科外，也将变成有数据论证的实证科学。互联网技术在教育中的应用越来越广泛，作用也在不断增加，与以往相比，一定程度上减少了教师的工作量，但是教师的比例并没有相应减少。这主要是由于大数据虽然很大程度上促进了教育的发展，但新事物的产生总要经过反复的实践，必有其不足的一面，如大量信息垃圾的出现，学生如果分辨不清，随意应用反而会造成负面影响，因此需要更多的教师进行指导。不过教师和学校的定义和内涵需要重新定位。目前，仅就知识传播而言，教育资源正在经历的是平台开放、内容开放、校园开放的时代，这是前所未有的。

二、大数据时代的英语教学中要进行的相关优化

（一）英语教师要引导学生形成互动、互助的学习状态

高校大学生来自我国的各个不同地区，生活习惯和学习观念会有很大差别，而且大部分学生在整个中学阶段，受各种学业压力的影响，形成了独立学习、对他人漠不关心的学习状态。这种学习状态适应于我国中学应试教育，节约了学习时间，但也造成我们很多大学里，新学生很难融入集体活动之中，学生在学习上很少进行互动和互助，造成大数据在英语教学中所发挥的作用大打折扣。所以，教师要想更好地受益于大数据应用所带来的种种教育资源，就要掌握现有资源调动学生积极性，营造学生互动的氛围。教师要让学生理解大数据时代进行合作互助的必要性乃至其深远的历史意义，进行相关教育活动，使学生树立起合作互动的理念，并以比较切实可行的学习活动，让学生在具体的学习中感受到学习的意义。

（二）英语教材的应用也要根据大数据进行相关调整

我国高校英语教材是根据教学大纲和实际需要，为师生教学应用而编选的材料。教材是教学的主要依据，是教学大纲的具体化，教学保障包括网络信息基础

设施保障、教学物资条件保障、图书资料保障等，在很大程度上影响着教学质量。大数据环境下影响教学质量的主要因素包括学习氛围、选用的教材、教学设施、教学服务保障。因此大数据条件下除要为学生营造互助的学习氛围外，还要依据实际需要，进行教材方面的调整，适应学生学习要求，以提高教学质量。

三、大数据对高校英语教学的深远影响

随着知识经济时代的到来，大数据在高校英语教学中的应用越来越广泛。两者的深度融合，从根本上改变了我国传统的以课堂为主灌输式的教育模式，转变为更加开放、互动性的教学模式。与此同时，世界经济一体化以及科学技术的飞速发展，促进全球信息的高速传播，并且逐步实现信息资源的无缝整合与共享，其中教育资源信息也位列其中。近年来所开放的优秀教育资源正逐步由全球各角落的学习者同步共享。

（一）大数据对高校英语教学方式的影响

大数据时代下的英语教育着眼于长远的发展，它使英语学习者能够学以致用，英语教育的实用性大大增加，并且根据各种数据能够更加科学地进行英语教学活动与管理决策，为英语教育开启新思路创造了条件。一是英语学习者可以不受时间、地点限制，利用大数据共享可以获取所需的英语资源，以及进行网络服务的多终端访问，实现数据同步与英语知识的无缝迁移；二是能实现信息的全面交互，英语学习需要学生通过良好的人际交互以更好地理解与掌握语言能力，而利用大数据技术能实现师生之间、学生之间随时随地的互相交流；三是可以通过大数据统计出学生的学习情况，了解学生课内外的学习轨迹，并形成具有研究价值的数据报告，供教师进行教学改进；四是能提高教学管理效率。

（二）大数据对英语教学评价的影响

大数据技术可以对教师教学授课过程、学生学习行为以及各种教学管理数据进行全面采集，集中存储、深入挖掘与分析，在兼顾学生英语学习能力评估的同时，也为教师的教学质量评估提供了全面、准确的分析结果。

四、大数据在英语教学中的运用

（一）大数据在英语远程教育中的应用

在全球经济一体化时代，各国经济贸易往来会更加频繁，英语作为最通用的国际语言，它的重要性不言而喻。尤其对于我国高素质人才来说，英语是他们日常生活、工作不可或缺的交流语言。信息化、网络化的教学方式，可以更加便捷、高效地为学生提供英语学习机会，例如大量网络在线课堂、网络英语学习资源应

运而生，出现了人与人、人与机之间英语远程教育模式。

（二）大数据在英语课堂教育中的应用

学生是英语学习的主力军，主要学习场所还是在大学课堂上。大数据在课堂教学中的有效应用，可以迅速地获取学生学习的相关状态以及教师的教学状态，并且通过大数据分析技术、采集技术的应用，分析其数据的成因，进而提出相应的教学对策，进行教学方法、学习行为以及教学模式的改进，以提高学生学习效果和实现教学目的。

（三）大数据在英语考试中的作用

大数据技术可以综合考查学生的英语水平，有助于教师安排更加科学、合理的考试内容。各个高校普遍建立了相应的大数据平台，英语教育也从中受益，例如可以获取试卷的答题结果、班级成绩情况等数据，并且通过数据平台的采集技术、分析技术，详细了解学生的英语知识储备量与英语学习的疑难点，为今后试卷题目设置提供了有利的参考，试题更加贴近学生实际学习能力。

总之，大数据时代的到来，为高校英语教学带来了新的教育机遇，虽然存在着一些问题和缺陷，但数据技术和英语教育若能深度融合，如能合理应用并优化创新，发挥大数据平台的价值，必定会带动英语教学水平更上一层楼。

第二节　大数据时代高校英语数字化教学的转型

1970年，托夫勒在《未来的冲击》中明确地提出了面向未来的教育：倾向小班化，多师同堂，在家上学，在线、多媒体教育，回到社区；着重培养学生适应临时组织的能力，培养能做出重大判断的人、在新环境迂回前行的人、敏捷地在变化的现实中发现新关系的人。凯利（Kelly）也预测，随着大数据时代来临，学校会更加多元化，未来的人工智能将诞生于由10亿台中央处理器组成的"全球脑系统"，这个系统包含互联网及附属设备——从扫描仪到卫星以及数十亿台个人电脑。

的确，网络媒体的发展已经引起高等教育的革命性的变化，一是"大规模开放在线课程（Massive Open Online Courses）"，简称"慕课（MOOC）"，正在冲击着全球教育；二是大数据理念在教育中的作用逐步得到了重视，初步形成学校教育、网络在线教育和实践应用延伸的三位一体的教学模式，教师也由原来的"教学主持者"变成了"教学参与者"。据统计，2012年，"MOOC"平台纷呈竞现，哈佛大学和MIT创立的edX有49所大学加盟，其中包括清华大学和北京大学，共设175门在线课程，100多万学生选修；斯坦福大学创立的Coursera有82所大学加盟，386门在线课程，350万学生选修；斯坦福大学创立的 Udacity 有25门在线课程，40万用户；英国开发大学 Future Learn 加盟成员包括26所大学、大英博物馆、英国文化协会，以及大英图书馆；澳洲公开大学联盟开发有48门免费课程，64门学分课程在线，课程分研究生、本科生、职业教育；德国学者在企业的资助下创建的 Iversity 平台有24门课程，10万用户；2013年10月清华大学的中文"慕课"平台"学堂在线"设有5门课程，10万人次选课。越来越多的在线课程表明大数据时代已经来临。

一、大数据背景下高校英语教学面临转型

大数据时代改变了人们的生活习惯，正在引领人们由读书时代迈向读屏时代。"大数据的'威力'强烈地冲击着教育系统，正在成为推动教育系统创新与变革的颠覆性力量。"大规模开放在线课程的出现是当代教育发展的一大趋势。因为当我们进入经济和社会的第三次浪潮时，我们不再强调同一性，而是强调个性。正是在这样的背景下，2014年我国高校明确区分了研究型大学和应用型大学两大类别。而从建构主义理论来看，个人由于经验、信念不同，对外部世界的理解也有差异，语言学习者更加关注如何以原有的经验、心理结构和信念为基础来构建知识。建构主义的教学模式应包含四个关键因素：教师、学生、任务和环境，其中任何一个因素都不可能孤立于其他因素而存在，它们之间的交互是一个动态的、发展的过程。学生作为个人理解这些任务的意义，任务则成为教师和学生的连接界面。教师与学生之间要有互动，教师的行为反映他们的价值观念，学生对教师的反应方式与他们的个人特征有关。这样教师、学生、任务三者处于一种动态的平衡之中。整个教学过程中教师更多的是充当了"脚手架"的功能，学生则凭借由教师、同学以及他人提供的辅助物完成原本自己无法独立完成的任务。随着学生学习能力的逐步提升，学习的责任将逐渐转移到学生身上。最后，学生完全积极主动地展开学习，并通过学习获得自己所理解、领悟、探索到的知识。脚手架能帮助学生穿越最近发展区，能促进学生认知能力和社会性的发展。

基于此，高校英语课堂教学面临转型，即把学习的主动权交还给语言学习者。学习者可以高度自由地控制学习的方向、内容和进度，在各种生活场景和语言环境中漫游，却又没有真实世界的压力，在参与中获得愉悦，在愉悦中引起共鸣，在共鸣中获取语言能力，实现语言实际运用的目标。在现代教育技术发达的今天，大数据为我们提供了便利，高校英语可以充分利用"慕课""多模太"和"翻转课堂"等形式进行教学，设计网络化在线学习模块，强调个性化自主学习，这对于高校英语教学来说，好处在于：教学资源丰富，信息量倍增；有利于学生个性化自学潜能的发挥；师生互动量增加，教与学不受时空限制；对学生学习成绩评价

多元化；容易激发学生学习积极性。

二、大数据时代高校英语的数字化教学模式

高校英语课堂教学是培养应用型人才的重要环节。作为高校开设的一门公共必修课，高校英语课堂在形势不断发展的情况下探索新的教学模式，充分利用大数据时代带来的便利，实现课堂教学和课外在线学习相结合意义重大：其一，它能满足现代大学生的心理诉求，实现全方位、开放式课堂教学机制；其二，它能使高校英语教学跳出传统的一块黑板、一位老师、一间教室的教学模式，充分发挥视听说优势和融入真实语言环境，并为学生今后的发展做准备；其三，它可以作为高校提升外语教学综合水平的一个参照。就大环境来说，中国要真正走向世界，外语人才的培养至关重要，具有高水平专门知识又精通外语的人才是实现"走出去"和"引进来"战略目标的关键。从小环境看，高校承担着培养人才、服务地方、振兴国内经济的重担，未来人才的素质将直接关系到国家的创新体制建设。因此，从高等教育国际化的战略高度来看，基于"MOOC"平台的大学联盟为我国的高等教育提供了同国际一流大学真正对话的机会。但是，这些在线课程的教学语言几乎都是英语，因此没有英语基础的支撑，即使有了全球优质的教学资源，我国的大学生也可能会面临语言上的障碍。而未来我国的高等教育将侧重于培养学生对所学知识的实际应用能力，学生需要了解大量与专业相关的知识，这就决定了他们对外文信息要有准确的把握。高校英语数字化教学模式开辟了非英语专业学生的第二条获取专业知识的通道——在线自主学习，同时也体现出英语学科的人文性和工具性特点。

传统高校英语课只是为学语言而教语言，不仅费时低效，而且忽略了英语的人文性和工具性特点。大数据时代中的教学资源可以得到充分整合，通过数字化教学让英语课堂变成语言能力课和专业素养课，使学生感受和体验英语，而不再是被动学习英语。目前高校可以结合自身优势，采取多层次、多模块的网络教学平台为学生创设真实的语言环境，还可以通过加入大学联盟获取更多在线课程，满足不同层次学生英语学习的诉求。在模块设置上可体现行业特征，并融入人文素质和思辨能力的教育，如基础英语视、听、说模块，通用学术英语读写模块，职场和行业英语模块，文学欣赏模块，文化和科学伦理模块等等。

就目前的高校英语教材来看，以书本加光盘形式出现的居多，这难以满足数字化教学平台的要求。因此，创建立体化教材，以文字、录音、多媒体课件、电子教案、电子档案袋、网络课件、学生自主学习系统、资源库和测试库、专业网站等形式来支撑高校英语课堂教学已是必然趋势。它有利于"创建真实的语境或场景，为学生提供'有意义交际'和实践的机会"，从不同的视角为学生营造一个

比较和分析的空间，充分发挥教师与学生、学生与学生、学生与课件等人际和非人际的互动作用。

高校英语数字化教学因其理念的革新，教学资源实现网络化、数字化、信息化，教学方式更具人性化、个性化的特点，无论是构建语言教学的生态环境，还是营造语言教学人文环境，都对教学管理、教学评价的科学性提出更高的要求。考试不再以传统方式进行，而是采用网络无纸化考试，评价采取多元评价的方式，形成性评价和终结性评价相结合。采用综合和集成的方法，统筹考虑教师、学生和教学管理者三个不同层面的相关因素，将三方的观念更新、课程体系优化、教学方法和学习方法创新、服务和管理效能提高等相关要素纳入教改的总体规划。

三、高校英语数字化教学的预期目标

交互性。长期以来，我国高校英语教学在教学观念、教学模式、课程体系、教学方法和教学测评等方面存在不尽人意之处，导致非英语专业学生英语综合应用能力不强，教学模式相对单一，教学方法和教学手段相对陈旧，学生学习动力缺乏，自主学习意识和能力不强，在文化传承和人文精神培养方面比较乏力，教师积极性不高，学生对英语学习缺乏兴趣等。而通过数字教学平台，师生间的互动加强，学生可以不断向教师提问，教师为了解答学生提问不得不更新知识和提高水平，达成师生间的共同成长。

体验性。我国社会经济迅猛发展要求高校英语教学要培养具有国际竞争力的人才。高校英语数字化教学的定位是加强实用性英语教学，以培养学生的英语综合应用能力为目标，特别突出和加强了听说与交流能力的训练与培养。通过教师下达任务，学生担当角色，立足校本经验，开辟网上专家空中课堂，在纯英文环境中让学生体验语言的魅力和完成任务后的成就感，达到轻松学英语的效果。

建构性。数字化教学模式强调学生积极参与并自主管理自己的学习过程，是一种新型教学模式。这将不仅是一个教育目标，也是一种教学理念，还是一种学习策略。

因为学习者自主是现代教育心理学尤其是人本主义、认知主义、社会建构主义学习理论的要求。而语言学习过程必须重视人的情感因素，学生在教师的指导帮助下参与甚至决定整个教学过程：知识的获得主要是通过学生自己发现，教师只是组织者、指导者、帮助者和促进者，学习环境（自主学习中心）与社会互动（合作学习）是两个重要环节。可以说，通过在线学习平台，学生将既获得知识，又参与实践，两者相辅相成。

大数据时代颠覆了传统的教学方式，为高校英语教学提供了自主学习平台。十八大以来我国明确提出要加快发展现代职业教育，推动高等教育内涵式发展，

相当一部分新升本高校面临着转型，转型过程中必然涉及课程设置、教学手段等的改革，注重应用型、实用性的专业课程的开设，以及学生实践能力的提高。而在转型过程中高校英语课堂教学应考虑"专业+通识教育"模式，充分利用大数据时代带来的便利整合课内外教学资源，借助网络在线教育，结合课堂教学，让学生学习英语的同时也学习专业知识，这将大大提高学生的学习积极性和主动性。

第三节　大数据背景下英语教学的微传播

在大数据背景下，数据流和信息形态都发生了重大变化，信息共享、交换以及数据处理变得更加便捷，这为学生提供了良好的自主学习条件，对教师的教学方式方法也产生了重要影响。为了适应新形势，高校应加强英语自主学习平台建设；教师要更新教学理念，从知识的传授者转变为学生学习的指导者和帮助者，同时不断提高信息处理能力，充分利用互联网交互平台开展教学。

自2012年以来，越来越多的政府和行业开始意识到数据和信息的重要性，"大数据"成了十分流行的关键词，人们用它来描述和定义信息爆炸时代产生的海量数据。2014年，在全国高校外语教师发展论坛上，杨永林教授做了"'慕课'时代大数据在外语教育与研究中的应用——以 TRP 平台为例"的报告，分析了大数据理念在英语教学中的作用。目前，传统的英语教学方式已很难激发学生的兴趣，也很难保证课程教学效果。大数据背景下，课堂和教师不再是学生获取知识的唯一途径，这对教师的教学方式也产生了重要影响。大数据的发展不但促进了学生学习方法的改变，也促使教师主动改变课堂教学方式，使教学方式更加多样化。

一、大数据背景下英语教学的变化

目前，信息化成为社会各个领域发展的特征之一，英语学习也不例外，大量英语学习工具、平台和管理系统应运而生。这些英语学习工具、平台和系统能够根据大数据分析的结果预判学生的需求，找到学生学习过程中存在的问题，从而有针对性地帮助学生实现英语学习的预期目标。例如，品种多样的语料库系统、在线搜索引擎等能为英语写作提供词汇用法等方面的帮助，有利于学生解决写作过程中的语法问题，不断提升写作能力和语言运用能力。

随着网络技术和现代教育技术的不断发展，学生学习数据的收集也越来越简单，不但数据量越来越大，数据的内容也呈现多样化特征，如通过数据挖掘能够了解学生的学习动机和学习行为，通过学习评价系统可获得学生在线学习效果方面的数据，等等。在当前英语教学中，英语学习的具体化语境例证需求逐渐变大，而教师可以通过网络共享资源下载多媒体教学所需要的课件、例证等，从而有效地提高教学效率。合理利用网络数据资源开展多媒体教学和在线教学，能够激发学生自主化、个性化学习的积极性，有效提高学习效率。

在大数据背景下，教师可把学生在学习过程中产生的数据（包括聊天、社交、游戏中的交互信息）收集起来，了解学生接受与掌握英语的程度、学习行为及学习习惯等，及时发现学生学习的误区，进而帮助学生找到适合自己的学习方式，同时有针对性改进课堂教学。如在阅读教学中，教师可通过分析所收集的相关数据，了解学生英语阅读学习的习惯与方式，从而及时改进英语阅读教学计划，开展个性化英语教学，提高教学效果。

二、大数据背景下英语教学的微传播化

在大数据背景下，现代智能软件能够对学习者的学习行为提供实时帮助，网络技术能够为学生创建一个主动学习的情境，增强学生学习的持续性，帮助学生形成科学的学习习惯和学习方法，也方便学生对学习效果进行科学合理的评估和评价。同时，在大数据时代，英语教学具有了微传播特征，具体反映在以下几个方面：

实时互动性。通过登录微博、微信等平台，教师可以随时布置课程练习和课后作业，学生可以随时接受教师布置的任务。在英语课程教学中，传统教学方式难以满足点对点教学的要求，例如，提高学生语言交流能力和应用能力的难度较大，教师难以判断学生群体的英语能力水平，课后作业难以批改，等等。大数据背景下，教师可以借助"作文批改网"等网络平台解决这些难题。另外，利用大数据云存储技术，还可以根据需要建立学生写作学习轨迹档案，以便捕捉学生写作过程的每一个细节，形成发展性写作评价。

迷你化。根据2014年中国互联网信息中心发布的《第34次中国互联网络发展状况统计报告》，截至2014年底，我国互联网普及率达到了46.9%，手机网民规模5.27亿，手机使用率达到了83.4%，手机作为第一大上网终端的地位凸显。由此可见，微传播的主要载体具有小巧便捷、易于携带、自主性强的优势。当前，各高校的无线网一般都能覆盖校园图书馆、食堂、宿舍等场所，学生通过手机等网络终端，可以在任意的时间和地点登录微博、微信等平台，获取英语学习信息，在很大程度上突破了英语学习的时间和空间限制。智能手机等迷你型移动终端的普及，为学生随时随地搜索资料、查单词、提交作业提供了便捷的途径，使学生的英语学习更加细节化和自主化。

精简化。在无线网络高度覆盖、信息快速传播的时代，信息量的增大和信息传播速度的提高，使得人们在阅读过程中更加乐意用快捷的方式获取信息，在一

定程度上改变了阅读方式和阅读习惯。同时，为了加快信息传播速度，要求网络信息更加精简化，由此催生了微博、微信平台上的"微言微语"，反映在英语方面，精炼的短句和小段落更加具有吸引力。在微传播背景下，学生更乐意接受内容新颖、简短而有重点的信息，以便充分利用零散的时间。因此，微博和微信平台上的英语学习信息通常是几句话、几张图片或一小段视频（如微电影）。简洁明了，具有即时性、视觉性和互动性等特征的微信息，更容易引起人们的注意和兴趣。

三、大数据背景下英语教学的创新策略

大数据背景下，微课、慕课、翻转课堂等教学方式在全球风靡。新形势下，教师在英语教学中要不断创新教学手段和教学方法，充分利用互联网交互平台开展教学，促使学生快速提高学习成绩。具体来讲，应从以下几方面创新和改进教学：

（一）建设自主学习平台，促进学生自主学习

大数据背景下，英语教学不再局限于课堂上教师的讲解，提高学生综合运用英语的能力和自主学习能力成为英语课程教学的主要目标。为了适应新形势，高校应加强英语自主学习平台建设。英语自主学习平台应包括课程学习系统、听力测试系统、口语训练系统、师生交互系统等，这些系统不但要有相应的学习资源供学生根据自己的兴趣和需求自由地选择，还应具有测试功能和测试成绩记录功能。这样，借助自主学习平台，学生可以将学习计划上传至网上征求教师的意见，以充分提高学习效率；可以进行知识学习和资料查询，及时检测自己的学习效果，并通过检测结果明确自己的努力方向；可以自由支配听说和读写练习时间，充分利用系统提供的丰富的课外资源开展个性化学习。借助自主学习平台，教师可以向学生推荐学习网站和常用学习软件，了解和掌握学生的学习情况，分析学生的学习行为，及时指出学生学习方法、学习态度等方面的不足。

（二）更新教学理念，注重激发学生的学习兴趣

在传统的英语教学中，由于班级人数多，更正语音、批改作文等往往耗费教师大量的精力，但难以取得良好的效果。在当前的大数据时代，这些问题迎刃而解。例如，以往学生记单词是依靠单纯地背单词书，而大数据背景下借助手机APP可以有效提高单词记忆的效率，且很多在线工具将背单词与闯关类小游戏联系在一起，真正做到了寓教于乐，吸引了众多学生的眼球。再如，很多网站都建立了英语语音和英语在线翻译系统，甚至在线英语作文批改也成为现实，这为教师的教学和学生的学习提供了极大的便利。公共英语学习网站和学校的英语自主

学习平台，大多能为学生的英语作文提供修改意见，使得学生可以通过不断的修改获得满意的成绩。这种作文批改和反馈形式的改变，可以让学生和教师从书本中解脱出来，也使教师和学生充分领略了大数据的魅力。可见，在当前的英语教学中，教师必须及时改变教学方式，积极应用新的软件和工具平台开展教学，否则，难以激发学生的学习兴趣，更难以充分提高教学效果。借助软件和工具平台开展英语教学，要求教师从知识的传授者转变为学生学习的指导者和帮助者，积极与学生开展网络交流，及时解决学生遇到的疑难问题。

（三）更新知识，提高信息处理能力

信息技术的快速更新换代，为英语教学提供了大量的平台和工具，而网络上的平台和工具各具特色，功能也不尽相同，有的甚至已经因技术的发展而淘汰。可见，教师应在不断更新知识的基础上，全面了解各网络平台和工具的优势与不足之处，从而为学生提供科学合理的参考意见，否则可能会误导学生。英语教师在了解信息技术特点的基础上，懂得教学规律，才能提高教学效率。例如，在我国传统的教学评价体系中，过程评价和多元化评价是最薄弱的一个环节，而网络英语自主学习平台的测试功能和测试成绩记录功能，不但能够激发学生在线学习的积极性，还能够为英语课程的过程评价提供数据支持，当然，这要求教师十分熟悉英语自主学习平台的功能和操作方法。

第六章　高校英语教学方法的实践应用研究

第一节　多模态的协同及在高校英语教学的应用

当前导致高校英语教学效果不理想的因素众多，其中教学模态单一以及各个模态之间缺乏协调是学生不愿主动学习、大学英语课堂教学效率低的重要原因。在高校英语教学中应用多模态协同能够调动学生的听觉、视觉、触觉，通过图像、声音的引导，强化英语沟通能力，提升学生的英语素质。

一、多模态的协同

多模态是指运用多种构建意义的手段与符号资源，尽量将人的听觉、视觉、触觉等多重感觉同时结合起来开展信息传播与交际的行为。模态之间的关系是由具体语境与交际目的所决定的。通常来说，视觉模态以及听觉模态是人们交际过程中选择的主要模态形式，而嗅觉、触觉、味觉等为辅助型的交际模式。在实际沟通交往过程中，为了传递某种特定的含义，可以同时运用多个模态或实现多个模态之间的转换。模态选择的合理性取决于交际者利用媒介的能力以及多模态识别能力。长时间以来，高校英语教学都只关注英语词汇、句子、语法的知识点教学，教学方式与目标仅仅只是从单一的文字模态入手，鲜有融合非文字的模态形式来进行课堂教学活动。伴随着互联网技术与信息技术的发展，多模态以及多模态协同已经开始对大学英语课堂教学造成影响。多模态的协同教学，即为教师在课堂教学过程中要运用多模态开展教学，课堂需要涵盖视觉模态、听力模态、口头模态、书面模态、体形模态等。在高校英语教学中多模态的协同就是利用互联网、多媒体技术等客观环境与条件，为高校英语教学提供多种语言与非语言的多模态语境。多模态协同在高校英语教学中应用的基本目标就是要提高学生运用英语开展多模态交际的能力，提高学生通过多媒体与多模态自主学习的能力，以满足社会发展与经济全球化对大学培养高素质人才的要求。

二、多模态的协同在高校英语教学中的作用

在高校英语教学中应用多模态协同能够起到以下作用：第一，融合语言模态和非语言模态，激发学生参与学习的积极性。多模态协同理论中的非语言模态能够在传递信息中发挥巨大的作用。非语言模态主要包括身体特征、教学环境、教学道具等。在多模态协同教学下，教师可以利用图片、音频、视频等方式对英语知识点进行多方位的全面分析。例如，在大学英语词汇教学中，教师可以播放含有需要学习词汇的英文歌曲或英文原声电影，以吸引学生的注意力，调动学生参与学习的积极性，使其深化对词汇的记忆。第二，实现学生多感官互动。多模态协同在高校英语教学中能够实现视觉与听觉的互动，调动学生的各个感官，从而生动地进行英语知识点的讲授。例如，在大学英语课堂中，教师可以通过有感情的语言以及丰富的肢体动作，配合背景音乐来渲染教学氛围，让英语课堂变得更加和谐、有趣，以激发学生学习英语的兴趣。

三、多模态的协同在高校英语教学中的应用

（一）大学英语课堂教学中应用多模态协同

第一，视觉模态与听觉模态的协同。大学英语课堂的布局是视觉模态，其明确了高校英语教学的环境，同时也明确了教师与学生在英语教学中的角色。在课堂中，学生的视觉对象包括教师、黑板、讲台；大学英语的教学过程主要为听觉模态。视觉模态决定了课堂布局以及教师在课堂中的地位，但视觉模态也只是听觉模态的辅助与基础。基于听觉模态分析，教师的话语权占据了课堂的主导地位，对于教师来说，学生是其进行话语教学的主要接受对象，这就对教师的话语质量有着较高的要求。因此，教师在大学英语课堂中的话语要精确清晰、语法正确、发音准确、速度合适。与此同时，教师在教学过程中声音的响度、语调的高低、重度的节奏都会对英语教学效果产生一定的影响。因此，听觉模态中的各个模态相互之间也需要进行配合，以达到强化口语模态的作用。教师在英语教学过程中也会通过变化视觉模态来强化口语模态，如运用手势来代表节奏，模拟所讲述的事物，运用表情的变化来突出知识点的重要程度。

第二，文字模态与非文字模态的协同。大学英语阅读教学中主要以文字模态为主，指导学生重点掌握非文字模态，探索其与文字模态之间隐藏的内在关系，帮助学生赏析、鉴别文字模态的意义，提升学生对文字模态的敏感度。教师可以

引导学生在阅读文章时对文章的标题、小标题、斜体字、标点符号等进行标识，对文章的重点信息进行定位。例如，阅读材料"Jack went to Fifth Avenue with Tom in New York in September30th."中出现多次大写字母，大写字母通常表示地名与人名，在阅读过程中运用跳读的方式来掌握大意，则可以快速获取关键信息。又例如，教师在进行英语阅读教学过程中训练学生对非文字模态的语篇进行分析。向学生展示三幅不同的图片：第一幅是正在融化的冰川；第二幅是一望无垠、寸草不生的沙漠；第三幅是黑色的河流。要求学生分析这一组图画要传递什么意义，将学生引入生态环境保护的阅读话题，从而实现大学英语阅读教学中图片模态与文字模态的协同。

（二）大学英语师生互动中应用多模态协同

建构主义理论提出，学习过程是学生发挥主观能动性，主动学习、主动构建知识架构的过程。建构主义理论否定了传统大学英语课堂教学中教师灌输、学生被动接受的教学模式。教师与学生在课堂上的角色也发生了变化。教师从知识的讲授者转变为了学生学习的引导者，也就是教师在课堂教学中扮演着引导者、组织者的角色，在学生发挥主观能动性构建知识结构时起到辅导作用。因此，高校英语教学中多模态协同的应用能够进一步深化建构主义理论，转变传统教学模式中学生被动学习的状态。多模态协同下的高校英语教学能够实现教学互动，将学生置于多模态协同的学习语境，从听觉、视觉、触觉等多方位的感官来提高学生运用英语开展交际的能力以及潜在的语用潜能，让学生能够在多模态协同的环境下主动学习。在大学英语课堂中，教师可以通过多媒体技术来支撑多模态协同的进行，实现教学与学习的互动，通过师生互动的方式来实现多模态协同教学的效果。师生互动是指在大学英语课堂中，教师与学生面对面进行的教学活动。在课堂教学中教师需要将知识点通过文字、图片、音频、视频的形式展现给学生，以吸引学生的注意力，使其更好地理解、接受知识点。与此同时，教师还会通过语言表述、手势动作、面部表情等方式与学生进行互动。例如，在讲解某一知识点的时候，如果学生露出疑问的表情，教师则能够通过视觉模态信息得知学生尚未理解，从而进行深入讲解或换个角度讲解。

（三）大学英语测试评价中应用多模态协同

在高校英语教学对英语"听、说、读、写、译"五项基础能力进行评价的过程中，可以运用基于多模态协同的评价方式。例如，在听力的测试评价中，教师可以预先准备好视听资源让学生在试卷上回答问题，也可以在课堂上进行对话，让学生进行梗概记录，同时调动学生的视觉、听觉系统，并且利用多模态之间的互补性来完成听力测验评价。在翻译的测试评价中，教师可以将笔译与口译的方式结合起来，利用多媒体技术开展同声传译的翻译练习。对于口语的测试评价而言，当前口语的测试方式主要为进行问答与话题交流两种类型，无法充分展现英语表达的多模态，而利用多模态协同能够更加准确地对学生的英语口语水平进行评价。因此，口语测试过程中要表现出语言与伴语言的特点，充分体现语音、语调、符号在口语沟通交流过程中的应用。同时，还要展现非语言的表达，通过表情、手势、动作等与口语沟通相互配合，来对大学生的综合口语水平进行测试评价。

多模态协同下的大学英语课堂教学能够改善当前高校英语教学中学生欠缺学习积极性，课堂教师与学生之间缺乏沟通，学生与学生之间缺乏沟通的现状。在大学英语课堂教学、师生互动以及测试评价中应用多模态协同，能提高高校英语教学的质量。多模态协同在高校英语教学中的应用能够让大学英语课堂变得更加和谐，能够让学生在积极参与课堂学习的过程中强化自主学习能力。

第二节 激励教学法在高校英语教学的应用

一、激励学习法

（一）激励教学法的含义及其特点

激励就是激发和鼓励，是指通过影响人们的内在需求或动机，从而加强、引导和维持行为的活动或过程。激励的本质就是激发人的动机，激励教学法是指教师在教育教学过程中，借助一定的方式和手段，激发学生的学习动机，使其产生一种内在驱动力，诱发其积极参与学习的行为，并朝着期望的目标努力，从而提高课堂效率，促进教学任务顺利完成的过程，即通常所说的调动和发挥学生的积极性、主动性和参与性的过程。

美国心理学家威廉·詹姆斯有句名言："人性最深刻的原则就是希望别人对自己加以赏识。"他还发现，一个没有受过激励的人仅能发挥其能力的20%——30%，而当他受到激励后，其能力可以发挥80%——90%。

（二）激励、动机及英语学习之间的关系

舒曼从神经生物学的角度证明，大脑对所接收到的刺激进行评价，从而引起外语学习者情感上的反应，并将这种刺激评价分为五个方面：刺激的新异性、吸引性、目标/需要意义、可处理潜力及个体社会形象。舒曼认为，语言学习动机的强弱和性质是由这些刺激评价不同方面的排列与组合决定的。

钱伯斯另辟蹊径，从相反的方向探索外语学习者缺乏学习动机的原因。在对

英国利兹地区的191名失去外语学习动机的九年级学生进行问卷调查后，发现了可能导致学生失去外语学习动机的10种原因。他认为，这些学生最需要的是对于他们学习成绩的肯定、奖赏及鼓励。换句话说，也就是学生外语学习动机最直接的来源是外语教师对待他们的态度。

由此看来，激励在当今重视个性发展的成功教育中起着不可估量的作用。教师在课堂教学中的角色就像一个导演，既是知识的传授者、课堂教学的组织者、课堂活动的控制者，又要保持和学生平等的身份，是学生交际的合作者，是一堂成功的外语课的创造者，是帮助学生克服心理障碍、放下思想包袱的心理治疗者。

因此，动机、激励与英语学习是相辅相成、密不可分的。激励就是要通过各种有效手段，激发学生的学习动机，从而提高学习成绩。动机与学习成绩之间是典型的相辅相成的关系，较高的动机水平有利于取得较好的学习成绩，而较高的学习成绩也反过来有利于增强动机水平。

二、高校英语教学中运用激励教学法存在的问题

（一）激励教学法被边缘化

在目前的学校教育过程中，教师的工作内容被明确地规定为完成一定工作量的教学任务，因此，许多教师工作的重心在知识传授方面，而不是在学生培养方面。从教育激励的角度来看，多数教师只是在传授知识，而很少激励自己的学生。他们认为学生是否积极主动、富有热情地学习是学生自己的事情，多数教师把学生的学习看成是学生要尽的义务，就如同学生要遵守学校中的规章制度一样，是教师开展教学工作的当然前提，而没有认识到其实这个前提条件是需要教师在学生身上建构的，是教师育人工作的一个重要部分。即使部分教师意识到对学生兴趣的培养是重要的，也不过是把它作为教学的方法而已，没有认识到培养学生对学习的兴趣比知识学习本身更重要。因此，激励教学法与教学相比是被边缘化了。

（二）教师的激励方法片面单调

教师偏重于激励优秀学生与后进学生，忽视一般学生；偏重于知识学习，忽视学生的情感与意志的发展；偏重于激励追求成功，忽视学生的心理健康；偏重于逻辑、语言智力，忽视其他种类的智力；偏重于引导学生遵守纪律，忽视学生的创新、求索；偏重于教师的个人喜好，忽视教育的应有规律与目的。

（三）激励教学法的作用没有得以充分发挥

教师职业的机械性加强了，而育人角色在弱化。教师激励数量的有限、手法的片面与单调都使激励的效果非常有限。教师只看到学生知识与技能的掌握与否，而对学生的心灵塑造常常无动于衷，学生也常常感到教师是某一学科知识的代表，

是知识的传授者，与教师之间缺少深入的心灵上的沟通。学生求学过程中所遇到的教师可能有几十个，但是能在心灵发展过程中留下深刻印象的则不多。教育激励的缺乏常导致学生品质、人格、精神发展的不完善。

三、高校英语教学中有效运用激励教学法的建议

（一）提高运用激励教学法的意识

许多教师认为激励教学法只适用于中小学生，对大学生的效果不明显。事实上，大学生也需要激励。笔者曾尝试着运用了考试激励法，其结果显示良好。研究将学生的期末成绩分为两部分，平时成绩占30%，期末成绩占70%。课上通过考核学生对学过的单词和词组的记忆调动学生学习的积极性，结果发现有的学生开始晨读，这种情况前所未有。由此看来，激励教学法同样适用于大学生。

教学活动不论处于哪个环节，都离不开教师的主持、参与和引导，这就要求教师必须具备担当多种角色的综合能力。调查显示，在被问及影响英语学习动机的主要因素时，大多数学生将"教师"列为首位，他们认为英语教师的以下品质有助于激发他们的学习动机：精通英语；认真备课；授课生动有趣；热情幽默，考虑周到；对学生一视同仁；教法灵活，不拘一格；使学生参与到课堂活动中去；使学生充满自信。

因此，教师要从自我作起，努力钻研专业知识，认真备课，提高自身的综合素质。同时，教师要树立激励学生学习动机的意识，在激励理论的指导下，合理正确地运用激励教学法。

（二）有效运用激励教学法时应注意的因素

第一，激发自主性。对于命令，人们有一种天然的抵制心理，自主是人们与生俱来的需求。每个学生都希望有自我选择的自由，而不是被强制参与到自己不喜欢的活动中。因此，教学中教师应还给学生这一权利，使其自主地从事学习活动。《新编大学英语》这套教材就很有助于激发学生的学习自主性，因为这套教材中的每一个单元都有可让学生参与进来的话题。教师在使用这套教材组织课堂教学时，应当留出时间让学生对这些话题进行讨论，从而激发学生的学习自主性。

第二，鼓励自我实现。动机的缺乏很大程度上源于自信的缺乏。经过艰苦奋斗却屡屡失败的学生很难对学习产生兴趣。相反，如果能不时地体验成功，就会对自己的能力充满信心，参与学习活动的热情也就越高。每个学生都有正视自己能力的愿望，正是这种愿望赋予其克服困难的勇气和持之以恒的精神。让学生体验成功，肯定其学习的潜能，有助于激发学生的内部动机。在高校英语教学中，教师应该合理设置教学目标，让学生体验到"跳一跳就能摘到一颗葡萄"的快乐。

如此，不时地体验成功有助于开发学生的学习潜能，从而激发学生的学习动机。

第三，建立平等的评价体系。在英语教学中，当学生尤其是学困生，在课堂上不能与教师配合，甚至文不对题乱说一通时，一句鼓励的话或一个信任的眼神都可以帮助他们端正学习态度。相反，若教师对学生的评价采取"一把尺子""一刀切"的办法，从一个方面对所有的学生进行等级的划分，就会使一些学生特别是学困生因得不到正确的评价而陷入更加困难的境地。在这种评价体系的支配下，一再失败的学生无法发现自己、激励自己，从而失去了他们发展过程中追求成功的努力和信心。因此，在教学活动中要适应学生的起点，每一个学生都是不同的，对学生的评价应重激励、重发展、重能力。

第四，注重身体语言的应用。恰当地运用身体语言将收到"此时无声胜有声"的效果。教师的一个眼神、一个微笑能给课堂带来亲切、和谐的气氛，使学生迅速产生一种向上的、愉快的求知欲。学生起来回答问题时，教师上身前倾，缩短彼此的距离，两眼平视学生周围一带以示诚意，使学生感觉到教师在关心他的话题，从而回答得更生动、更热情。当学生回答错误或由于紧张、害羞答不上来时，教师以期待、亲切的目光注视学生，面含微笑，轻轻点头以示鼓励，或微微摇头，暗示学生纠错，很快便能消除学生紧张的心理状态。学生成功地表达后，教师给予亲切的鼓励，将会使学生倍加振奋。

（三）掌握英语激励教学法的运用技巧

激励教学法有其自身的特点和思想理论体系。因此，除一般性教学技巧外，还有一系列相对独特的教学技巧。激励教学法的教学技巧很多，比较零散，更具灵活性，更为个性化。英语学习动机的外部激励因素主要包括以下几个方面：教师的素质及能力，学习者的学习成就，学生间的积极竞争，适当的表扬和诱导，良好的课堂氛围，竞赛及考试的过程和结果等。

第一，创造良好的学习环境，唤起学生的英语学习动机，激发学生学习的欲望。教师营造的课堂气氛极大地影响着学生的学习动机和学习态度。良好的英语学习氛围和环境是激发英语学习动机的外部条件。教师应在教学中创设一种使学生感到安全、宽容和有利于学生发展的学习气氛，对每个学生表现出真诚的关注，突出强调学习过程和学习任务的价值，而不要过分关注学习结果，使学生减少焦虑。教师可用英语说几句日常用语或讲一个风趣幽默的故事，以此来唤起学生学习的意识，使其自然地进入英语学习的环境中。这时，教师要有意识地进入"导师"和"助手"的角色，尊重学生的个性，实现民主教学，建立和谐、愉悦的师生情感。

第二，巧设情境，为学生创造成功的机会，给予学生成功的满足。英语学习和其他科目一样，要靠师生的共同努力，所以在英语教学中，不要忽视在课堂中还有这样的一个小群体，他们自觉性差、学习欠主动，又爱面子、怕说错，往往不敢开口。在教学中，笔者抓住这部分学生的心理特点后，决定帮助他们纠正这种不良习惯。首先帮他们养成开口的习惯，再由易而难，逐步增加课堂提问的难度。当他们回答问题有困难时，就为他们搭桥，比如让他们模仿他人练习，如果这部分学生有坐在前面的，就让后面的学生先答，依次向前，轮到他时也就会模仿别人开口了。这种变换形式的教学方法有力地促进了落后生也跟着开口、动脑，使他们自始至终都能全身心地投入学习，不知不觉地提高了他们的学习兴趣，帮助他们迈出走向成功的第一步。

第三，适当开展竞赛，提高学生学习的积极性。竞赛是激发学生学习动机、调动学生学习积极性的有效手段，因为竞赛能唤起学生的优越感和满足学生希望受他人承认、赞扬的心理需求。竞赛的形式可以为自己与过去的竞赛、个人之间的竞赛和集体之间的竞赛等。通过竞赛，学生的好胜心和求知欲更加强烈，学习兴趣和克服困难的毅力会大大加强。多开展小组或班级等集体之间的竞赛，可促使学生互相帮助，为达到共同目标而努力，有助于培养学生的合作精神。

事实证明，在高校英语教学中，注意激励教学方法的运用，不仅可以激发学生的学习兴趣，还可以提高学生的自信心。学生的成功源于学生的信心，学生信心的形成往往源于教师的激励。所以，教师在教学中运用激励性评价有益于学生树立自信心，积极进取，在学习上取得新的成功。

第三节　大学英语多元互动教学模式的应用

在当今全球化的发展背景下，无论是在社会经济、科学技术领域还是在文化教育领域，传统的理念与方式都普遍受到了信息技术革命所引发的冲击。随着信息技术的逐步发展，信息更新与知识迭代的速度不断加快。与之相应的，在大学英语教育教学领域中，大学英语的传统课堂教学模式已经无法完全适应信息时代的环境变化，大学英语课程改革的内在需求逐步凸显，社会对于外语复合型人才的综合语言运用能力也提出了更高的要求，大学英语的课堂教学模式改革势在必行，这也将是当前高等教育发展的重要任务之一。

大学英语课程的课程要求明确了大学英语是以外语教学理论为指导，以英语语言知识与应用技能、跨文化交际和学习策略为主要内容，并集多种教学模式和教学手段为一体的教学体系。课程要求还明确指出：各高等学校应充分利用现代信息技术，采用基于计算机和课堂的英语教学模式，改进以教师讲授为主的单一教学模式，新的教学模式应以现代信息技术特别是网络技术为支撑，使英语教育可以在一定程度上不受时间和地点的限制，朝着个性化和自主学习的方向发展。因此，大学英语的多模态互动教学将是大学英语课堂教学改革的主要方向。多模态互动教学指区别于传统的、单一的、静态的、以教师讲解课本的书面语言为主要内容的、以教师为主体的英语课堂教学模式，是一种综合运用多媒体与网络技术，开展视、听、说等动静结合，电子与书面结合的一种师生互动、生生互动的教学模式。

一、构建大学英语多模态互动教学模式的必要性

第一，多元化的大学英语课堂教学环境的需要。多元化的社会经济文化的发展需要具有高素质、高水准和较强的语言综合运用能力的人才。随着计算机与网络信息技术的日新月异，多媒体教学模式具有传统的书本教学所不具有的开放性、实时性等特征，强大的数据库具有比教师大脑更优越的知识、信息、资源的储备，能更好地模拟语言场景，提供全方位的听、说、读、写、译的训练环境。多媒体教学平台能够充分运用网络资源，给学生提供极其丰富的符合课程背景的学习资源，打破了原有课堂的局限性。语言学习的资源更丰富，获取的方式更便捷，资源的广度与深度则更开放、更自由。同时，语言学习可以较少受到时间、地点、环境的限制，可以单次也可以反复循环多次学习。同时，教师与学生的沟通方式也发生了深刻的变化，不再局限于课堂和办公室，可以是线上、线下相结合，教学交流、作业提交可以通过邮件、QQ或其他聊天软件及相关的教学软件平台来实现。这种立体化的交互方式极大地补充了原有传统课堂教学的不足，为多模态互动教学模式的开展提供了可能。

第二，教师与学生课堂角色重新分配的需要。传统的单纯以教师为中心的教学模式已经无法满足高校英语教学的需要。在大学英语的课堂教学中，知识传授已经不占有主导地位，而学生的自我学习能力的提升和英语实际运用能力的培养则是高校英语教学的重要任务。在这一转变的过程中，教师需要在大学英语课堂教学中充分树立以学生为中心的观念，学生的自我学习能力和英语运用能力培养的模拟环境才得以构建。教师通过设定课堂活动的内容与主题，为学生提供英语交流的实践平台，在这一过程中教师担任着课堂活动的组织者与评估者的角色，通过不断激发学生自主学习的积极性，发挥学生的主观能动性，得以完成以学生为中心的课堂建设。只有充分激发学生的学习兴趣，唤醒学生的学习意识和独立思维，鼓励学生发展个性，展现自我，发掘潜能，为学生提供全面的充分的课堂实践机会，才能使高校英语教学的课堂摆脱单调和枯燥的局面。兴趣是学习最好的老师，学生无论是被新颖的教学方式吸引还是被独特的教学内容吸引，都会极大地提升教与学的良性互动，有利于学生更好地掌握与吸收所学的知识，并能在

兴趣的引导下，主动积极地进行相关的自我探索式的学习，从而有利于培养学生的英语综合运用能力和创新思维能力。

第三，过程式教学评价模式发展的需要。多模态的互动教学模式为对学生进行立体式的多元化的教学评价提供了可能。教学评价是教学活动中非常重要的环节，有助于学生及时了解和掌握自身的学习状况，调整自己的学习进度和学习方式。以往的传统教学模式基本通过纸质的试卷与练习尤其是期中、期末的测试完成教学评价工作，缺点是评价标准单一、滞后，从一定程度上造成了一些学生高分低能现象的存在。大学英语的实际运用能力的培养近年来不断受到社会各界的高度关注与重视，而如何在教学中真正实现对学生语言运用能力的培养和提升是大家普遍关注的问题。课堂的综合性、过程性评价在一定程度上为教师考查与评价学生语言实际运用能力提供了一个平台和一种尺度，能够更为全面、公平、客观、综合地评价学生在整个学习阶段在教学活动中的参与度、与小组其他成员的配合度、课外拓展学习的自觉性和在课堂展示中的实际表现情况，从而真正提高英语实际运用的能力训练在大学英语课堂教学中的地位。

二、大学英语多模态互动教学模式的应用

（一）教学活动设计

教学活动的设计是有效开展多模态互动教学的关键。在多模态互动教学模式中，教师不仅是传统意义上的知识的讲解者，更是整体教学活动的设计者、组织者、评估者，因此，在学期初期教师就应仔细分析教学大纲和教材，明确教学目标，结合教学目标规划并设计该学期的若干教学任务。学期课程开始时，任课教师应就本学期的课程要求、重点任务安排、考核内容及要求、学生小组的分组与安排以及多媒体课件、教学软件平台运用、作业提交、师生线上交流方式等内容与学生进行充分的沟通，使学生了解多媒体互动教学模式的过程化评价特征，强调生生协作与师生互动的交流与学习模式，以便于提高学生对学期课程学习方式的总体把握，自觉提高课程任务的主动参与度。

（二）单元主题导入

大学英语教材内容综合了听、说、读、写、译等各方面的语言要求。因此，在进行多模态互动教学的实践中应结合各单元主题设计有针对性的教学活动，这对于较好地开展大学英语课堂的多模态互动教学具有非常重要的意义。大学英语课程要求中明确了除培养学生的英语综合应用能力、发展学生的自主学习能力外，提高学生的文化素养依然是高校英语教学的一个主要教学目标，高校英语教学的"人文性"特征不可忽视。以教育部推荐的普通高等教育"十五""十一五"国家

级规划教材《全新版大学英语》为例，教材中已包含了大学英语通识教育的内容，对于学生在成长阶段所需要学习和思考的主要议题都有所选取，如"成长、代沟、价值观、男女平等、教育和科学发展"等议题都以单元的形式呈现出来。教师可以在充分利用教材的同时，围绕主题挖掘相关的视、听、说、读的材料，在语言输入环节进行同主题多维度多形式的导入，使学生充分浸润于主题相关的语境。通过教师指导阅读和文本分析，学生熟悉相关的词汇与表达方式，了解有关的信息与不同的见解，激发学生的想象力，为学生提供多维度的思考空间，从而为学生参与讨论并形成自己独立观点做好充分的准备。

（三）小组讨论及活动准备

这一环节以课内与课外相结合的形式展开。教师在主题导入后，结合主题，提出讨论议题，可结合课文内容及拓展材料，要求学生进行阅读、描述、总结、讨论等学习活动。学生以小组为单位，进行分组讨论及活动展示准备。展示的形式多样，可以是小组讨论汇报，可以是个人观点陈述或演讲，可以是课堂组队辩论，也可以是PPT的论题阐述及课堂展示。在讨论及课堂展示的准备阶段，教师可就话题预设各种细节性及思辨型议题，引导学生进行多维度的思考，拓展学生的思维空间。教师需要结合课堂活动的展示形式及要求给予学生具体的指导并解答学生的疑问。教师也需要引导学生在小组内部分工的基础上，在课后对相关议题进行资料收集和整理，相互切磋讨论，最终形成综合性报告。

（四）教学活动展示与评价

教学活动展示与评价是判定教学活动设计是否合理及学生能否充分理解并运用所掌握的信息与材料就相关议题形成思辨型独立见解的关键。学生可以进行小组讨论意见的总结、作品的表演、PPT的展示等，在这一过程中学生及学生小组的综合能力得到了集中的体现。学生通过相互观摩，相互点评，形成良好的生生互动的气氛。在这一环节中，学生是课堂的主体，是课堂活动的主角，教师则更多的是组织者、协调者和评价者。但教师的评价依然非常重要，教师需要凭借长期的教学经验，善于观察并能指出学生在实践中的得失，鼓励并保护学生的参与热情，并有针对性地提出可操作的改良方案。

大学英语多模态互动教学模式的应用尚处于摸索与实验阶段，但这一模式立足于当前网络时代的信息传输技术的快速发展，较好地构建了一个综合课堂内外、教师与学生、视听读写译等要素的立体交互式教学平台与模式，必将深刻影响未来高校英语教学的整体发展。这种模式的开放性、灵活性、互动性是原有的传统教学模式所不能比拟的，但这一模式对大学英语教师提出了比较高的要求。如何从教学主体逐步过渡到教学组织者、设计者与评估者的角色，如何在突出单元主题的过程中提供多维度的有效资源，如何有效促进、督促并保证教学任务呈现的效果，这都极大地考验着教师的经验与智慧。教师在实际操作过程中应通过不断地创新与实践，去发掘适应不同学生的个性化的激励、引导、督促和评价方式。大学英语多模态互动教学模式培养了学生的语言综合运用能力以及协同合作能力和社会交往能力，为培养复合型的英语人才打下了扎实的基础，必将是高校英语教学课堂模式改革发展的主要方向。

第四节　英语新闻输入在高校英语教学中的应用

教育部高等教育司发布的《大学英语课程教学要求》将大学阶段的英语教学要求划分为三个层次：一般要求、较高要求、更高要求。单就阅读理解能力来讲，有三个层次的要求：能借助词典阅读本专业的英语教材和题材熟悉的英文报刊，掌握中心大意，理解主要事实和有关细节；能基本读懂英语国家大众性报刊上一般题材的文章；能阅读国外英语报刊上的文章。2016年，大学英语四级考试听力部分进行了局部调整，取消了短对话和短文听写，新增了短篇新闻听力。那么在大学英语学习过程中学生的英语新闻输入情况到底怎样？教师如何在高校英语教学中引导学生进行英语新闻的输入呢？

一、英语新闻输入问卷调查数据分析

此次问卷调查主要包括英语新闻阅读习惯、英语新闻阅读目的和效果、英语新闻阅读兴趣、英语新闻阅读途径和来源、英语新闻输入的必要性、英语新闻阅读障碍和需要的帮助等方面。调查对象为西北大学现代学院2016级财务管理专业两个班的学生。此次调查共收回问卷110份，有效问卷为110份，有效率为100%。问卷共设计了12道题目，其中包括11道选择题和1道问答题。

英语新闻阅读习惯："你有阅读英语新闻的习惯吗？"调查结果显示有阅读英语新闻习惯的有26人，没有阅读英语新闻习惯的有84人，分别占被调查者的24%和76%。由此可见，学生的英语新闻阅读习惯还需要加强。

英语新闻阅读目的和效果："你阅读英语新闻的目的是什么？"调查数据表明学生阅读英语新闻的目的具有多样性，选择了解时事新闻、扩大词汇量、了解不同文化提高跨文化交际能力、完成课堂活动、为四级英语听力考试做准备的分别有49人、58人、52人、54人和60人。有55%的学生阅读英语新闻是为四级英语听力考试做准备。对于"阅读英语新闻对你有哪方面的帮助"这一问题，认为只有助于了解时事新闻、扩大词汇量、了解不同文化提高跨文化交际能力、提高四级英语听力水平的分别有4人、6人、2人和2人，其他学生认为通过阅读英语新

闻得到的帮助是多方面的，如认为扩大词汇量的有86人，认为提高四级英语听力水平的有63人。

英语新闻阅读兴趣："你对哪方面的英语新闻感兴趣？"其中对政治、体育、娱乐新闻感兴趣的分别有1人、1人和6人。对于"在本学期的英语新闻输入活动中，你选择了哪方面的新闻报道"这一问题，据了解，学生选择的话题涵盖了各个领域，涉及政治、经济、文化、科技、体育、娱乐等。网络的普及和智能手机的应用使学生获取各个方面的新闻信息成为可能。

英语新闻阅读途径和来源："你主要通过哪些途径阅读英语新闻？"问卷结果显示有107名学生选择网络这一方式阅读英语新闻，占被调查者的97%。对于"你经常阅读的有哪些英文报刊和网站"这一问题，有60名学生选择《中国日报》，占被调查者的55%，这与课堂活动中学生获取英语新闻的来源是一致的。

英语新闻输入的必要性："你觉得高校英语教学中英语新闻输入有必要吗？"有106名学生认为有必要，占被调查者的96%。对于"你觉得英语新闻输入对你有哪方面的帮助"这一问题，认为只有助于了解时事新闻、扩大词汇量、了解不同文化提高跨文化交际能力、培养阅读习惯、为四级英语听力考试做准备的分别是1人、2人、1人、1人和2人，其他学生都认为英语新闻输入可以为他们提供多方面的帮助。如了解时事新闻的有66人，扩大词汇量的有77人，了解不同文化提高跨文化交际能力的有65人，培养阅读习惯的有56人，为四级英语听力考试做准备的有54人。

英语新闻阅读障碍和需要的帮助："在阅读英语新闻时，你遇到了哪些障碍？"调查数据表明学生在词汇、文化背景、新闻特点等方面都存在不同程度的问题，其中有103名学生认为在词汇方面有困难，有文化背景障碍的为57人，还有27人认为由于对新闻特点不太了解而造成阅读英语新闻时的障碍。对于"在提高英语新闻阅读能力方面，你还需要哪些方面的努力？"这一问题，认为需要扩大词汇量的有103人，了解文化背景的有64人，了解英语新闻特点的有60人。

对于"在提高英语新闻阅读能力方面，你还需要什么样的帮助？"这一问题，根据调查数据统计，65%的学生认为需要多方面的帮助，如教师的辅导、资料的获取、阅读环境的创设等，其中有78人认为需要创设阅读环境，74人认为需提供资料的获取途径，47人认为教师的辅导很重要。

二、英语新闻输入在高校英语教学中的应用

根据调查结果分析及《大学英语课程教学要求》，在高校英语教学中进行英语新闻输入是十分有必要的。首先，96%的学生认为在高校英语教学中十分有必要进行英语新闻输入；阅读英语新闻有助于学生了解时事新闻、扩大词汇量、了解

不同文化提高跨文化交际能力、提高四级英语听力水平等。其次，学生在阅读英语新闻时会遇到不同的障碍并需要相应的帮助，教师在高校英语教学中对英语新闻特点等进行相应的讲解有助于学生更好地理解新闻内容，进而培养学生阅读英语新闻的习惯。最后，新闻涵盖各个方面，如政治、经济、军事、科技、体育、娱乐等，阅读英语新闻既能满足学生的不同需求和兴趣，又能拓宽学生的视野，提高学生的跨文化交际能力。

由调查数据可知，76%的学生没有阅读英语新闻的习惯，所以在大学英语课堂教学中增加英语新闻输入可使学生由最初的"被动"阅读转变为"主动"阅读，进而营造班级良好的英语新闻阅读氛围。在高校英语教学中，教师和学生可将自己感兴趣或热议的新闻话题分享给班级同学进行讨论，教师应根据课程内容安排学生阅读相关英语新闻并进行总结和阐述。这一活动不仅能够活跃课堂气氛，还能够增强学生阅读英语新闻的意识，并加强英语新闻的输入。

在进行英语新闻阅读时，学生会遇到不同的障碍，尤其是英语新闻词汇的特点给学生造成了很大的困扰，这就需要教师及时给予指导和帮助。

以《英语报刊阅读》中的一篇新闻报道部分句子为例，其中，使用借喻修辞手法的有 "White House officials dismissed the notion of any campaign to discredit Greenspan" "White House" 指代的是布什政府；使用首字母缩略词的有 "But another GOP panelmember，Jim Bunning of Kentucky，has been sharply critical of Greenspan for some time and recently complained to him..." "GOP（Grand Old Party）" 指大老党，美国共和党的别称。使用简缩词的有 "The Fed chairman said future tax cuts should be paid for，either by spending cuts or tax increases." "Fed（Federal Reserve）" 指美联储；"The committee's Republican chairman，Sen.Richard Shelby of Alabama，told Greenspan…" "Sen.（senator）" 指参议员。

为了提高学生阅读英语新闻的能力，使其更好地理解报道内容，教师对英语新闻标题的语法特征进行讲解也有一定的必要性。以《中国日报》中某些新闻标题为例，在时态的使用上：英语新闻标题中一般现在时的使用给读者一种"及时性"的感觉，如 Xi，Trump exchange views on China-US cooperation；Shenzhou XI return capsule touches down。在分词的使用上：动词现在分词的使用表示正在进行的动作，如 BYD buses making Liver pool greener；Returned pand as adapting to new Sichuan home；动词过去分词的使用表示被动语态，如 Long March anniversary marked with album of generals' portraits；Trapped Chinese tourists safely evacuated from quake-hit area in New Zealand；动词不定式的使用表示将来，如 Chang'e 5 lunar probe to land on moon and return in2017；Thailand to cut visa fee for tourists from 18 countries。

对英语新闻结构的了解有助于学生在阅读时把握重点，分清主次。倒金字塔结构是英语新闻写作中常用的一种结构，即按照重要性递减的顺序组织新闻内容。以《中国日报》中的一篇报道为例：Xi vows non-stop effort in reform，opening up。在新闻的第一段，即导语部分就说明了人物、时间、事件等关键信息：Chinese President Xi Jinping on Wednesday promised non-stop effort in reform and opening up and commitment to an open economy。了解新闻结构的特点有助于学生理解整篇报道的内容，能够提高学生阅读英语新闻的自信心和效率。

《大学英语课程教学要求》对学生阅读英语新闻能力做了相关的规定，而问卷调查却发现大部分同学没有阅读英语新闻的习惯。那么在高校英语教学中进行英语新闻输入就成为培养学生阅读习惯的关键组成部分。网络及智能手机的广泛应用使学生能够更方便地获取英语新闻材料，如人民网、新华网、国际在线、美国有线电视新闻网络、《中国日报》、VOA英语听力、流利阅读等；学校也可在图书馆报刊阅览室提供纸质的英语新闻资料供学生阅读。通过课堂活动及教师的指导，相信学生能够克服障碍进行英语新闻阅读，并形成良好的阅读习惯。虽然问卷调查在广度和深度上仍有待提升，但却在一定程度上反映了独立学院非英语专业学生阅读英语新闻的情况，并对高校英语教学有一定的启示。

第五节　启发式教学在高校英语教学中的应用

当今社会对大学生外语水平的要求越来越高，因此教师应该采用启发式教学法，让学生重拾英语学习的热情，提高学生的综合能力。本节列举了一些启发式教学法在高校英语教学中的应用，阐述了启发式教学法在高校英语教学中的意义。

当今社会对大学生英语水平的要求越来越高，大学英语应该注重全面提升学生的英语综合运用能力，增强学生的人文素养，能够适应时代的发展，培养具有国际视野的人才，从而实现工具性和人文性的统一。然而当今很多大学生都将大学英语"边缘化"，依旧认为只有学好那些理工科的课程才是硬道理，他们往往不会花时间去学习英语，所以他们的英语语言使用能力较弱，流利性不够，思维缺乏深度，因此，大学英语教师应该有针对性地提高学生的综合能力，培养他们的学习兴趣。

一、启发式教学法的内涵

启发式教学法指的并不是一种单纯的教学方法，而是一种教学理念和思想。教育部对于启发式教学的定义为：启发式教学发挥作用的手段是任课教师根据教学基本的内在规律在教学过程中持续有效地激发学生学习新知识的欲望，目的是使学生的思维活动一直处于主动的状态。布鲁纳认为，学习者不是被动地去接受知识，而应该主动地获取知识。因此大学英语教师应该充分认识到每个学生的重要性，尊重学生，了解学生的心理，努力去营造一个轻松和谐的学习氛围。

二、启发式教学法的应用

（一）创设情境

教师在导入课文的时候，可把学生带入到课文中的情境中去，也可以在讲授的过程之中，根据文章创设情境，使得学生能够更好地理解作者的意图。

例如，在讲授新视野大学英语（第三版）第二册第七单元的 Text A When honesty disappears 时，笔者就运用了这种方法启发学生思考。在导入过程中，笔者给学生展示了几张情境图片，第一张是两件夹克衫，并向学生提问："If your friend has bought a jacket which you think is very ugly，and he asks you about your opinion，what will you say? Will you say directly that it is ugly? Or will you say that it looks just so-so? Or..."第二张图片的情境是"如果学生没有按时完成作业，他们会怎么做？"通过创设与学生生活息息相关的情境，启发学生思考自己身边的诚信现象，反思当今社会的诚信问题，从而使学生能够对本节的内容产生更大的共鸣，不仅提高学生学习本节课的兴趣，还能够让他们对文章有更深刻的理解。

再比如，在讲授新视野大学英语（第三版）第四册第一单元的 Love and logic 时，当讲到两个人第一次约会的情形的时候，暂时先放下课文的内容，向学生提问："If you date a girl for the first time，what will you do and what will you say?"启发学生带入情景，想象如果自己是叙述者会怎样做，然后再与作者的行为做对比，从而引导学生分析出作者的内心状态。

在使用启发式教学法给学生创设情境的时候，教师需要充分了解学生，了解他们的心理和生活状态，然后创造合适的情境，使他们能够真切地进入情境之中，从而启发他们认真深入地思考问题，对所学内容有更深刻的理解，跳出课本的圈圈，有自己的观点和想法。

（二）激发兴趣

平庸的老师讲授知识，好的老师会给学生解释知识，优秀的老师会给学生演示知识，而真正伟大的老师则会激发学生的学习兴趣，启迪学生自主学习。兴趣永远是学生最好的老师。没有兴趣的学习，只能是机械的考试工具，而且很容易学过后就忘记了，难以产生长期的效果，因此教师需要激发学生的学习兴趣，使他们从被动地接受知识变成真正地想要去学习，提高他们探索未知的能力。在教学过程中，教师可以利用学生的求知欲，在讲课过程中设置难度适当的悬念，启发学生主动去探索知识，可以利用学生对新鲜事物的好奇，设置趣味性问题，启发学生主动去获取知识。

比如，在讲授新视野大学英语（第三版）第二册第三单元 The Odyssey Years 时，先给学生播放奥德赛的视频，让学生了解奥德赛的内容，启发学生根据奥德赛的内容来思考："'奥德赛岁月'应该是一段什么样的岁月？"从而引导学生自己探索文章，理解"奥德赛岁月"的内涵。这样不仅能使学生自发地去学习文章中出现的生词和短语，提高自己的词汇量，而且能使学生对于"奥德赛岁月"有更深刻的理解，这样在他们今后遭遇到"奥德赛岁月"的时候，能够认清现实，更好地看出事情的本质，找到自己应该做的事情，不至于迷失自我。

教师通过激发学生的学习兴趣，能够调动学生主动学习的内在动力，提高学生的学习能力，同时也能够启发学生的思维，加深学生的印象，使所学的知识让学生能够受益终身。

（三）讨论启发

所谓的讨论启发，就是在教学过程中，将学生分组，设置一定的开放性问题，引导学生在组内大胆表达自己的想法，碰撞彼此的思想，分享经验，相互交流，积极地参与到课堂中。

例如，在讲授新视野大学英语（第三版）第四册第一单元 Love and logic：the Story of a Fallacy 时，对于 fallacy（谬论）的探讨这一部分，笔者首先根据 fallacy 的定义，给学生解释什么是谬误，然后举出两个生活中常见的谬误的例子，之后将学生分组，每组四五个人，让学生在组内讨论，举出更多的生活中出现的谬论，最后每组派出一个代表给大家做汇报，全程用英文进行。在学生进行讨论的时候，笔者会在学生中间走动，适时提供一些帮助。最后在讨论法的启发下，学生之间彼此交流，思想相互碰撞，研讨出很多很棒的例子。对于学生出现的一些语法错误以及生词，笔者也进行了改正，这一过程中，学生不仅提高了自己的英语表达能力，而且更加清楚了 fallacy 的含义，并且能够在今后的生活中去发现通常被人们忽视的谬论，更加理性地去看待事物。

通过讨论法启发学生学习，教师需要将学生要讨论的内容说清楚，讲明白，使学生带着明确的目的相互讨论，在讨论过程中，教师不仅要确保学生是在用英文讨论，还要给予相应的启发和帮助，扫清他们基本的语言障碍。讨论法的使用充分发挥了学生的主体作用，弱化了"教与学"的上下级关系，学生通过交流互相促进，不仅有助于构建一个活泼和谐的课堂气氛，还能够提高学生学习的动力，使他们能够自然地掌握知识和能力，将所学到的东西内化于心。

（四）开放式作业

课后练习是教学过程中的一个重要环节，学生需要在课后花费一定的时间和精力去巩固知识，去拓展知识面。启发式教学要求教师不应拘泥于传统的教学方式，课后让学生背单词、做题，而是应该采取更多样的方式，让学生对课后作业不那么反感。教师可布置一些合作式作业以及实践性较强的作业，让学生去完成，避免学生认为学英语就是机械地记忆。

例如，新视野大学英语（第三版）第二册第一单元"难忘的一课"一文主要表达的是学生学不好英语的原因不仅仅在于学生自身，更在于他所处的环境以及教师的教学方法等，文中列举了一些日常生活中出现的简单低级的单词错误、语法错误等。针对这一点，教师可让学生在课后自己搜集生活中常见的一些翻译错误，这样不仅能提高学生的英语水平，还能够培养学生注意观察生活的习惯，成为一个细心的人。或者，第二册第四单元 College sweetheart 一文主要讲述的是作者在大学时期甜蜜的爱情故事。

笔者在布置课后作业的时候就让学生以小组为单位，每组自编自演一个十分钟左右的英文爱情短剧，让每个学生都参与到创作过程中去，收到了很好的教学反响。

又如，在新视野大学英语（第三版）第一册第六单元 To work or not to work 一文中，作者列举了当今美国大学生对于在读书期间是否选择兼职工作这一问题上的选择及其原因，简单分析了美国大学生的生活现状。根据这一内容，笔者启发自己的学生就这一话题分组在课下采用问卷等方式对自己身边的中国大学生进行调研，并形成一个系统的调查报告。虽然最后学生做出来的报告相对粗糙，但这也在一定程度上提高了他们的学术思维能力。

三、启发式教学的意义

启发式教学打破了传统教学中单纯的"教与学"的模式，教师不再是课堂上的"独唱者"，而是形成了以学生为主体的教学模式。启发式教学法能够让学生产生对英语的学习兴趣，从而促进学生主动获取知识的欲望。此外，启发式教学法还能够提高学生自主学习的能力、创新能力以及科研学术能力，培养学生的批判性思维。

第七章　多元文化背景下的高校英语教学

第一节　多元文化与高校英语教学

一、多元文化的产生与发展

（一）多元文化的提出

从发生学的角度来讲，多元文化主义政治思潮萌芽于 20 世纪初的美国。那时，作为对解决民族问题的"同化论"的"反叛"，犹太裔美国学者霍勒斯·卡伦提出了"文化多元论"。美国是一个移民国家，如何协调各民族之间的关系，解决民族矛盾一直是美国社会的一个重要问题。1782 年，法裔美国学者埃克托·圣约翰·克雷夫科尔提出了"熔炉论"思想：他认为人的生长和植物的生长一样都受制于周围环境的影响，美国特殊的气候、政治制度、宗教和工作环境会将来自世界不同国家的移民熔制成具有同样品质和理想的人。"熔炉论"的核心是追求美利坚民族在传统方面的一致性，而一致性的基础是盎格鲁·撒克逊美国人的传统和历史经历。1915 年，美国学者卡伦开始对"熔炉论"进行批判，他认为，人们可以选择或改变自己的服饰、政治信仰、伴侣和哲学等，但无法选择和改变自己的祖先、血统和家族关系。他认为真正的美国精神应该是"所有民族间的民主"，而不是某一民族对其他民族的绝对统治。1924 年，他提出了"文化多元论"，首次使用了"文化多元主义"这个词。

从文化本身发展来讲，长期以来，以达尔文的"进化论"为基础，认为文化是精英成员活动的总体象征，更是从野蛮到高度文明的发展历程。

这一观点自 20 世纪 50 年代以来受到质疑和批判，文化被认为是由不同时间和地点的人们以不同的方式集体所做的事情，文化就是一定的时空条件下的一定的人类群体，他们的生活方式、习俗、秩序与生存样态。这种建立在相对论基础上的文化相对论，认为文化具有历史的特殊性，其意义取决于特定的情境，这一文化的理念成为现代多元文化主义的基础。"多元文化论"认为，一个国家由不同信念、行为方式、肤色、语言等多样化民族所组成的文化，其彼此间的关系应是相互支持且均等存在的。

除此之外，被称为"多元主义的赞歌"的后现代理论对多元文化也提出了自己的阐释。这一理论认为人类发展知识的方式和人类求知的手段都有了革命性的改变，所有的观念、意义、价值全部都可以从过去的固定结构中区别出来，应该尊重文化的差异。

伴随着欧美民权运动的兴起，文化本身的发展，再加上后现代主义的张扬，多元文化不仅是事实，而且成了社会和政治生活的一个条件，成了国家政策中的一个重要组成部分。多元文化成为当代世界和社会发展中表现得尤为突出的世界文化发展问题，成为解决当今世界文化、民族和哲学价值观问题的普遍模式。

多元文化概念本身是针对传统的单一文化概念而言的。以往的文化发展定式是在一定的区域、地域、社会、群体和阶层中存在的某一种单一文化。而多元文化则是指在一个区域地域、社会、群体和阶层等特定的系统中，同时存在的、相互联系且各自具有独立文化特征的多种文化。它不同于以往的文化存在方式，在空间上具有多样性，在时间上具有共时性。在这个概念的提出过程中，蕴含着对文化的几个基本假设。

1.文化的平等性

多元文化观点认为，社会是由不同民族、不同群体所组成，社会成分的多元化决定了文化的多元化，各种文化都有其独特的价值，并无优劣贵贱之分，因而各种文化都有平等的生存权和发展权。

2.文化的交往性

多元文化必须是指在一个区域联合体、社会共同体和集体群体等系统内共存的，并在系统结构中存在着一定的相互联系的文化。文化间的交流和交往是多元文化形成的必要条件，也是它存在的基础。

3.文化的差异性

各民族或集团在长期的历史发展中，通过其独特的生产和生活过程而逐渐确立起自己的文化，不同民族或集团的文化各具特色，表现出多元发展的特性。即使是在同一性质的群体、集团的社会内，由于区域发展的不平衡，社会各阶层在社会中的地位和作用的不同，文化的自我更新、创造、变革的内在机制不同，使同一性质的文化在同一社会的不同区域、不同社会阶层、不同历史时期，表现出一定的差异性，从而形成了文化的多样性发展。

4.文化的内聚性

不同的文化之所以能共存于一个共同体内，其重要原因就在于各种文化不仅承认了彼此的差异性，更重要的是它们也发现了彼此间的共性，即各种文化间存在相互借鉴的可能。从这个意义上说，多元文化的实质目的不是要突出某一种文化，而是提供处理两种以上文化间相互关系的态度和方法。

（二）多元文化的产生

1945年以后，美国等西方国家内部的种族、民族矛盾进入高涨期。民权运动对传统权威提出了多方位的挑战。民权运动采用的是以种族为基础的"群体斗争"的方式来争取"群体权利"，这种斗争方式是对强调个人权利的美国传统的一种极具创意性的反叛。民权运动迫使国会通过的一些法律和移民政策，使得黑人、移民和少数民族可以享受平等的政治和公民权利，这为多元文化主义的产生奠定了政治基础。

多元文化主义虽然萌芽于美国，但真正形成是在加拿大。加拿大政府在1971年推出的"多元文化主义政策"，标志着多元文化主义的正式形成。

加拿大是一个由100多个民族组成的多民族国家，这些民族来自不同的国家和民族地区。加拿大曾先后是法国和英国的殖民地，在相当长的时期中，加拿大在民族问题上坚持的是民族同化政策。所谓民族同化政策，就是指政府采取法律的、行政的手段，使被统治民族或少数民族失去原有的特征，而被吸收被合并于统治民族和主体民族。这种政策就是要求移民放弃自己祖国的文化与传统，接受英国和法国的行为方式和价值观。面对愈演愈烈的英法两大族裔之间的社会民族矛盾，加拿大政府正式提出了以"多元文化"取代原先的以英法文化为基础的双文化政策。该项建议得到了政府的重视。1972年，加拿大政府内阁增设"多元文化部部长"职位，具体制订了展示各种民族文化、研究各民族历史、推进各民族交流等六大规划，各级地方政府设立"多元文化工作部"，多元文化主义政策正式在全加拿大付诸实施。

加拿大推行的多元文化主义政策，迅速在欧美许多国家引起强烈反响，支持者纷纷撰文，称其为解决民族问题的最佳途径。多元文化主义政策和思想在诸多国家中受宠，多元文化主义思潮也蔓延和发展起来，并作为一种政治理念和政策成为不少多民族国家解决民族问题的一个依据。

（三）多元文化的发展

进入20世纪80年代以后，多元文化主义学说作为治理国家的大政方针已经在实践中得到了运用和实施。在理论上，它的倡导者纷纷引经据典，著书立说，阐述其主张的正当性和合理性，而一些持反对态度的学者却开始对多元文化主义提出质疑，一时之间，在多元文化主义的倡导者和其反对者之间展开了一场学者间的激烈争论。加拿大著名学者凯姆利卡把这场论战称为"多元文化主义战争"。

这场关于多元文化主义的争论可以分为两个阶段，第一阶段是从多元文化主义产生一直到20世纪80年代，论争的主题主要是围绕着赋予少数民族群体差异的公民权利是否具有正当性而展开。多元文化主义的捍卫者们，批判自由主义的普遍主义倾向忽视了少数民族群体的价值和重要性，他们认为一味地强调文化的普遍性很容易导致文化压迫和专制，所以他们很强调文化的特殊性和独特性，主张尊重文化之间的差异，尊重少数民族群体的文化价值，强调少数民族群体的文化也具有同样重要的地位和作用。经过争论，人们逐渐认识到了尊重少数文化价值的重要性，开始重视少数人的文化权利。第一阶段的争论可以说是以多元文化主义者的胜利而告终，因为现在已经很少人质疑少数权利是违反正义的。进入20世纪90年代以后，对多元文化主义的各种批评日趋增多，而且越来越尖锐。

进入21世纪，随着经济全球化进程的加快，世界各国经济联系的加强，特别是在资本、贸易、金融、投资等方面的相互联系和相互依赖程度达到前所未有的水平。经济领域的联系扩大到了社会生活的各个领域，各国之间相互依存，从而打破了国家与地域之间的界限，打破了人们观念、文化上的界限，全球化的进程打破了民族的藩篱，把各民族的文化都卷进了大交流、大融合的浪潮，使人类文化发展的大趋势沿着相互补充、相互接近和相互吸取的轨迹前进，从而使各种文化在交流的规模和深度上都远远超过以往任何一个历史时代。现代科学技术的迅速发展，以电脑、电视和卫星为主体的现代化信息网络，已把世界联结为一个整体，形成了全球性的信息一体化趋势，导致了全球性的信息同步。信息成为主导社会发展的力量，人类社会进入信息社会。信息技术的极大发展为各国之间的信息交流提供了条件，也为教育的国际交流带来了广阔的发展前景。一方面，世界一体化进程日益加快，国际合作更为密切，国际竞争更加激烈，任何国家都无法游离世界独自进行经济、政治、文化改革；另一方面，知识的价值和重要性日增，高素质的人才成为提升国家综合竞争力的核心因素。

信息社会的到来使得每个国家、社会集团和个人都越来越处于一种开放的状态之下，各种文化不断渗透与融合。在这种竞争与比较的格局中，每个社会与个人都在寻求新的突破，于是各民族纷纷走出自己的模式，开始接触其他民族的文化模式，各种文化相互渗透。一方面，任何一种文化都不可避免地影响着其他文化；另一方面，任何一种文化也都不同程度地吸收着其他文化从而求得自身更完善的发展。当前，世界已经成为一个巨大的信息网络，身处这个网络的人与人、地区与地区、国家与国家、文化与文化之间的关系呈现出鲜明的全球化的特点。

二、多元文化对英语教学的影响

文化与语言之间，有着密切的联系，学生在进行英语学习时，必要的文化背景知识的学习，是提高其英语能力的重要方面。但传统的英语教学中，老师只注重对学生语法知识、单词量积累等理论知识的学习，对于英语文化风俗的学习却十分有限，从而使学生的英语学习在文化层面上存在障碍，导致中国式英语的存在。

（一）语音差异使得学生的英语学习存在着障碍

我国的母语是汉语，因而是一个字一个音节；但是在英语中却不是这样，英语中一个词有可能是一个音节，也可能是两个三个，甚至是多音节词，中西语言在音节方面的差异，使得中国学生在学习英语时，能否正确发音就很成问题。此外，在发音问题上，还有一个很重要的因素是值得注意的，那就是语调。我国的汉语中，有四个语调，但是英语的发音规则里却没有语调的区分，学生正确地发音与交流就存在很大的困难，学生不能用中国式的音调来表达自己正确的意思。英语中虽然没有音调的划分，但却有重音，而汉语中却没有，这也是重要的区别之一。因此，在我国的具体英语教学实践中，老师应注意对每个学生音节、重音等方面的培养与训练，注意学生的重音、句子结构等，让学生发出正确的发音。当然，老师还可以开展一些英语活动，让学生进行口语的练习，如学唱英文歌曲、朗诵诗歌等形式，都是很不错的练习方法。

（二）词汇差别使得理解发生分歧

中国与西方国家之间的差异有很多，比如说话方式、问候方式、风土人情等方面都有明显的差别。比如在语言词汇的学习中，有一些词就表现很明显，如 freeze 这个词的基本含义是"冰冻""结冰"，在一些英语教材中也只介绍这个含义；但是在美国社会里，这个"Freeze"却是人人皆知的日常用语，是"站住""不许动"的意思。又如"狗"这个词，在中国它是忠实的象征，但在具体的语言应用中，如果一位中国人说："你是个像狗一样活着的人。"那么就意味着，对方是一种贬义，是在对其人格的侮辱，又如"狼心狗肺""狗咬吕洞宾，不识好人心"中的狗一样，它们大多为贬义。但是在西方国家里，人们却对狗十分尊敬，如果有人说："You dog"，那么其意思是说"你很可爱"，并没有在骂人，而日常生活中人们也经常将那些幸运之人称为"lucky dog"。对于这些词汇上的用法，老师应对学生进行必要的训练与扩充，使得学生在具体的英语对话中，能够充分了解其语意，从而更好地与西方人进行沟通。

（三）语法结构与句子构成导致出现中国式英语

如果学生不能充分理解英语句子的构成，那英语写作与阅读能力的提高，将会非常困难。在日常的英语学习中，很多学生由于不能够掌握英语语法与句式，因而出现了很多中国式英语的句子，如"Hoursread English everyday.My English level high."这样的句子是用汉语的思维写下来的，它完全不符合英国的表达要求。虽然这只是英语语法表达方面的错误，但究其根源，这是中西方不同文化特点所导致的，中国学生在中国式思维下，对英语句子进行组合与书写，使得中国式英语现象一直大量存在。因此，在具体的英语教学中，老师应对学生进行西方思维习惯的培养，使得学生在语法结构与构成方面，能对英语有更好的认识，从而保证英语能力的提高。

三、多元文化对英语教学的启示

（一）多元文化教育

1.多元文化教育内涵

多元文化教育的概念确切的含义应如何阐述，至今学术界仍争论不休。

美国教育人类学家葛阮德对多元文化教育的概念做了如下的定义："多元文化教育是基于针对所有人的多样性力量、社会公正以及不同生活选择基础上的人性概念。"并认为："多元文化教育不仅仅是对不同文化的一种理解，它认识到不同文化作为彼此区别的实体而存在的权利，并了解到它们对社会的贡献。"他还指出："多元文化教育强调发展能够加强跨文化分析以及应用技巧，它同时也强调优先发展作为可靠性决策等的能力以及获取和实现政治权利的能力。"

美国学者盖伊认为："一种明确的多元文化教育哲学的阐述对于学校课程发展过程是十分重要的，它提供了一个概念化的参考框架。多元文化教育哲学认为民族多样性和文化多元主义应该是美国教育的一个重要组成部分和不间断的特征。学校应该教学生真正地将文化和民族多样性作为美国社会标准和有价值的东西而加以接受。这就意味着应该接受真实的不同民族群体的知识并培养，是党的对于不同民族群体的历史、文化遗产、生活方式以及价值体系的态度。应该接受不同民族群体存在的权利，理解民族群体的生产类型的有效性和可变性，扩大个人在自己社区和其他社区中有效运作的能力。将保存民族和文化多样性作为一种保持美国社会丰富性和伟大性的方法，而加以促进。"

美国多元文化教育理论有建树的学者当属西雅图华盛顿大学的班克斯教授。他对多元文化教育概念的阐述，获得许多学者的认可。他认为："多元文化教育是一场精心设计的社会变革运动，其目的是改变教育的环境，以便让那些来自不同的种族、民族、性别与阶层的学生在学校获得平等受教育的权利。多元文化教育理论假设，与其让那些来自不同种族、民族、性别与阶层群体的学生仅属于和保持本群体的文化和性别特征，莫不如让他们在教育领域获得更多的选择权，从而在社会化过程中获得成功。"

2.多元文化教育的发展

多元文化在世界范围内的不断发展对教育研究也产生了重要的影响。多元文化教育的发展走向如下。

（1）促进教育从一元走向多元。纵观人类文化发展历程，经过了一个由文化一元隔阂，到文化多元并存，再到文化多元互动的过程。教育因其与政治、经济、文化的密切关系，面临着新的国际境遇带来的挑战。教育应当成为和平以及国际理解的促进者；教育应当承担起培养年轻一代具有宽容、鉴赏、公平、尊重以及思考自由的品质和责任；教育不仅要宣传文化历史与传统对当代社会多种文化的重要意义，更要致力于对文化的过程性、连贯性与变化性的理解与把握，促进文化的认同。教育应当成为引导学生尊重与理解其他文化、促进人类文化平等与和谐、推动世界稳定与发展的重要手段。多元文化教育包括了为全体学习者所设计的计划、课程或活动，而这些计划、课程或活动，在教育环境中能促进尊重文化的多样性及增强理解可以确认的不同团体的文化。这种教育能够促进整合和学业成功，增进国际理解，并使其同各种排斥现象做斗争成为可能，其目的应是从理解自己人民的文化发展到鉴赏邻国人民的文化，并最终鉴赏世界性文化。

自1937年至今的时间里，联合国教科文组织在其组织召开的一系列国际教育大会中均体现出对世界上多元文化的承认，对各个民族文化的尊重以及对民族传统文化的保护、传承与创新的重视，表现出国际社会与国际舆论对多元文化教育的关注及其所采取的教育措施的一致性与坚定性。世界各国、各民族自古以来的多元文化教育系统及其实践各具特点，为改进、提高、相互学习、借鉴提供了巨大的潜能和丰富的资源，成为教育改革、教育创新的巨大资源库，对这些资源的充分利用，不仅为教育提供了丰富的内容，同时也为教育成效的取得提供了丰厚的沃土。因此，当下的教育应当从多种文化中吸取养分，向学生展示世界不同文化间的异同，并为促进多种文化的生存与发展做出努力。

（2）促进教育从隔离走向理解。当今世界，人类活动范围逐渐扩大，人类社会由封闭、半封闭与隔阂的状态转变为半开放、开放与相互交往的状态，社会经济由地方性、自给自足向全球化转变。历史的进程要求过去的文化孤岛被文化多元所替代，文化的排他性被文化的包容性所替代。不同人类群体间的交流也越来越频繁、密切，文化间关系由相互疏远到相互接近，由相互孤立到相互依赖。这种世界文化格局及其所带来的文化怀乡的愁绪以及对民族文化的追思，引导人们从一个更新、更高、更远的视角去思考教育所培养的人的品格，去重新审视人类的文化与各民族文化，去建构新的世界文化图景。与此同时，文化人类学的研究成果揭示了文化差异背后人类的相似性与相通性，为各不同文化民族的相互尊重、相互沟通提供了人类学的启示。

（3）促进教育从封闭走向开放。就全球范围而言，为冲破文化边界的藩篱，解决文化间的冲突而实施的教育政策经历了三个发展阶段，即由突出种族优越感的同化教育，演化到多种文化并存的多元一体化教育，然后过渡到多种文化互动的多元文化教育。第一阶段的主要特征为种族中心，试图融合全部现有文化，使之遵循一种文化普世原则；第二阶段的主要特征为种族多元，是一种基于对各种文化认可基础上的文化多元视角的教育；第三阶段的主要特征为种族互动，是一种基于对多元文化关系的洞察基础上的、符合文化发展规律的各种文化间的相互接触、相互渗透相互影响的教育。多元文化教育的发展历程实际上是社会文化发展的历史脉络以及当代社会的文化间的平等交流、多样化发展的关系的反映，是一个从地区性教育行动到全球性教育行动的演变过程，是一个从文化静态取向教育到文化动态取向教育的转变过程。因此，新的世界局势要求重新审视主流文化教育的出发点与归宿，正视与改正教育中存在的局限性，满足多文化群体的文化需求，保证各种来自不同文化群体的学生能够学业成功。

（二）多元文化下英语教学的原则

1.文化性原则

学生学习英语不仅仅是学习单词及其语法，同时也是在学习语言文化。语言既是文化的一部分，也是文化的重要载体，因此文化教学理应成为语言教学的重要组成部分。

加强文化知识的传授，鼓励学生积极参与实践，教师在强调学生基础知识积累的同时，应该贯穿英语交际能力的培养，注意英语文化知识的传授。例如，在课堂上讲授有关文化的知识，鼓励学生利用课堂、课外进行练习和巩固，积极举办英语"沙龙"活动或进行英语演讲比赛、话剧表演，开展英语讲座、听报告听广播、看录像等，培养学生在实际中运用语言的能力和技巧，提高学生的听、读、写、说能力，增强学生的知识积累。

在教材的处理上，教师可以结合课本内容，不断拓展、引出相关的文化信息。词汇是语言中最活跃的成分，也是最大的文化载体之一。因此，在平时的教学中，教师应注意介绍英语词汇的文化意义。

在语法教学中，教师也可以结合多元文化进行讲授。教师可以通过适当的英汉语言对比，启发学生讨论，增强学生的学习兴趣，增加信息量，扩大知识面，帮助学生牢固地掌握英语语法，提高他们运用英语的能力。

2.交际性原则

英语学习的最终目的是使用英语，英语教学的最终目的是培养学生对英语的综合运用能力。因此，在教学过程中，教师要始终遵循交际性原则，以培养学生的交际能力为最终目的。也就是说，要培养学生能够运用所学的语言知识在不同的场合、对不同的对象进行有效得体交际的能力。

（三）多元文化对英语教学的启示

1.激发学生对文化差异的学习兴趣

无论学什么，只有在自己真正感兴趣的情况下，学生才会充分发挥自己的主观能动性。学习英语也是如此。因此，在传授跨文化知识时，培养学生对文化差异的学习兴趣是英语教学必须考虑的一个方面。教师只有不断地改进教学方法，增加新的教学内容，将趣味性贯穿于教学过程之中，才能调动学生的兴趣，激发学生学习的热情。

教师可以通过教学方法、教学内容的对比激发学生学习文化差异的兴趣。介绍文化背景，比较文化差异，最好的方法是透过语言看文化，通过所学的语言材料了解其中所含的民族文化语义。通过这种方法，教师可以把枯燥无味的词语解释、语法讲解等变得形象生动，使学生在活跃的气氛中不仅学到英语语言知识，还领略到英语民族文化，更重要的是能引起学生对文化差异的学习兴趣。

教师是教学的主导者，而学生是教学的主体，在教学中处于中心地位，教师传授的知识最终要由学生加以理解、吸收，而学生跨文化交际的能力主要靠实践来培养。英语教师应根据教学内容和学生特点，在课堂上采用灵活多样的教学方法和教学手段，并帮助学生树立坚持不懈、持之以恒的英语学习态度。在培养学生的学习兴趣的同时，教师还应当帮助他们养成良好的学习习惯，也就是教会学生学习方法。如果学生只会整天抱着课本死记硬背，则很难掌握实际的英语交际能力。教师在教学中一定要结合具体教学对象的学习实际采用行之有效的教学方法。英语是一种工具，英语学习是一个漫长的过程，文化信息需要日积月累，并且只有通过持之以恒的学习和大量的实践训练才能做到活学活用，形成驾驭英语语言的跨文化交际能力。

英语教学要把讲解语言知识和介绍文化背景知识、比较中英文化差异有机地结合起来，充分发挥文化背景在教学中的积极作用，培养学生对文化差异的敏感性。

2.培养学生的跨文化意识

跨文化意识如此重要，因此教师在教学过程中必须重视对学生跨文化意识的培养。在英语教学中，教师要充分利用现代化的教学手段，介绍英语国家文化背景，让学生最大限度地接触一些英美本土文化信息。

对跨文化的敏感性主要来自两种途径：一是直接途径，也就是通过在外国文化中生活、体验的方式来获取文化信息，培养对异国文化的敏感性。这对我国国内学生来说显然不可能。因此，我国英语教师可以采用第二种途径培养学生的跨文化意识，即间接途径。间接的方法有很多，包括课堂学习、课外阅读、收听英美广播、观看一些英文图像资料等。但是英语课堂教学毕竟具有一定的局限性，因此通过课外学习活动是培养学生的跨文化意识的有效途径，教师应该鼓励并指导学生开展形式多样的课外学习活动，特别是要借助于先进的现代化教学手段，加强学生的语言听说训练，直接在英语学习中给学生导入一些英语文化背景知识。教师应该鼓励学生观看英文原版电影、录像。由英语国家本族人所演绎的英文原版电影、录像都具有浓厚的英语文化气息，因此通过观看英文原版电影、录像是提高文化差异敏感性的一种非常有效的手段。对缺少英语语言环境的我国英语学习者而言，最大的困难就是从课本里学来的英文知识通常与现实生活中的语用实际脱节，而观看英文录像不仅可以扩大词汇，增强听说能力，还能从中学到很多文化知识，在动态的电影录像情景中，通常会让他们对外国文化更容易理解，印象也更为深刻。

3.增强学生的跨文化感悟力

通过文化差异的比较，学生在头脑中形成一种潜在反应能力，这种能力就是通过语言这一载体对英语所反映的文化内容的综合性的理解能力，也就是我们常说的文化感悟力。

在英语教学中，教师应注重对英语国家文化背景的介绍，使学生了解英美等国家的文化，通过比较英汉文化的差异，让学生明白不同的语言以及语言背后的不同文化，学会在适当的场合用适当的英语表达自己的思想，实现培养和提高学生运用英语在跨文化语境中正确交流的能力。

增强学生的跨文化感悟力，需要教师引导学生接触理解文化差异。教师可以在课堂中教授文化知识。教材中有不少关于英语国家的生活方式、行为规范、价值观念、历史地理、文化艺术、风土人情、传统习俗等方面的对话和课文，教师应该让学生注意这些文化知识，增加学生对英语国家文化的感悟力。外语教师还可通过指导学生开展课外活动学习西方文化知识，如带领学生多读一些英语书籍、多听一些英语广播、多看一些原版影视资料来广泛接触和逐步丰富英语文化背景知识，还可以通过指导学生开展英语角、英语晚会、专题讲座以及课外实践活动，使学生在不断接触英语文化的环境中比较中英文化的差异，培养跨文化意识，增强跨文化感悟力。学生增强了跨文化感悟力，就容易理解交际中出现的文化差异了，如一见到 black tea，头脑中立刻明白这是中国人常喝的"红茶"。

总之，只有在教学中充分挖掘课程中的文化内涵，引导学生课外了解英语文化知识，才能使学生认识到中西文化的差异，认识到世界文化的多元化，增强跨文化感悟力，最终形成较强的跨文化交际能力。跨文化意识就是指学生对外国文化和中国文化异同的敏感程度以及在语言交际过程中根据外国文化调整自己语言行为的自觉性。跨文化意识在现代的跨文化交流中有十分重要的作用，缺乏跨文化意识通常会造成跨文化交流的失败。值得注意的是，在跨文化交流中，语言上的错误通常容易被别人所谅解，但是由文化差异所引起的错误比语言性的错误更为严重，难以得到别人的谅解。传授文化知识的目的在于培养学生的跨文化意识，使学生能够自觉地按照英语的文化习惯使用英语进行交流。如果忽略或轻视了跨文化意识的培养，就会造成只教授语音、语法规则、词汇这些纯语言知识的局面，从而影响了学生的语用能力，使学生不能正确地运用英语进行交流，不符合英语社会的文化性常规。

第二节　基于多元文化思维的英语知识教学

一、多元文化下的英语语音教学

（一）英语语音教学的意义

语音、词汇和语法是语言学科的基本要素，而语音是三要素之首，更是学好语言的基础，对提高语言的整体水平起着关键性作用。

1.帮助学生轻松地记忆单词

语音教学是英语教学的一个重要组成部分。既然有声语言是第一性的，那么，作为拼音文字的英语，其在很多方面，如某些语法现象、词汇、成语，都受着语音的影响或制约。以词汇来说，如果汉语里很多词汇可以"望文生义"，英语里就有不少词汇是可以"听音生义"的。在教学中，学生抱怨最多的问题就是记不住单词。他们并没有意识到，良好的发音是有效记忆单词的方法之一。英语的拼写和发音之间有一定的内在联系，是有规律可循的。如果我们掌握了这些读音规则，则既可帮助我们正确地听与说，又可帮助我们轻松地记忆单词。

2.能够提高学生的听说技能

如果学生能够掌握好语音，既能增强他们学习英语的信心，又能提高他们学习英语的积极性。发音的正确与否，直接影响能否被对方听懂或正确地听懂对方。一个系统掌握了语音理论知识且会运用于实践的学生，既能在自己说英语时熟练运用英语的朗读技巧，会很自然地处理句子中的连读、不完全爆破、同化、弱化等语音现象，又能在听英语的时候对这类语音现象做出迅速的反应，并准确理解其意思。在多年的教学实践中，听学生诉说最多的就是自己的听力水平太低，且难以提高。有些学生甚至因缺乏信心，干脆放弃听力，在考试中靠运气盲目地选答案。他们没有意识到，听力上的困难有时是由于自己不正确的语音造成的。因此在稍快的语速下，学生很难一遍、两遍就听懂。如果学生能够学好英语语音，就能够比较准确流利地拼读单词和朗读课文，顺利地听懂语音材料，自信地开口，这就会增强他们学习英语的自信心。

3.有助于培养阅读能力

对于非英语专业的学生来说，阅读水平无疑是衡量他们英语水平的一个重要手段，也是直接影响其考试成绩的一个重要方面。阅读理解的目的无非是考查学生的语法、词汇知识等综合水平，其中包括阅读速度。文字是记录有声语言的符号，如果掌握了这些符号的正确声音形象，我们在阅读时，所看到的书面符号就能很快在头脑中转换成相应的声音形象。这个转换过程的快慢决定着我们阅读速度的快慢，尤其是有些学生看文章，有读出声或默读的习惯，如果读都有困难，更何况理解呢。

（二）英语语音教学的现状

1.不重视语音教学

目前在大学英语教学中，部分学校没有意识到语音教学的重要性，不重视语音教学。仍有不少教师认为学生的语音学习在大学之前已经完成了。实际上在大学之前，学生也没有系统的语音知识的学习，由于升级考试的压力，在中小学阶段，语音就没有引起足够的重视，大部分学生的语音基础比较薄弱。基本上很多学生并不能完全正确地拼读出国际音标，也不能说一口流利的英语，在英语听力方面也有很大的问题。学生能背诵语法规则，但不会应用，如果大学里也不重视语音的学习，学生的英语交际水平就不能提高。

在实际的语音教学中，教师通常只关注单个音标的发音，对学生的语音节奏、语调、语感等的培养不重视。学生不能具体深入地了解读音规则，在读英语句子时很容易出现语音错误，很难处理音变的问题，盲目模仿会造成错误的发音习惯，以后很难纠正。

2.认识误区及方言差异影响语音语调

不少学生对英语语音的学习存在误区。自身不重视语音的学习，认为在中小学阶段已经掌握了语音，在大学阶段主要为了应对考试而进行英语学习。学生们为了能够通过等级考试，通常会花费大量的时间背单词、做题，提高完形填空和阅读理解题的成绩，完全忽视了英语的综合性学习。不重视英语的听和说，忽略语音学习，英语能力得不到提高。

我国人口众多，不同地区有不同的方言。由于教师在教学中没有重视语音教学，加上长期受方言的影响，很多学生英语语音底子薄，语调上存在普遍的问题。首先，在单音素发音和单词的读音上存在错误，受长期的母语和方言的影响，很多学生在单音素发音上存在用汉语拼音代替英语拼音的问题，在发音的口型上也不正确，导致英语语音不准确。受汉语的影响，学生在单词读音上经常将重音移位，乱加音，不注意爆破。其次，在语流中节奏和重音上有问题。汉语以音节为节拍，但英语以重音为节拍。学生通常不会处理重音，重音的表现力差，没有鲜明的节奏，因此在英语朗读中很难突出中心，大部分学生不会停顿，英语的过渡和连接有问题，没有英语的节奏感。最后，在英语句子的学习中，学生不会把握语调，英语语调模糊单一，不能表达英语语言中的情感，很多学生是机械化的语调，分不出句子的属性。

3.大学英语语音教学材料的缺乏

教材是学习的重要指引，但是目前我国大学英语教材对语音知识的涉及比较少，不能满足学生的学习要求，也不能进行语音测试。对非英语专业的学生来说，大学英语的语音教材不多，缺乏综合性和实用性。相关语音教材主要是针对英语专业的学生编写，不适合非英语专业学生的学习。有些语音教材没有对语音知识进行系统的介绍，只是偏向于单音素的发音，学生们很难找到适合自身英语水平的语音教材，不利于语音的学习。

（三）英汉语音的文化差异

1.汉英重音差异分析

汉语和英语中都存在重音现象，而且重音对英汉句子的含义都有着重要的影响。英语中通常将可以改变句子含义的重音称作"表意重音"，汉语中则将此类重音称作"语法重音"。

汉英重音的差异主要表现在重音的位置上。汉语中的重音一般都落在主语、宾语以及补语上，而英语中的重音一般落在实词上，虚词的读音一般比较轻柔，有时甚至一带而过。

2.汉英音节差异分析

音节是组成语音序列的单位，也是语音中最小的结构单位。汉、英在音节上有着显著的差别。在汉语中，一个字就是一个音节，且汉语音节除少数的感叹词由声母单独构成，其余的字均是由声母加韵母构成的。汉语中的声母不能单独使用，必须要和韵母一起构成音节。汉语中的韵母可以分为单韵母和复韵母，此外根据其发音的不同，还可以分为前鼻音韵母和后鼻音韵母。汉语中的两个或者两个以上的韵母还可以构成二合复韵母和三合复韵母，这些韵母构成了一个整体音节。英语属拼音文字，音节可分为元音和辅音两种音素。英语中一个元音音素可构成一个音节，一个元音音素和一个或几个辅音音素结合也可以构成一个音节。汉语是方块字，一个字就是一个音节。汉语的音节也可以进行切分，分为声母、韵母和声调三个部分。

英语中的单词通常由一个或者多个音节构成。在构成音节时，英语的辅音是可以连续使用的，即在一个音节中可能出现几个辅音一起构成一组辅音的现象。英语中的元音多是单元音或复合元音。一般三个以上的元音被认为是由单元音和复合元音构成的，且组成单元音的两个音节不属于同一个音节。

3.汉英声调与语调差异分析

汉语为声调语言，共包含四种声调，分别为阴平、阳平、上声、去声。汉语中的每一个字都有自己的声调，而且汉语中的声调可以区别语义。不同的读音又表达不同的含义。所以，就某种程度来讲，汉语中的一字一调实际上就是一义一调。

英语为语调语言，包含三种语调：平调、降调和升调。通常情况下，英语中只有短语和句子有语调，单个单词不具有语调。也就是说，这些语调在句子和短语中才能得以体现。一般来讲，语调在英语口语中的意义更加突出，它对口语中思想以及情感的表达有着重要的作用：通过句子的语调变化就可以判断一个人的说话意图及其言外之意。而且，相同的句子因其语调的不同，表达的意思也有所不同。

4.节奏的差异分析

英汉语的节奏表现手段不同。英语是一种以"重音计时"的语言，而汉语是以"音节计时"的语言。英、汉语音的比较还可以扩展到对不同文体的表达技巧的分析比较上。英、汉语音体系的比较会帮助师生尽快摆脱"中国式"的英语发音，这样语音就不会成为影响学生的听力理解的障碍，有利于提高交际的效率。

（四）多元文化下英语语音教学

语言是人类交际活动的重要途径。语音是语言交流的载体，如果失去了语音，人们的日常交往，商贸活动，语言教学都将无法正常进行，因此语音教学是语言教学的基础。在语音教学上，每位教师都应该了解英汉两种语言在语音方面的异同，注意英汉两种语音的对比，从而能够预见学生在语音学习中的重点和难点，在教学方法上采取相应的措施，以提高英语教学质量，减少甚至消除母语迁移的副作用。在语音教学中，要把听音—辨音—模仿—正音相结合，反复练习，从而为日后的英语听说能力打下坚实的基础。语音教学的主要方法如下。

1.多模仿少讲解

语音教学的一个重要内容就是音标教学，而音标教学又是枯燥乏味的，如何使学生对音标学习产生兴趣，斯蒂文认为在语音教学中，模仿、训练、讲解很重要。首先，教师应该鼓励学生模仿，不要浪费时间进行解释，在多数情况下，直接的模仿就可以满足需要。在模仿有困难的时候，进行语音训练，利用一些有针对性的语音材料，进行反复操练。而斯特恩也强调模仿的重要性，他认为语音教学应该是个连续体，即"暴露—模仿—训练—讲解"的过程。暴露是指教师向学生呈现真实的语音材料，这种真实的语音材料可能是一种没有引导说明的录音材料，也可能是一种自然的语言场景。

2.以听为切入点，听练结合

语音教学中，听音是不可或缺的部分。胡春洞认为，听是语音教学的根本方法。先听音，后开口和听清发准，是语音教学的基本步骤。在语音学习中，要求学生模仿性听，即以模仿为主的听，学生要静静地听，同时在心中默默模仿；在听音过程还要进行辨音性听，这样可以有针对性地训练学生的辨音能力。当然，语音教学中，光听不行，还要语音操练。在听辨和模仿纯正的语音语调的基础上，反复操练。如果说听是语音学习的播种阶段的话，那么，练就是浇水、施肥、松土、除草阶段。在语音操练过程中，要使机械、单一、重复和枯燥的语音操练变得多样有趣，就需要教师发挥创造力。

3.利用语言的迁移规律，进行语音教学

在语音教学中，要充分利用英语语音和汉语拼音间的相似之处，即汉语拼音对英语语音的正迁移，来促进语音学习；反之，利用二者的不同之处，即负迁移，来避免汉语拼音对英语语音学习的阻碍，也是学习的难点。

二、多元文化下的英语词汇教学

（一）英语词汇教学的意义

要掌握英语必须学会一定数量的英语单词。一个学生掌握词汇量的多少和正确运用词汇的程度是衡量其语言水平的重要标志。在英语教学中学生掌握词汇数量的多少和运用词汇的熟练程度对语言交际能力的培养有着直接的影响。语音、词汇、语法三者相比较，无论从数量上，还是从意义上和用法上来讲，词汇都是最难掌握的。在英语教学过程中，学生抱怨最多的就是英语单词难读、难记、难写，记住了又容易忘记，费时费力且效果不佳。因此，加强英语词汇教学的研究，探索英语词汇教学的新方法，在英语教学中有着十分重要的意义。

（二）英语词汇教学的内容

1.信息

词汇的信息主要指拼写、发音、词性、词缀等。

词汇的读音和拼写是词汇存在的基础，是各个词汇相互区别的第一要素。词汇一开始就有声音的形式，所以词汇教学的第一步也应该从语音开始。词汇的发音，既是语音教学的范畴，又是词汇教学的范畴，因此，讲解词汇首先应从语音入手。

另外，除了发音外，教师要注意将词汇的音与形结合起来，引导学生将词汇的音和形联系在一起进行记忆，从而形成"见形知音，因音记形"的能力。词缀也是理解词汇信息的一个重要方面。英语词缀主要有前缀和后缀两种，给单词加前缀，可以改变词汇的词义。

2.用法

词汇的用法指各类词的不同用法，如搭配、短语、习语、语域等。词汇搭配是英语教学中的一个重要内容。在具体的语境中，一个词一般要与某些特定的词汇搭配。例如，decision 应与动词 make 或 take 搭配，而 conclusion 应与 come to 搭配。又如，permit、consider、suggest 等动词后只能接名词，不能接不定式；有些词组是固定搭配，不能混用，如 go to school、go to bed 不可说成 go to home。从语域上看，词汇有正式与非正式、褒义与贬义、抽象与具体之分。例如，children 为中性词，offspring 用于正式场合，kids 用于非正式场合。

3.策略

根据词汇学习的特征，可将其分为调控策略、资源策略、认知策略、记忆策略和活动策略五种。

调控策略，即对整个词汇学习进行计划、实施、反思、评价和调整以及资源的使用与监控等。调控策略属于元认知策略。

资源策略，即通过接触新词帮助学生增加词汇量的技巧和方法，如利用网络、词典、广告等学习词汇。

认知策略，即为完成具体学习任务而采取的行为和方法，如猜测词义、利用上下文、记笔记等。

记忆策略，即帮助人们记忆的策略，如根据构词法、上下文和分类方式等记忆词汇。

活动策略，即通过课堂上组织活动来运用词汇，如讲故事、写信与他人沟通等。

（三）英语词汇的文化差异

词汇是语句的基本单位，任何一种语言的词汇都反映出使用这一特定语言的民族所特有的文化背景。因此，教师在英语教学中还要强调词汇文化的文化内涵。

1.词汇形态特征对比

一般来说，语言可以根据其词汇特征分为孤立语、黏着语、屈折语和多式综合语等四种主要类型。在孤立语中每个词只含一个语素，在黏着语和屈折语中一个词通常有一个以上的语素构成，两者之间的差异在于语素之间的结合方式不同。综合语的特点是词缀丰富。语言的这种形态类型差别，对于词汇系统总的形态构成特点对比有着密切的关系。

尽管汉语中也有一些属于综合语的形态成分，但总体而言汉语比较接近孤立语。而英语的词汇形态与欧洲其他许多语言相比，也偏向于孤立型，但与汉语相比却更倾向于综合型。

许余龙先生通过对北京语言大学所做的关于不同音节的词的数量及覆盖率的统计表的分析研究，推断出现代汉语中的绝大多数词为复合词。同时，又根据新词的统计进行分析研究推断出，英语中的派生词与复合词所占比例相差不多。所以，就单纯词、派生词和复合词在英汉两种语言中所占的比例来看，现代汉语中的复合词要比英语中多，而英语中的派生词要比汉语多。

2.构词特点对比

对词的形态特征了解后进入具体的词形态词汇对比分析，简而言之即构词法的对比。

（1）英语词的构成。派生，在单词前面或后面加上词缀叫派生。加在单词前的叫前缀，加在单词后的叫后缀。前缀都表示一定的意义，例如，appear 出现——dis-appear 消失，rich 富裕——enrich 使富裕。后缀一般改变词类，而不是改变基本意义。例如，er、or 加在动词后表示从事某种职业或动作的人，read 读——reader 读者；ly 用于构成副词，wide 宽广——widely 广泛地。

合成，由两个或两个以上的词合成一个新词叫合成。合成名词，例如，dust+bin——dustbin 垃圾箱；合成形容词，例如，good+looking——good looking 好看的；合成动词，例如，white+wash——whitewash 粉刷等。

转化，由一种词类转化成另一种词类叫转化。转化后的词义与原来的词义通常有密切的关系。例如，calm（形容词）平静的，calm（动词）使平静；good（形容词）好的，good（名词）益处；water（名词）水，water（动词）浇水。

（2）汉语词的构成。派生，汉语的词缀也是构词成分，但它没有多大的实际意义，是附着在词根上才能起作用。汉语的词缀量少，而且一般一缀一义，十分严格。加前缀，如老王、小张、阿爸；加后缀，如记者、读者、作家等。

复合，有现代汉语的构词以词根复合法为主，至少由两个不相同的词根结合在一起。从词根与词根间的关系看，复合式可分为联合、偏正、动宾、主谓和补充等几种情况。联合型由两个意义相同相近或相反的词根并列组合而成。如途径、骨肉、好歹等。偏正型指前一词根修饰限制后一词根，如气功、雪亮等。补充型指后一词根补充说明前一词根，如立正、扩大等。动宾型即前一词根表示动作、行为，后一词根表示动作行为支配关涉的对象，如司机、动员等。最后还有主谓型，就是前一词根表示被陈述的事物，后一词根是陈述前一词根的，如心酸胆怯等。

重叠，这种构词方法是由两个相同的词根相叠构成词。汉语中没有严格意义上的形态变化，重叠可以算是一种形式变化，如汉语中大部分动词、一部分形容词可以重叠，例如，看看、干干净净等。

综上所述英语主要构词法有派生、转化和合成三种，汉语主要有派生、合成、重叠三种。英语派生可用于名词、动词、形容词等词，汉语派生只用于名词。转化法被认为是英语中的一种特别的构词法，而汉语是一种孤立语型语言，词的语法功能并不依赖于词尾变化形式，因而汉语中的许多词是兼类的，谈不上转化不转化。重叠是汉语主要的构词法之一，英语则无重叠法。

3.词汇语义的对比

汉英词汇在意义方面也有很大的不同。词与词之间在语义上表现出来的聚合关系，使我们有可能区分出不同的词汇语义场，并对两种语言中相应的语义场进行对比。这儿要从亲属场和称呼场这两个方面简略地来解读一下英汉语词汇在意义方面的不同之处。

（1）亲属场。英语中的"husband""wife"是专称，说明他们已有了稳固地对偶婚姻。汉语里，把丈夫一方的亲属称为"内"或"堂"，把妻子一方的亲属称为"外"或"表"。英美人由于文化社会背景等得与中国的不同，他们强调表现自我。在我国，对祖辈人的称谓既有祖父和外祖父之分，又有祖母和外祖母之分，而英美人却无此类的区分。汉语中与父亲同辈的有"伯伯、舅舅等"，英语中一概用uncle；与母亲同辈有"伯母、舅母等"英语中一概用aunt。

（2）称呼场。对于称呼，英美文化与中国也有很多不同之处。中国是一个礼仪之邦，对人的称呼向来是用非常尊敬的语气。而英美人不仅不会用亲属称谓去称呼家族以外的人，连家族以内的人也很少用，尤其是在开放的美国，儿子会直接对父母说"Hi，Tom"或"Hello，Jane"。

三、多元文化下的英语语法教学

（一）英语语法教学的意义

1.语法是句子产生的机制

学习任何一种语言，学生都要不断地记忆各种语言项目，如词汇、短语、句子等，即"项目学习"。但是，一个人能够记忆的单个项目的数量是非常有限的，因为他还要花费更多的时间去学习其他的语言模式或规则，从而利用已经记忆的项目构成新的句子。这里的模式或规则就是语法。英语语法是一种为学生提供运用已知词汇和自身的创造力产生无数句子的机制。因此，英语语法教学可以为学生提供更多创造语言的机会。

2.语法知识具有调整的功能

英语词汇只有按照一定的语法规则才能组成可以被理解的句子。对学生来说，在课堂上他们可以接触大量的语言材料，根据这些资料，他们还可以创造出很多新的句子，但受语言能力的制约，他们在表达句子时通常出现表述不清的情况，此时就应该运用语法知识进行调整，以使句子表达更加准确、清晰。

3.语法教学有利于学生长远的语言学习

英语教学专家施密特在学习西班牙语的过程中，充分体会到了西班牙语语法对西班牙语学习的重要性。施密特在学习初期就报名参加了一个正规的西班牙语学习班，这里的老师特别重视语法。所以，在巴西旅行的过程中，施密特的语言表达能力进步很快。他发现，在与当地人交流的过程中，很多课上老师讲解过的语法项目总能被提到。于是，他便开始留意各种语法项目，在与当地人不断交流的过程中，使语法知识记忆得十分牢固。最终，施密特得出一个结论，即学习西班牙语的语法对于掌握这门语言有较大的作用。同理，英语语法项目的学习也会对英语语言能力的提高有重要意义。

4.语法教学有利于学生分项掌握语言的组成成分

每一种语言都有着属于自己的庞大系统，而作为语言的一个重要系统——语法，还包含着多个子系统，它是由固定数目的明确规则构成的，所以语法教学必然会减轻语言教学的工作量。在学习语法的过程中通常要将语言进行分解，组织成各自的范畴，从而明确了语言教学的各个目标。

（二）英语语法教学的内容

词法和句法是英语语法教学内容的两大方面。词法主要包括构词法和词类。构词法主要涉及词缀、词的转化、派生、合成等内容，而词类则包括静态词和动态词两种。这里的静态词主要指名词、形容词、代词、副词、数词、介词、连词、冠词、感叹词等。静态词并非绝对的静止不变，如名词有性和数格的变化，形容词有比较级和最高级的变化。动态词主要包括动词以及直接与动词相关的时态、语态、情态动词、助动词，不定式分词、动名词、虚拟语气等。句法可分为句子成分、句子分类、标点符号三个部分。英语句子的成分主要有主语、谓语、宾语、表语、定语、状语、同位语、独立成分等。从目的上考虑，句子可分为陈述句、祈使句、感叹句、疑问句。从结构上看，句子则包括简单句、复合句和并列句。与句子有关的内容还包括主句、从句、省略句等。标点符号也是句法学习的重要内容之一，此外还有词组的分类、功能、不规则动词等。

（三）英语语法的文化差异

1.词类及其应用方面的差异

从词类方面讲，英语和汉语有不少相同的地方，如英汉语言都有名词、代词、动词、形容词、副词、介词等。但也存在不同的地方，如英语中有冠词，汉语则没有。英语单词的词形会发生变化，而汉语则不会。另外，词类的差异还反映在词的应用上，具体地说，主要体现在以下几个方面。

（1）动词。英汉语言最大的差异之一就是体现在对动词的运用上。汉语动词灵活多变，可单独使用，可连续使用，也可叠用，而英语则不能重叠使用。此外，英语动词受人称、时态等限制，词形也随之而发生变化。翻译时须视情况做出相应的变化。如果在一个汉语句中有两个或两个以上的动词，译成英语时，要么使用动词的非谓语形式，要么加连接词使其成为并列成分，要么使动词变成其他形式，如名词、介词短语等，有时也可省略某个动词。英译汉时则注意把这些句子变为拥有两个或两个以上动词的句子。

（2）名词。所谓名词就是表示事物名称的词。英汉两种语言中都有名词，这一点是相同的。但是，英语名词词形因单、复数之分而发生变化。在汉译英时，要根据上下文做出适当的增补。

（3）冠词。冠词就是用在名词前的限定词。英语里存在大量的冠词，而汉语却没有冠词。英语的冠词通常分为定冠词和不定冠词两种，分别用the、a或an表示。定冠词表示特指某事或某人，不定冠词表示泛指，但是定冠词有时也可用来表示泛指。有时用定冠词，有时用不定冠词，有时不用冠词。什么时候用，什么时候不用要根据上下文而定。英汉互译时须根据需要做必要的增删。

（4）虚词。虚词主要起辅助、联络或移情的作用。英汉这两种语言都有各自的虚词。但较之英语，汉语的虚词要多得多，如汉语有"的""吗""了""呀""而"等，英语则没有与之对应的虚词。而英语的it和there汉语里找不到对应的词。英译汉时，有时需要增补必要的语气助词，汉译英时则把这些词略去不译。

2.句法方面的差异

（1）在句子结构方面。英汉两种语言都存在着无主句，即没有主语的句子。但是相比较而言，汉语中的无主句要比英语无主句多得多。英语的句子一般说来，结构比较完整，在把汉语的无主句译成英语时须加上主语，当然有时也可用被动结构来翻译。

（2）英语多被动，汉语多主动。据统计，英语中的被动句的使用频率远远高于汉语。在英语中如果不知道谁是动作的执行者，没有必要或不想指出谁是动作的执行者，强调或突出动作的承受者，一般都用被动语态。而在汉语中主动句居多。因此，英译汉时，常将英语的被动结构改为汉语的主动结构以便符合汉语的思维表达习惯。

3.词序方面的差异

从语序方面讲，英语和汉语同属分析性语言，都采用"主语+谓语+宾语"的线性排列顺序，但在运用时仍有许多不同的地方。主要表现在以下几个方面。

英语的修饰语，如定语和状语，其位置比较灵活，可出现在被修饰成分之前或之后，如果修饰语是短语或分句则需要放在被修饰成分之后，而汉语的修饰语无论是词，还是词组或分句都放在被修饰成分之前。翻译时，我们须视情况对这些位置做出必要的调整，以符合英汉两种语言的行文习惯。

为了取得句子形式上的平衡，避免头重脚轻的现象发生，或是为了强调某个成分，英语中通常采用倒装的办法，而汉语里则没有倒装的情况。翻译时，须对这些位置进行调整。

英语句常把判断性或结论性的部分放在句子的前面，汉语则放在句子的末尾。

如果一个句子有几个并列词语，词义有轻重强弱之分，英语的排列顺序是先轻后重，先弱后强，汉语则相反。

汉语和英语都有固定词序的并列结构的词语，翻译时必须根据译文的习惯进行调整。

第三节　基于多元文化思维的英语能力教学

一、多元文化下的英语听力教学

（一）英语听力的意义

1.听是人们交流的重要手段

据美国保尔·兰金教授统计，"听"占人们日常言语活动的45%，"说"占

30%，"读"占16%，"写"仅占9%。大学生英语综合能力的五个方面听、说、读、写、译，听力应排在最前。然而，随着全球化进程的加快，我国与国际交流的范围日益扩大，程度日益加深，在经贸、科技、文化、军事、教育等各个领域都需要与国外展开广泛的交流与合作，社会对听说能力要求更高了。然而对多数大学生来说，听力是弱项，加强英语听力教学显得越发重要。

2.听可以促进说读写能力

听是英语五项基本技能之一。听力能力的提高为发展学生其他各项能力如说、读、写的能力能够起到促进作用。听力教学的任务是如何使学生从语言因素中提取信息、理解信息。提取信息是语言表达的基础，只有听懂了，听准了，才能传达自己的语言信息，也就才能达到交际语言的目的。听力能力的培养与交际能力的提高是相辅相成的。听力能力是交际能力的前提和基础，而交际能力是听力能力的结果和目的。只有听力能力的提高，才有说、读、写的顺利进行。此外，只有听力教学质量提高了，才不会影响口语教学、阅读教学和写作教学等课题的顺利进行。

（二）英语听力的教学内容

在现阶段的大学英语听力教学过程中，应该包括听力知识、听力技能、听力理解和逻辑推理四个方面的内容。

1.听力知识

听力基础知识是学生英语听力技能培养与提高的基础，主要包括语音知识、语用知识、策略知识、文化知识等。

语音教学是听力教学的重要内容。在实际的交际过程中，同一个句子会在发音、重读、语调等的变化中产生不同的语用含义，表现出交际者不同的交际意图与情感。在听力教学过程中，使学生掌握英语的发音、重读、连读、意群和语调等语音知识对学生语音的识别能力和反应能力的提高有积极的促进作用。同时在教学过程中，教师还应对学生进行听音、意群、重读等方面的训练，训练内容既要包括词、句，也要包括段落、文章，使学生熟悉英语的表达习惯、节奏，适应英语语流，从而为学生提高听力理解打下坚实的基础。这种训练还能在无形中培养学生的英语思维能力，促进其"二语习得"能力的提高。

听力知识还包括语用知识、策略知识、文化知识，这些知识的科学教学也是提高学习者英语听力能力的重要手段。其中语用知识的学习能够帮助学生理解话语内涵，增加其对话语的理解程度。策略知识的学习能够帮助学生依据不同的听力材料和听力任务进行策略选择，从而提高听力的针对性。文化知识的学习对于学生日后英语的跨文化交际有着积极的促进作用，有利于不同文化背景下交际的顺利进行。

2.听力理解

英语听力知识的学习与听力技能的教授是为英语听力理解服务的。语言由于使用目的、交际者等因素的作用会带有不同的语用含义，因此对话语的正确理解成为英语听力教学中的重点和难点。教师在听力理解的教学过程中，应该使学生懂得如何从对字面意义的理解上升到对隐含意义的把握，继而提高英语的综合语用能力。具体来说，英语听力理解主要包含以下几个阶段。

（1）辨认。辨认主要包括语音辨认、信息辨认、符号辨认等方面。尽管辨认处于第一个阶段，属于第一层次，但却是后面几个阶段开展的重要基础。一旦学生无法辨认听到的内容，那么理解也就无从谈起了。辨认有不同的等级，最初级的辨认是语音辨认，最高级的辨认则是说话者意图的辨认。教师可以通过正误辨认、匹配、勾画等具体方式训练和检验学生的辨别能力，如根据听到的内容给听力材料的句子排序。

（2）分析。分析要求学生能将听到的内容转化到图、表中去。这个阶段要求学生可以在语流中辨别出短语或句型，以此对日常生活中的谈话内容有大致的理解。

（3）重组。重组要求学生用自己的语言将听到的内容以口头或书面的方式表达出来。

（三）多元文化下英语听力教学

1.文化差异对听力带来的影响

（1）历史因素对于英语听力的影响。听力题目中有这样一句话：The die is cast，we're got no choice but win the game.当时学生虽然大概知道是要取得胜利，但是对前一句的意思并不理解。这个短语源于罗马执政庞贝和元老院共谋进攻恺撒时发生的故事。当时恺撒的领地和意大利本部交界处有条小河 Rubicon。恺撒不顾反对意见，悍然率军渡河与庞贝一决高下。在渡河时他说：The die is cast.过了河，他还烧毁了渡船，逼得士兵毫无退路，只好勇往直前，打败了敌人。

就是这样一段历史故事，在英语中留下了几个常见的习语：cross the Rubicon（渡过鲁比肯河），寓意决定冒重大危险，采取断然行动。Burn ones boats（烧掉自己的船），表示破釜沉舟的决心。The die is cast（骰子已经掷下），预示着事情已经决定，再也不能改变。这几个短语如果仅从字面意思理解就肯定觉得不知所云，但如果结合历史背景，则不仅容易理解，而且记忆起来很方便。

（2）自然地理环境特征对英语听力的影响。英文中包含很多与海洋相关的习语，如 al lat sea（不知所措）；a drop in the ocean（沧海一粟）；plain sailing（一帆风顺）；between the devil and deep sea（进退两难）；While it is fine weather mend your sail（未雨绸缪）。这是因为不同的自然环境会对当地的文化造成不同的影响，语言恰恰包含了这种独特的文化基因。英国作为一个岛国，为了生存，人们经常与恶劣的海洋气候进行抗争。在征服自然的过程中，自然形成了许多与海洋有关的习语。

此外，英国强大的航海业和捕鱼业使得大量与 fish 有关的习语相继产生。如 bigfish（大亨），dull fish（枯燥无味的人），make fish of one and flesh of another（比喻厚此薄彼，偏爱一方）。从这些角度来看，很多短语的理解就变得容易多了，在讲解的同时，不仅学生对语言加深了印象，对这个国家的了解也更进一步。

（3）生活常识对英语听力的影响。在经典电影《阿甘正传》中，主人公 Forest Gump 曾这样形容他和 Jenny 的关系："We are like beans and carrots."很多不理解西方饮食文化的人看到这句话会觉得难以理解，为什么两个人会像青豆和胡萝卜。这是因为在西餐中，青豆和胡萝卜总是作为辅菜放在一起，这个表达方式用来形容两人形影不离。

2.多元文化对英语听力教学的启示

（1）加强文化背景知识的传授。在英语听力课教学中，教师在传授语言知识的同时，应注重文化背景知识的传授。文化背景知识的传授应该密切结合实践课，其目的是使学生更加深刻地理解英语，更准确恰当地使用英语。因此，在英语教学流程中，应该根据学生的英语水平和教学内容需要，有计划、有针对性地导入文化背景知识，在提高学生语言能力的同时，丰富英语国家的文化知识。

（2）加强文化意识的培养。在英语听力教学中加强学生文化意识的培养是很重要的。听力材料的理解不仅依赖于好的英语知识水平，还受到文化因素的影响。很多学习者能够听懂英语听力中的句子，却不能很好地理解句子含义，其中一部分原因就是对材料中所反映的文化不了解。因此培养学生的文化意识很必要。

在听力教学活动中，教师可以有意识地多选择一些能反映各国文化、风俗习惯的材料。在听力教学中渗透跨文化意识的培养。在课上的时间是有限的，教师可以引导学生自己主动探究不同文化之间的差异。在听力教学中，教师可以向学生推荐一些体现不同文化特点的电影，这样的电影既可以帮助学生提高英语听力水平，又能让学生了解文化差异。

听力教师可以在听力课上组织学生听一些反映各国不同文化背景的材料，并将学生分为两组，让学生自己找出所涉及的文化差异的具体体现，并写下来，最后看哪一组写得多。

二、多元文化下的英语口语教学

（一）英语口语教学的意义

1.口语能够帮助学生丰富词汇量

孤立的单词不容易记，而语句、文章是有情节的，词放在句子里，联系上下更便于识记。学生经常练习口语，接触到的生词、句式日益增多，这对学生灵活运用常用词以及短语十分有益。实践证明，英语表达能力强的学生都善于口语，通过口语积累词汇。

2.口语能够提高口语表达能力

学英语只有开始时就注意语音、语调，大胆效仿，及时纠正口型和舌位，才能讲出标准的英语，对于学生的英语口语表达能力的培养，口语训练就更为重要了。其作用有二：其一，如前所述，口语训练有助于学生冲破心理障碍。学生敢于大声朗读英语课文，就敢于开口说英语。经过学习和练习，学生将不再是会英语的"哑巴"。其二，反复大声朗读英语课文，特别是长期坚持以后，能够使学生形成一定的语感，并初步养成用英语思维的习惯。

3.口语能够促进学生听力和思维能力的发展

教师范读或播放课文录音，能使学生保持高度的注意力，唤起他们的感知和想象。这些具体的形象既能帮助学生增强对词汇和语言结构的记忆，又能增强学生的语感。学生示范口语可以用于新课之始，也可在熟悉新词语之后进行。

4.口语训练有助于培养学生的语感

学习语言就必须培养语感，语感对学好一门语言起了很重要的作用。语感强调通过对语言文字的直觉感受，最终达到语言文字快速领悟的境界，是构成一个人英语素质的核心因素。而语感是由后天的培养而产生起来的，在言语实践中，听觉、视觉等各种感官通过与语言材料的接触中，不断积累语言知识，体会出其语音、语义、语调及语气，日积月累，便逐渐培养了对语言的感知。

（二）英语口语教学的内容

大学英语口语教学的内容主要包括语音训练、词汇、语法、会话技巧、文化知识等。

1.语音训练

语音是学习英语口语的基础。语音训练的目标就是掌握正确的语音和语调，包括重读、弱读、连读、音节、意群、停顿等。错误的发音或不同的语调会造成对方理解困难，甚至产生误解。

2.词汇

词汇是英语学习的基础，无论是英语听力、阅读、口语还是写作都离不开词汇。没有足够的词汇量就没有足够的输出语料，因此就不能进行信息的交流和沟通。词汇是信息的载体，如果没有足够量的词汇，就不能在脑中形成既定的预制词块，这必然会影响英语的输出效率。有效的词汇输入是词汇输出的条件，口语交际功能的实现离不开充足的词汇量做支撑。在口语教学中应该加强学生词汇量的积累。

3.语法

语法是单词构成句子的基本法则，要想实现沟通的目的必须要构建出符合语法规则的句子。只有句子符合语法规则才可以被听者理解。词汇是句子含义的载体，语法是句子结构的基础，二者必须有机结合才能实现口语表达的实用性和高效性。

4.文化知识

在口语交际中，文化知识也十分重要。交际的得体性决定了学生必须掌握一定的文化知识，包括普通的文化规则和不同文化之间的交际规则。这就是说，学生除了要具有扎实的语言基础知识外，还要具备一定的文化知识。

（三）多元文化视野下的英语口语教学

1.文化差异对口语带来的影响

（1）词汇等交际文化对英语口语的影响。各种语言除一部分核心词汇外，许多词汇都有着特定的文化信息，即"文化内涵词"。这些词会影响到学习者对英语的正确使用。此外，有些词语的表意也是很丰富的。英语的cousin一词对应的中文中的堂兄、堂弟、堂姐、堂妹、表兄、表弟、表姐、表妹这些词，可谓一词多义。汉语中表达烹饪的词汇有五十多个，英语中却只有十几个，所以不能简单地将英汉词汇简单对等。

（2）习语文化差异对英语口语的影响。不论是在中文里，还是在英文中，都蕴含着丰富的习语。它们简短生动，是历史文化积淀的产物，不深入了解文化背景就根本无法理解习语，最典型的莫过于两种文化对待狗这种动物的态度上了。汉语中含有狗的习语大多是贬义词，如狼心狗肺、狗急跳墙；而西方人则认为狗是人类忠诚的朋友，因此和狗相关的习语是没有贬义的。因此，认识习语中的单词，并不代表了理解这个习语的意思，想要在英语口语中正确使用习语，必须掌握和习语有关的文化知识。

2.多元文化对英语口语教学的启示

（1）在口语教学中要培养学习者宽容的语言态度。英语作为一种语言，非母语使用者人数大大超过了母语使用者，据估计使用英语的人数目前已经接近世界总人口的四分之一，而学习者的人数更是不可胜数。面对这一现实，从事英语教育或学习的人应充分认识到英语学习的目的已不局限于同"英、美、加、澳"等母语使用者进行交流，而是运用英语与来自不同背景的人们进行跨文化交流。所以我们的英语教学面临着双重任务，调和、认清英语各文化背景间的不同，以保持国际交流中的互通性，也就是教授地道的标准英语，同时也要照顾到英语的最大使用者群体，即非母语使用者的社会及心理需求，特别在口语教学中应增加学生对多元化语境的感性认识，熟悉各种英语文化培养学习者开放、宽容的语言态度，即对多元文化英语的容忍度，提高跨文化交际的意识和能力。

（2）增加自然语言的输入。英语的多元文化首先是语言上的差异，在口语训练中需要有所革新，适当增加多元文化语境的能见度，在所选的口语教材中应当增加自然语言的分量。如按照日常场景进行的真实谈话，这些话语含有重复、省略、简化、停顿，世界各地不同的口音，甚至含有不合语法规则的成分。要使学生能够掌握英语中各种各样的自然表达方式，口语课不能只固定采用一套教材，而应该添加一些辅助的听力材料，特别是真实的录音材料。因为在现实生活中人们的语言千差万别，口语课的教学内容也应该是丰富多样。要让学生听到和习惯各种不同的文化下的口语语境，以增加学生学习的灵活性，适应时代的需求。

（3）交际动机与对英语国家的社会、文化认同态度影响学生的学习态度。在口语学习中，交际的动机以及对英语国家的社会、文化的认同态度对学生的参与动机起决定的作用。学习口语的目的是要把英语作为交际工具来使用。当今社会多元文化发展迅速，口语课堂也要随时代而进步，所传授的知识必须与时俱进，适应社会的需要。要让学生拥有将英语作为交际工具的动机支撑，并且对英语国家的文化差异有主动学习了解的欲望，因而学习参与的态度会是积极而主动的，效果也会是明显的。教师应从主观上对英语的多元文化有丰富的理解，从他们对英语国家的社会文化认同方面来增强学生学习的积极性，调动学生的参与精神。教师更需要考虑到学生将来走出校门能否用到所学的知识，能否真正用所学的知识去交流。所以平常应当给学生讲授一些有实际操作性的知识。

三、多元文化下英语阅读教学

（一）英语阅读教学的意义

英语阅读既是我国英语学习者的学习目的，又是其学习手段。进行英语阅读教学具有多方面的重要性。

1.阅读是培养语感的最好方法

大量研究表明，好的英语是读出来的，好的语感更离不开大量的阅读。周健提出语感的获得方式有两种，其中之一就是"自然语言实践"，即通过大量的言语接触，使言语本身的规则在主体大脑中积淀到相对完整和巩固的程度，从而形成一种言语结构。儿童的母语语感就是通过这种方式获得的。中国人常说"书读百遍，其义自见"，提倡的就是这种自然习得。这种输入和接触就是大量的阅读。

目前，很多的英语学习者都视英语阅读为苦读。事实上，英语阅读应该是轻松愉快的，也可以是轻松愉快的。要乐读就要求选读，即选择材料的阅读。在选材上要遵守简单原则，坚持从最简单处出发，从简单处学起。建议学习者从简易读物读起，选择生动有趣、富有吸引力而又能启发心智的读物，而不是一开始就抱着英文原著苦读、死读。简单的东西可以学以致用，从而提高学习的兴趣，即阅读的兴趣原则。

2.阅读可以提高技能及兴趣

英语学习者通过阅读培养了英语阅读能力，并以阅读能力为基础发展其他能力，如听、写、说、译等的能力。随着阅读能力的不断提高，语言知识的不断增加，英语阅读量就会不断增加。学生的注意力就会有一部分转移到阅读材料的内容上。对题材内容发生了兴趣，英语学习者在英语阅读上感到了英语学习的进步与成就，反过来又进一步激发了英语学习兴趣。通过广泛大量的英语阅读，英语学习者猎取了知识，增长了见识，开阔了眼界。进一步促进了英语学习动机的增强。

3.阅读有利于全面发展

英语阅读不仅使英语学习者增长知识，提高兴趣，也会提高其抽象概括、归纳综合、逻辑思维、理解记忆方面的能力。阅读一方面由文字到思想，另一方面由思想到文字。对于文章的理解离不开读者已经具有的背景知识，也离不开读者依据上下文进行的推测。

4.阅读是获取信息的主要渠道

对大学生来说，学习外语的目的，除了满足与国外同行直接用外语沟通的需要之外，主要是利用外语获取专业信息，服务于自己所从事的工作。获取信息可以通过"听"，但主要的渠道还是"读"，无论信息的载体是互联网还是电子书或者纸质书籍。

（二）英语阅读教学的内容

无论哪种教学，教学内容都必须以教学目的为出发点。英语阅读教学的目的在于培养学生的阅读能力，使学生能够通过阅读英语材料获取所需信息。

（三）多元文化下的英语阅读教学

1.文化差异对阅读带来的影响

　　文化差异在很大程度上决定了语言的差异，从而影响着对阅读材料的理解。

　　（1）联想意义中的文化差异。由于中西方文化渊源不同，人们对同一事物的理解各不相同。例如 dragon 这个词给西方人和中国人引起的心理反应是有很大不同的。中国古代用龙作为帝王的象征，把龙字用在帝王使用的物品上，中国人历来把"龙"视为"吉祥"和"权力"的象征，因而我们的语言里就有了"龙飞凤舞""望子成龙"等一系列习语。然而，在西方的文化中，"龙"却被看作是长翅膀、大多会喷火、穷凶极恶的怪兽，代表凶恶和残暴，在俗语中还被认为是"凶狠的人"。如果对一位英国朋友说："I wish your son to be a dragon." 这位朋友一定不高兴。同一篇文章，不同文化背景的人会读出不同的感受。例如，《新视界大学英语》第三册课文"Here Be Dragons"中的结尾段，"Fairy tales do not tell children the dragons exist.Children already know that dragons exist.Fairy tales tell children the dragons can be killed." 对于不了解西方龙文化的中国学生就很难理解，弄不清楚为什么童话故事要向孩子灌输作为吉祥象征的龙可以被杀死的观点。

　　（2）句子层面的文化差异。文化障碍不仅存在于丰富的词汇的层面上，而且存在于句子层面上，包括典故、习语和谚语。句子蕴含的文化差异给外族人对句子的了解构成障碍。习语是文化的一部分，英语丰富的习语活跃在英语文化圈内，给中国学生的阅读带来了障碍。《新视界大学英语》第一册第六单元里有一篇课文选自博客，文章使用了大量的习语。例如，"She can talk the hind leg off a donkey."句子中短语"to talk the hind leg off a donkey"中"talk"为不及物动词，后面本来不直接加宾语，很难理解，而知道这是习语的人就很容易理解此句，意思是她一直不停地说了很多以至于驴子的后腿都掉下来了，所以可以翻译为"只要她一开口，就能滔滔不绝"。又如，"The world was my oyster"这个习语的意思是对我来说，生活中充满着无限的机遇。在这个世界里我可以做任何事情（或许能在牡蛎中找到珍珠）。因而可以翻译为"整个世界就是我的盘中餐"。

　　（3）成语典故中的文化背景。语言不仅是文化的重要组成部分，而且是文化的载体。每一种语言都是一个国家文化发展的产物，都有其悠久的历史背景和丰富的文化内涵。每个国家都有其独特的发展历史、生态环境、民情风俗等，因此每一种语言都有其特定的负载着文化的词汇、成语典故等来反映这些观念和事物，导致非母语学习者理解这些词时通常会遇到障碍。例如，某单元主题是人与动物，仅仅就动物福利与权利意识的增长和运用法律手段来保护动物免受人类虐待这一主题来说，中国的学生就不易理解。而且，课文中还涉及了有关动物的成语典故和表达方式。例如，"She let the cat out of the bag when she told everyone about Mum's party."中的"let the cat out of the bag"源自一个成语故事：旧时纽约州农民把猪放在袋子里卖，但因为猫不如猪值钱，有时不诚实的人会试图把猫装在袋子里当作猪卖，买的人如不打开看就会受骗上当，有时猫会从松开的袋子里钻出来露出真相从而毁掉买卖，所以"let the cat out of the bag"是指"无意中泄露真相"的意思。又如，"A little bird told me it's you rbirthday today."中的"A little bird told me"意思是我通过一个我不想告诉你的线索得到信息。这个习语的由来是鸟类很久以来就被认为和送信有关。再如，"My cousin is the black sheep of the family and nobody likes to talk about him."中的"the black sheep of the family"意思是家族中最糟糕最不受尊重、表现最差的成员，即家族中的败家子。因为基因突变的原因，哪怕是在一群白羊中偶尔也会生出黑羊来，但这并不是人们希望的，因为白羊的羊毛可以被染成各种各样的颜色，而黑羊的毛无法染色，所以这只黑羊会被当成怪物和麻烦。

2.多元文化对英语阅读教学的启示

（1）因材施教。不同的学生有着不同的个性、语言水平。在当下以学生为主体的教学理念指导下，英语阅读教学必须按照因材施教的方式进行教学。这就要求教师要选择合适的教学方法满足不同水平、不同目标的学生的特殊需求，使每个学生都能得到阅读技能的提升。

（2）运用多种方法导入文化。英汉文化差异巨大，关于这些差异的对比无论是从方法上来说，还是从内容上来讲，都有助于调动和培养学生学习的直接兴趣。

通过对比英汉两种文化之间的差异，教师要让学生明白不同的语言以及语言背后不同的文化，了解不同的语言有着不同的习惯表达方式。通过这种文化差异的对比，增强学生的文化感悟力。需要注意的是，文化差异的比较不应仅仅局限于课本所提供的材料内容，就课文讲课文，而应该透过语言看文化，通过课本提供的语言材料了解与把握其中所蕴含的民族文化语义，使枯燥无味的词语讲解和篇章结构分析变得生动活泼，有滋有味，这样才能最大限度地激发起学生的学习兴趣，使学生既能学到英语语言知识，又能领略英语国家的文化。

教师是学生获得相关英语文化知识的重要来源，因此教师应该充分发挥自己的作用，在英语阅读教学中通过介绍和讲解导入文化知识。在阅读理解课堂教学中，教师可以结合教材，有计划地安排一些专题，介绍英美国家文化背景知识。例如，可以安排英美国家价值观专题、婚恋专题等，结合这些专题介绍和讲解英美国家的文化背景知识，从而使学生对英美国家的文化背景知识有一个比较系统的认识。

四、多元文化下的英语写作教学

（一）英语写作教学的意义

写作是人类表达思想和传播知识的最重要手段。无论在母语还是二语的习得过程中，写作对于大多数学生来说都是一个相对的难题。尤其在中国学生将英语作为第二语言学习时，英语写作就不仅仅是一种表达思想的媒介，更是综合衡量学生掌握语言水平情况的重要尺度。作为学习者语言输出的重要手段，英语作文最能全面反映出学习者的语言基础、认知水平、思想高度和文字综合运用能力。因此，写作教学在英语教学中具有重要的意义。

（二）英语写作教学的内容

英语写作其实是把清晰严密的思维以"论点+论据"的形式表现出来，是一种对英语综合能力的表现，其包含了对语言的逻辑分析、组织、运用表述的各项能力。具体来说，大学英语写作教学的内容如下。

1.发现论点

主要知识点：主题句的位置与构成，主题句的写作要求。能力培养要求：让学生了解什么是主题句，怎么写一个合格的主题句。

2.开头与结尾段落的写作

主要知识点：开头与结尾段落的主要写作手法。能力培养要求：让学生了解如何写作文的首段与结尾。

3.写作过程

主要知识点：构思的主要方法，如自由写作、提问、草拟提纲等；修改的步骤。能力培养要求：让学生明白好的作文开始于好的构思以及修改作文的必要性与具体步骤。

4.段落一致性

主要知识点：具体细节与恰当细节的应用。能力培养要求：使学生学会用具体论据支持论点。

5.段落的连贯与过渡

主要知识点：组织论据的常用方法，如时间顺序、举例、因果、对比、定义、分类等；过渡词以及其他连接手段（如重复、代词、近义词）的应用。

能力培养要求：让学生了解如何组织、连接论据来支持论点。

6.遣词造句

主要知识点：学习排比、前后一致、用词简洁而具体、变换句型；修改作文的主谓不一致、悬垂修饰语，修饰语错位、破句、粘连句等错误。

能力培养要求：通过对遣词造句技巧的介绍，让学生学会在写作中正确地选词、用词，并能构建形式、结构多样的英语句子。

（三）多元文化下的英语写作教学

1.英汉写作中的文化差异

汉语与英语是两种截然不同的语言符号系统，中国学生在学习英语时因受汉语的影响，习惯用汉语思维。无论从词法、句法、篇章结构上还是思维模式上，他们的作文都难免带有汉语的痕迹。

（1）词法方面。每一种语言的词汇都可以反映使用这种语言的社会面貌、制度和习俗等。如果不了解该语言所处的特定文化背景，就难以理解词汇的准确意义。另外，英语中有些词类的划分与汉语也有所不同。例如，英语中名词分为可数名词和不可数名词，动词分为及物动词和不及物动词，形容词分为表语形容词和定语形容词。在英语的写作过程中，学生应该特别注意英语词汇的特征。

（2）句法方面。英语与汉语在句子结构方面最基本的差异是汉语句子重意合，英语句子重形合；汉语句法关系主要靠词序和语义关系表达，并不追求形式上的完整，通常只求达意；英语句法重句子结构形式上的完整和逻辑上的合理。具体地来讲，英语中有语态、时态、人称和数等多种形态变化。英语句子一般都有一个明确的逻辑中心，不论句子中的附加成分多么复杂，总与中心的成分保持清楚的逻辑关系。从而形成了以主谓宾结构为核心，用各种从句、短语进行修饰、扩展的句法结构。

（3）语篇方面。英语民族崇尚理性，重是形式逻辑和分析思维，他们的思维方式可形

象地称为直进式。而中国人重悟性，注意辩证思维，思维方式是螺旋式。反映在写作上，英语写作强调结构清晰，篇章连贯，逻辑性强，要求开门见山。英语文章通常把主题放到句首，且每段只有一个主题，然后围绕这个明确的主题用扩展句进行层层论证或说明。而汉语文章受到中国传统文化和思维的影响，开篇一般不点题，而是经过反复论证后才将最重要的信息呈现出来。这种由于思维方式不同而导致的语篇差异使学生写的英语作文前后不一致，层次不清，逻辑性差，缺乏必要的过渡和连贯性。

2.文化差异对写作带来的影响

语言至少有两方面的作用，一是其结构，即语音、词汇、语法等；二是其应用，即决定使用语言是否得体的因素，如说话者是否符合其身份、社会习惯，是否达到了其交际的真正目的。因此，学习和使用英语必须了解与英语密切相关的文化以及中英之间的文化差异。下面仅从中英两种语言在措词、造句、文体等三

个方面来探讨中英文化差异对大学生在英语写作方面的影响。

（1）措词。同一个事物或概念，在某些语言中可能只有一个词语来表达，而在另一种语言中可能有几个或更多的词语来表达。中英两种文化背景的人在进行交际时，有时会产生理解的困难。比如，英语中"Mary's sister mar-ried David's brother"这句话就很难翻译成汉语，因为我们不知道 sister 是指 Mary 的姐姐还是妹妹，brother 又是指 David 的哥哥还是弟弟呢。其实在汉语中，有这种称呼来指各种具体的关系的词语很多。但从这个例子中，我们知道，对中国学生来说，要想进行英语写作，并提高其英语写作能力，首先要在用词上多下功夫。可以说，用词准确是写作的基本功，因为词汇是语言的基本要素，是语言赖以生存的基础，所以文化差异在词汇方面表现得最为突出。

（2）造句。英语句式多为句尾开放的树式结构，语义重心在前；汉语句式为句首开放的竹式结构，语义重心在后。西方人惯于先开门见山，通常是主句在前，从句在后的语序。中国人惯于先介绍外围信息进行铺垫，再层层逼近主题，倾向于偏句在前、正句在后。

再者，英汉句子中，成分与成分或分句与分句之间的连接方式是不同的。英语句子多靠形合，非常注重句子的结构完整，外在逻辑形式严谨规范，句间连接依赖于各种语言形态手段，因而句子显得紧凑有序，其关联照应手段是多样的；汉语句子多靠意合和悟性，句间连接主要靠语义和内在的逻辑关系，连接标记的有无关系不大，句子的形态就会显得很松散。其关联照应是隐示的。

（3）文体。首先应该指出，用汉语和英语写作有相同之处，深刻地了解主题，周密地考虑内容，慎重地选择材料，真诚而简洁地表达思想。但是尽管汉英写作具有相同的特征，二者之间的确也存在着一些差异。这主要有两点：首先，在叙述与描写时，与英语文体相比，汉语文体中常因过多使用形容词而显得矫揉造作。当然一篇好的文章里要有形容词，它们可以使文章生色，人物栩栩如生。但是如果使用不当，效果则相反，读者失去兴趣，感到厌烦。而英语文体则直截了当。

3.多元文化对英语写作教学的启示

（1）文化导入。为了尽量减少汉语对学生英语写作的负面影响，英语写作教学中，教师应鼓励学生通过多种渠道掌握中西方的文化差异以及这种差异带来的英汉写作上的不同，提高学生实际运用语言的能力。

中国学生的英语学习处于汉语文化环境中，思维、表达、写作无不受到汉语文化的影响，这对于学生了解和使用英语思维、表达，写出地道的英语作文而言是十分不利的。因此，英语写作教学中，教师可以利用图片、音频、视频等教学手段为学生创造有利的英语学习环境，让学生多了解英语文化背景；还可以安排学生和外籍教师、学者等沟通交流，了解英语文化的各个方面。通过多种渠道的了解和接触，学生开阔了视野，加深了对英语的感知力，提高了英语使用能力，久而久之，逐渐学会用英语思考、表达和写作，避免中国式英语。

（2）英汉写作对比分析。文化差异使英汉语篇写作也各具特色。对此，教师不妨有意识地剖析与演示英汉语篇的遣词造句、文章结构等方面，使学生了解二者之间的差异，并在写作时有意识地避免汉语思维的影响，写出更符合英语表达习惯和英美文化的作文。例如，在精读教学中，教师可通过细致地分析课文使学生了解和掌握各种题材和体裁文章的写作技巧、注意事项，如课文是如何发展主题、组织段落、完成连贯的，帮助学生对正确的英语语篇结构形成一个立体的、综合的认识。

另外，教师在批改作文时应指出学生写作中不符合英语表达习惯的语句，并可将其和地道的表达方式加以对比，使学生更清楚地看到差别，并在不断的修改过程中逐渐学会用英语进行思考，形成正确的表达。

（3）读写结合。俗话说，"读书破万卷，下笔如有神"。由此可见，读和写有着密切的关系，读是写的基础。作为语言输入的一种方式，读能够为作为语言输出的写积累语言材料，不仅能够使学生知道写什么，还能使他们知道如何去写。因此，英语写作教学中，教师应让学生通过阅读大量题材广泛、体裁各异的英语材料来了解英美人士的思维方式、思想情感、价值观念、道德标准社会文化、历史传统等各个方面，为英语写作积累素材，培养语感，学习名家写作技巧和经验等。

第八章　跨文化交际背景下的高校英语教学

第一节　高校英语教学中的跨文化交际思维理论建构

一、跨文化英语教学的理论建构

语言变化与社会发展同步进行，外语教学作为一门应用型学科必须以社会发展的需要和学习者个人进步的需要为出发点，以帮助学习者适应社会的政治、经济及文化发展为己任。跨文化交际成为当今世界交流的时代特征，跨文化交际能力成为学习者适应这一时代发展需要的必备能力，跨文化外语教学在这种背景下应运而生。

（一）高校英语跨文化教学理论基础

1.语言与文化——语言教学与文化教学的关系

语言与文化之间密不可分的关系已经得到广泛认可。传统外语教学的基础学科——语言学，也从单纯的语言形式研究的禁锢中解放出来，衍生出了社会语言学、语用学、心理语言学等分支学科，进行了大量跨学科研究，使语言与思维、社会、文化和交际之间千丝万缕的联系逐渐被认识。任何一种语言的产生和发展都依赖于该语言群体及其赖以生存的社会文化。语言不仅具有表情达意的交际功能，它还是感知和思维的表现系统，前者是语言的外显功能，以语言输入和输出为形式；后者是语言的潜在功能，属于认知心理活动。两者相辅相成，构成语言使用的全过程。

任何人与人之间的交际都是从个体对外界环境进行选择性的感知开始，这个感知活动受个体的语言、文化和经历的影响。通过各种身体器官感知的结果，然后经过大脑活动转换成概念或思想，这两个过程构成语言表达的第一阶段，即输入、内化阶段。要让对方知道自己的思想，还必须借助语言系统外化自己的感知结果和思想，这就是语言使用的外化、输出阶段。这一过程首先是将已经形成的概念和思想转换成能用的外化的一个新的符号系统。这不是真正意义上的语言学习，在这种情况下，学习者学到的只是一套脱离了原来赖以生存的文化内容的符号系统，学习者只能用它来表达自己本族文化的一些思想内容，却无法将其作为与目的语言群体进行交流的工具，因为离开了该语言所反映的社会文化现实，这一新的符号系统就好像一个没有血肉的、僵化的躯干，失去了其原有的活力和价值。

外语学习的目的多种多样，但是就正规的学校外语教学而言，提高学生外语交际能力是一个共同的目标。外语交际能力的提高必然要求学生了解目的语言所反映的文化意义系统，通过将目的文化与本族文化进行对比，调整和修改自己的认知图式和参考框架。只关注语言符号和语言形式，忽视语言使用中的文化内涵的教学显然是毫无意义的，英语教学应该与文化教学有机结合。

跨文化交际能力这一概念将跨文化交际学和外语教学两门学科联系起来，使两个原本独立的学科开始相互渗透、相互借鉴，外语交际能力作为跨文化交际能力的重要组成部分，逐渐受到跨文化培训人员的重视；文化与语言血肉相连，文化知识的学习和跨文化交际能力的培养理应成为外语教学家族中的成员。

2.跨文化外语教学是外语教学发展的需要

外语教学是一门极其复杂的应用型学科，涉及学生的认知心理、教师的教育观念、社会的政治经济环境等诸多方面，因此外语教学理论的建立需要借鉴很多不同学科的研究成果。而且，由于外语教学的宗旨是为社会和学生个人发展服务，培养社会发展所需要的人才，所以随着社会的飞速发展，外语教学工作者也应及时更新观念、调整教学大纲和教学方法，以跟上时代发展的步伐，这就是第三次社会化过程的基本含义，也是外语教学为提高学生综合素质所做出的贡献。

跨文化外语教学无论从语言与文化的关系和外语教学的需要来看，还是从社会发展的外部环境来看，都是十分必要的。一方面，文化作为外语教学的有机组成部分，为语言学习提供了真实而又丰富多彩的语境，使语言学习与真实的人和事物联系起来，从而刺激了学生学习外语的积极性，加强了他们的学习热情，因此有利于促进外语语言教学，提高教学效果。另一方面，将语言教学与文化教学结合起来符合跨文化交际能力培养的需要，因为不学习目的语言、不通过交际实践，只通过媒体等渠道了解目的文化，只能是一种间接的文化学习，学生不可能获取跨文化交际的亲身体验，因此很难在情感和行为层面达到跨文化交际能力的要求。在外语教学中进行跨文化培训可谓一箭双雕，既满足了语言学习的需要，又促进了跨文化交际能力的提高，从而充分发挥了外语教学的潜力。

到现在为止，我们的讨论还只停留在对跨文化外语教学的必要性和先进性的探讨上。理论说明固然重要，但是跨文化外语教学如何实施的问题则具有更实际的意义，如何在大纲和课堂教学中体现跨文化外语教学的思想是教师和学生更加关心的问题。

（二）跨文化外语教学——目标和内容

确定目标和标准是教学计划和教学实践的第一步。近20年来，跨文化外语教学在欧美等国发展迅速，但跨文化外语教学这一术语的使用目前还并不统一。这里所指的跨文化外语教学是指在吸收这些理论思想的基础上，将跨文化外语教学思想又向前推进了一步，形成了具有中国特色的跨文化外语教学框架的教学方法。确定教学目标，界定教学内容是这一框架的两个重要环节。

1.跨文化外语教学的目标

跨文化外语教学的总体目标是提高学生的外语交际能力；培养学生的跨文化交际能力。跨文化外语教学是交际法外语教学的延伸和发展，如果说提高外语交际能力是交际法外语教学的最终目的，那么它只是跨文化外语教学的一个部分，是促进跨文化交际能力培养的一个重要手段。这并不意味着外语交际能力培养应该附属于跨文化交际能力的培养，或者是一个次要的教学目标。

实际上，在跨文化外语教学中，两个目标的实现同等重要。外语交际能力以目的语言和文化的学习为核心，以语言交际能力和阅读能力的提高为重点，是外语教学实用的语言文学目标。跨文化交际能力的培养作为外语教学的高级目标，是通过进行文化对比，增强跨文化意识，学习普遍文化知识，培养多视角的、灵活的、立体的思维能力和与不同文化群体进行交际的技能，来发挥外语教学对于学生个人素质和综合能力培养所具备的潜力，这是外语教学的社会人文目标。虽然在一定程度上，外语交际能力是跨文化交际能力的前提和基础，但是，跨文化交际能力的培养过程，同样可以促进外语交际能力的提高，因此它们之间是一种相辅相成、相互渗透、共同发展的关系。

对外语交际能力的研究经历了一个发展完善的过程，基本上已经形成了一套相对稳定、成熟的理论体系，这些理论在外语教学实践中得到了检验和充实。同样，跨文化交际能力作为跨文化交际研究的主要课题之一，也受到许多研究者的重视。由此可见跨文化交际能力在外语教学和跨文化交际两个学科领域之间所起的桥梁作用。尽管外语交际能力和跨文化交际能力都已在各自的领域得到了极其充分的研究，但是跨文化外语教学的目标和内容并非两者的简单相加。由于语言与文化教学的有机结合是跨文化外语教学的本质特征，因此一个相互渗透、融为一体的语言和文化教学框架才是我们追求的目标，语言与文化的有机结合应该从确定教学目标开始，贯穿外语教学的其他环节和整个过程。

英语中用 goal、aims 和 objectives 等三个词来表达不同层次的教学目的。外语教学的目标，即 goals，这是对教学目的的一个总体、抽象的描述。只有对抽象的目标进行具体分析，才能将其转化成可供外语教育工作者教学设计的依据和参考，这些细化了的目标就是教学目的（aims）。与这些目的相伴而生的是衡量达到这些目的的标准（standards）。目的和标准的确定非常重要，因为一方面它是对总体目标的细分，是总体目标实现的衡量标准；另一方面又是对教学具体实施的指导，是确定课堂教学目的（objectives）和教学活动的基础，同时也是教学评估和测试的基础。这种承上启下的作用决定跨文化外语教学要得到外语教学界的普遍认可，成为一个健全、合理和实用的外语教学法，必须要有明确的教学目的和标准。

教学目的和标准的确定基本上属于一种政府行为，一般是由政府教育机构发起，委托数名专家组成项目组进行调查研究，提交报告，最后再由教育部门审定和颁布，并监督实施，如美国1996年公布的面向21世纪全国外语教学标准以及各州随后根据这一全国标准和地区的实际情况所制定的外语教学的目的和标准。这说明教学目的和标准的确定受社会文化和政治经济等客观环境的影响，虽然跨文化外语教学的本质特点适用于任何国家和地区，但是其教学目的和标准以及教学方法在美国和欧洲可能有所不同。同样，在中国的国情下，跨文化外语教学也应该具有自己的特色，不能一味模仿、全盘照搬西方国家的做法。

（1）知识层面。语言意识即知道语言的基本特点和功能，理解语言和语言使用与社会文化之间的关系；文化意识是知道文化的基本概念和特点，理解文化与语言之间的相互作用；目的文化知识包括了解目的文化的交际风格，了解目的文化的非语言交际特点，了解目的文化的社会习俗，了解目的文化的社会结构，理解目的文化的价值观念，了解目的文化的历史、地理和环境，了解目的文化的文学和艺术。

（2）能力层面。外语交际能力包括语言能力、非语言交际能力、社会文化能力、交际策略。跨文化交际能力指的是能够分析和观察文化现象，能够将目的文化和其他文化与本族文化进行比较，能够反思并更好地理解自己的民族文化和个人文化参考框架，能够接受文化差异，将文化差异与不同的价值、意义系统联系起来，能够根据交际场合和交际对象调整自己的言行，能够以跨文化的人的身份参与跨文化交际，做一个文化协调员能够采用灵活的、多角度的立体思维方式，意识到不同文化没有好坏优劣之分，只有异同的存在。以上跨文化外语教学的目标框架以培养学生外语交际能力和跨文化交际能力的总目标为宗旨，从认知、行为和情感三个层面对教学目标和目的进行了描述，为教学内容的选择、教材的编写、教学方法的设计、教学测试和评估以及教师培训等环节提供了依据和参考。

2.跨文化外语教学的内容

跨文化外语教学的目的包括知识、能力和态度三个层面，因此教学内容也应该全面考虑学生这三方面的需要。下面对所列出的教学内容进行分解。首先，跨文化外语教学内容由四个模块构成：目的语言、目的文化、其他文化和跨文化交际能力。目的语言和目的文化这两块的内容与我们现行外语教学的内容基本吻合，通过这两方面内容的学习，学生能够掌握目的语言知识，并能使用该语言与目的语言群体进行有效交际，这就是外语交际能力。值得一提的是，在这两个模块中分别增加了"语言意识"和"文化意识"两项内容。将语言意识列为教学内容是希望学生通过学习目的语言，反思自己的母语，了解语言的普遍规律，尤其是了解语言与社会和文化之间的关系。同样，培养学生的文化意识是为了让他们了解文化的构成、文化的作用、文化的发展规律等文化相关知识，文化意识是跨文化意识和跨文化交际能力培养的基础。此外，文化交流作为目的文化教学内容的组成部分，指的是学生本族文化和目的文化之间的交流，即学生在学习目的文化知识的同时，不断寻求机会，或由教师创造机会，去体验目的文化，并且反思本族文化，将目的文化与本族文化进行比较，以增强对文化差异的敏感性，培养对目的文化的移情态度。值得注意的是文化交流与语言使用应该属于同一个内容范畴，因为它们通常是相伴而行、同时进行的，文化是交流的内容，语言是交流的手段。

外语教学内容的第三模块是其他文化的教学。这是跨文化外语教学不同于其他以文化为基础的外语教学的特点。如果说外语交际能力是以目的语言和目的文化的掌握及应用为目的，那么跨文化交际能力则是一种以学习者母语和本族文化以及目的语和目的文化的学习、交流、反思和体验为途径，同时兼顾学习和了解其他语言和文化的特点，进而超越各种具体文化束缚的一种灵活的交际能力，是以与来自世界各种不同文化的人们进行有效交际为目的的能力。如果外语教学完全排除其他文化的内容，势必会造成学生徘徊于本族文化和目的文化之间，而忽略了其他文化的存在，这不利于培养学生的跨文化意识，也不利于跨文化的人的培养目标的实现。虽然外语教学由于时间和精力的限制，不可能让学习者同时全面学习和体验多种不同的文化系统，但是在一定程度上了解除本族文化和目的文化之外的其他文化的特点是可行的，可以通过教学材料的选择和教学方法的设计来完成。

3.跨文化外语教学大纲的特点

跨文化外语教学大纲的特点可以归纳为以下几点。

（1）文化与语言互为目的和手段，共同构成外语教学的基础内容。文化是语言存在和使用的环境，通过学习语言形式和语言使用中所蕴含的文化内容，使语言学习更加全面深入，真实生动。语言教学材料因为文化内容的全面渗透而被置于一个真实的、丰富多彩的文化环境之中，拉近了学习者与学习对象之间的距离，使学习个人化、自主化，有利于刺激学习者外语学习的积极性，促进外语交际能力的提高。从这个意义上来说，文化学习的目的是更好地学习语言，文化学习是语言学习的手段。这种观点得到了很多外语研究者和教师的认可，并在外语教学中广泛实施。然而，在跨文化外语教学中，这只是一个方面。

语言是对文化的反映，语言学习必然是文化学习。语言学习的目的是习得目的语言，掌握一个新的交际工具，它同时也是为了开阔眼界，学习者通过学习和使用目的语言，来学习和体验目的文化，并在此基础上接受跨文化培训，培养跨文化意识，获取跨文化交际能力。所以说，语言学习是文化学习的手段，而文化学习是语言学习的最终目的。

值得一提的是，母语和本族文化在这一教学过程中起着十分重要的作用。它们虽然不是教学的主要内容和目的，但是在培养语言意识和文化意识、进行文化对比时，母语和本族文化的作用不可轻视。而且，根据跨文化外语教学的标准，反思并更好地理解自己的民族文化和个人的文化参考框架也是教学目的之一，因此制订大纲时应该考虑这一点。

（2）文化教学与语言教学有机结合。这是对前一点的继续说明。处于同等重要地位的语言与文化内容的有机结合贯穿外语学习各个阶段（初级、中级和高级）、各个环节（外语教学计划、课堂教学和教学评估与测试等）和各门课程（听、说、读、写等）。虽然根据学习者的语言、文化和认知水平，在不同阶段语言和文化的学习会各有侧重，但是就外语教学整体来说，两者处于同等重要的地位。正因为两者天生不可分割的关系，它们在实际教学中也应该是你中有我、我中有你。当然，语言与文化在外语教学中的有机结合并非易事。教学内容的膨胀和不熟悉的教学要求通常会使缺乏经验的教学设计者和教师难以兼顾，顾此失彼。这就要求大纲制订者、教材编写者和教师培训者等各路专家广泛合作，充分研究语言与文化在教学中结合的途径，将研究结果转换为实用性强的、操作性强的、系统化的大纲、教材和培训项目，给教师以足够的准备和实实在在的帮助。

跨文化外语教学的目标是通过小学、中学、大学，甚至持续到大学毕业后的外语教学和社会实践来实现的，这是一个连续的、一贯制的学习过程，在这个过程中有很多因素会对教学成果产生影响，其中各阶段教学目标的确定、课程设置教学活动、教学方法、教学原则、教材、测试和教师等因素起着决定性的作用。

二、跨文化英语教学的原则与方法

（一）跨文化外语教学的原则

一般来说，教师是教学的主要执行者，是教学的主体，韩愈所说的"传道授业解惑"就是对教师的主导作用的精辟描述。但是在跨文化英语教学中，教师的主体作用得到了不同阐释，学习者的中心地位凸显出来，英语教学也因此呈现出不同的特点。这些特点集中表现于以下几条教学原则。

1.以学习者为中心，以引导学习者进行自主学习为主要教学模式

学习者是教学过程的真正主体，教师的教学、教材的编写以及教学方法的设计和选择都必须围绕学生的实际需要进行。在跨文化英语教学中，不仅学习者的英语语言学习需要受到应有的重视，在整个教学过程中，他们对母语和本族文化的体验和理解，对目的文化和其他文化的态度，个人综合素质的提高，包括立体思维方式的形成和跨文化交际能力的培养，甚至对整个人生的态度等很多与学习者的过去、现在和未来密切相关的主题都是教学设计和教学活动的考虑因素。就教师而言，引导学习者进行自主学习是其主要任务，虽然知识的传授和规则的讲解仍然必不可少，但是教学的中心应该转向学习者自主学习能力的培养。这一点对跨文化英语教学来说非常重要，原因之一是当今世界信息爆炸，知识不断更新，培养终身学习的思想和学习习惯，掌握独立学习的方法成为教育界普遍关注的一个趋势。另一个原因是跨文化英语教学的目标和内容相对于传统的外语教学而言扩大了无数倍，而教学时间基本不变，不可能有大幅度的增加，因此学习者在校期间有很多教学内容无法接触和学习，教师只有通过"授之以渔"的方法，才能确保教学目标的最终实现。这也是为什么将学校学习之后的英语和文化学习也纳入整个教学体系的原因。以学习者为中心、以学习为中心的思想在后面几条原则中也都有体现。

2.语言教学与文化教学有机结合

语言和文化在跨文化教学中互为目的和手段。英语发展成为国际通用语的动因之一，是跨文化交际日益频繁，来自世界各地、各民族、各文化群体的人们需要这一通用语作为沟通和交流的媒介，因此英语学习的目的之一就是进行有效的跨文化交际。而且，由于英语语言学习本身涉及文化的学习，所以我们完全有理由说，英语语言的学习是文化学习的手段，文化学习和跨文化交际是英语学习的目的。反过来，文化学习为英语语言学习提供丰富多彩、真实鲜活的素材和环境，大量文化材料引入英语教材和课堂，不仅使英语学习生趣盎然，而且是英语交际能力培养的重要保证。总之，跨文化英语教学包含语言教学和文化教学两个相辅相成、不可分割的方面。

所以，在教学设计和课堂教学中语言教学和文化教学必须有机结合。这种结合体现在外语教学的各个阶段、各个环节。虽然根据学习者的认知水平和学习需要，在不同阶段和不同课程中，语言和文化各有侧重，但是在跨文化英语教学中没有单纯的语言课或文化课，只要具有这种意识，总能找到两者的结合点。

3.从实用主题过渡到间接、抽象的意识形态领域

不同年龄层次的学习者在认知水平、情感发展和经历、经验上都有很大的差别，这些差别必然导致教学内容和教学方法的不同。一般情况下，对于年龄较小的学习者来说，与他们的生活和学习息息相关的、具有可比性的、具体的、直观的教学材料较为合适。随着学习者认知水平的发展，心理承受能力的增强和人生体验的增加，语言和文化教学内容的深度和广度逐渐扩大到一些间接的、复杂的、需要进行抽象思维的意识形态领域。就文化教学而言，这种相关性和适合性的原则更至关重要。跨文化交际能力的培养是一个漫长而复杂的过程，在这个过程中，由于学习者对母语和本族文化理解与体验是学习过程中不可缺少的一部分，学习者在学习外国文化的同时，还一直处于一种自我认识、自我反省、自我批评、自我完善的状态之中，任何与他们的经历和认知能力相距甚远的教学内容和方法都将背离以"自我"与"他人"比较对照的文化学习原则。

（二）跨文化外语教学的常用方法

近年来，随着跨文化培训和外语教学的蓬勃发展，文化教学方法和文化与语言结合教学的方法层出不穷，首先介绍几种常用的文化教学方法，然后对如何在实际教学中将文化教学与语言教学有机结合进行探讨。

1.文化教学的常用方法

文化教学方法大多是由跨文化培训专家通过实践，结合社会学、文化学、教育学和心理学的相关理论研究开发出来的。目前，广泛使用的方法归纳起来有以下几种。

（1）文化讲座。讲座作为传授知识的一种有效手段，对于文化教学来说也是必不可少的。跨文化交际能力的培养需要学习者了解和掌握相关文化知识，如文化的本质特点和功能，文化包含的内容和范畴，不同文化的价值观念和习俗规范等，都可以通过讲座的形式传授给学习者，不同文化主题构成一系列的文化知识讲座，有利于学习者进行系统文化知识的学习。但是文化讲座提供给学习者的大多是间接的经验，而且大量冗长的讲座通常会使学习者感到厌倦，所以我们在设计讲座时应该力求简明扼要、生动有趣，而且还要辅之以其他方法来强化讲授内容。

（2）关键事件。通过分析实际跨文化交际中发生的、具有典型代表意义的失败案例来说明跨文化交际中误解产生的原因，帮助学习者了解两种不同文化在某个方面的不同期望和表现。具体做法是，首先对来自不同文化背景的交际双方之间所产生的误解及情景进行描述，然后给出四个解释误解产生原因的选择，让学习者根据自己的理解进行选择，如果一次选错，就请他们再选，直至选对为止。由于这些案例通常来自真实的交际，对学习者来说非常有趣，而且因为这些案例具有代表性和启发意义，能够刺激学习者在阅读案例和选择答案时进行思考，有利于跨文化敏感性的培养。

（3）模拟游戏。这是一种亲身体验式的活动，旨在挑战假想，扩大视野，促进能力的提高，学习者通过模拟游戏可以感受一些自己尚未经历过的情景，从中获取经验和认识，这对于文化学习者来说至关重要。

以上各种方法虽然以跨文化能力培养为主要目的，但是经过变通和再设计也可以与外语教学有机结合，成为跨文化外语教学的方法。

2.文化教学与语言教学有机结合的方法

除了以上文化教学的各种方法之外，我们还可以在促进教师和学生改变教学观念的基础上，通过对传统外语教学方法和手段进行改革，开发出一些将文化教学与英语语言教学有机结合的方法。

（1）通过文学作品分析来进行文化教学。文学作品分析是语言教学的一个常用手段，中国很多英语教学活动都是通过分析和欣赏文学作品来进行的。文学作品蕴含丰富的文化内容，语言形式和文化内容在此得到完美结合，因此在文学作品分析的过程中同时进行语言教学和文化教学不仅是可能的，而且也是必要的。实际上，传统的语言教学在分析文学作品时并没有避而不谈文化内容，只是教师没有将文化教学列入教学目标，文化内容的讲解服务于语言教学的需要，处于一个从属的、次要的地位。要改变这一现状，我们必须在确定教学目的和目标时，考虑文化教学的需要，使文化教学内容和语言教学内容并列成为教学关注的对象，可以利用语言和文化完美结合的优势进行教学，即利用文学作品进行跨文化外语教学。

（2）词汇教学与文化教学的结合。任何语言的词汇都承载着丰富的文化信息、每个词所包含的文化内涵是任何词典都无法穷尽的，如"早饭"一词在汉语、英语和法语中，不仅表达形式和发音不同，而且其文化所指也不尽相同。此外，不同语言中的词汇还反映说话者不同的价值观念。正因为词汇及词汇的使用具有浓厚的文化特点，我们在进行词汇教学时不能只停留在词汇的意思和用法上，还应该介绍词汇包含的文化内容，尤其是要呈现词汇在真实文化语境中具体使用的情况。就目前的外语教学而言，词汇教学中文化教学的潜力没有得到充分挖掘，教师通常呈现给学生的都是从词典下载的词义解释，很少能将词汇所蕴含的文化意义介绍给学生。另一个问题是学习者在学习生词时通常处于被动接受的状态，这就导致他们所学的词汇成为一组僵化的符号，无法在真实的交际活动中加以运用。

我们在对词汇的本意、比喻意义和文化内涵进行全面介绍的基础上，还应该将它们置于真实的文化语境中进行操练，让词汇知识转换成词汇使用能力。例如，我们教描写人物的形容词时，除了介绍词义之外，还可以选择一些来自本族文化或目的文化的、真实的历史或当代人物，用这些形容词来进行描述；也可以让学习者用这些形容词来描述自己。这样做，学习者既可以学会这些描写形容词的词义，也能了解它们的文化内涵，还有机会接触来自不同文化背景的历史人物故事。显然，这种词汇教学方法将词汇教学与文化教学有机结合，不仅使词汇学习生动有趣，而且将文化学习落到实处。语义场的使用也是词汇教学与文化教学有机结合的一种手段。

（3）阅读教学与文化教学的结合。阅读教学被认为是最容易与文化教学联系起来的教学活动之一，因为只要我们选择那些包含文化内容的阅读材料即可实现语言教学与文化教学的有机结合。然而，事实并非如此，目前很多阅读教师并不能很好地利用阅读教学的这一优势进行有效的文化教学，或是因为受传统的以语言形式为中心的教学思想的影响，或是因为对目的文化知之甚少，阅读教师致力于提高学生阅读速度和阅读理解能力的同时，关注的是语音、语法、词汇、句型和翻译等语言学习的内容，在很大程度上忽视了阅读篇章中蕴含的文化信息，即使谈到相关文化的某些内容，通常也不是以增强学生的文化能力为目的，而是帮助他们更好地理解篇章本身。总之，目前外语阅读教学并没有将文化教学列入教学目标和内容，因此有关文化讨论也不是真正意义上的文化教学。

要真正实现阅读教学与文化教学的有机结合必须在确定教学目标和教学内容时考虑文化教学的需要，在实际教学中可以通过设计读前和读后任务将学习者的注意力吸引到篇章内容上，进行相关文化的讨论和学习。例如，在阅读一篇关于美国饮食文化的英语文章前，我们可以提出一系列有关学习者本族文化中饮食习惯的问题，让他们进行读前热身，然后建议他们在阅读文章时注意美国饮食文化与自己的饮食习惯的异同，读完文章后，学生在回答有关美国饮食文化的相关问题的同时，进行文化对比。教师对语言点的解释可以插入到讨论中，也可以在这些文化教学活动结束之后，但不能让语言形式的学习压倒篇章内容的理解和文化内容的讨论。

语言与文化在教学中有机结合的方法不仅限于以上，随着跨文化英语教学思想的不断深入人心，相信更多更好的方法将会被开发和应用。然而，在此必须强调教师和学生转变教学观念的重要性，要真正做到语言教学和文化教学的有机结合，教师和学生必须认识到外语教学应该承担双重任务：既要促进学习者外语交际能力的提高，又要帮助他们培养人文素质，形成立体多维的思维方式，成为跨文化的人。只有在这一前提下，我们才能确保跨文化外语教学思想得到有效贯彻和实施。

（三）民族文化学的参与观察法在跨文化外语教学中的应用

民族文化学的研究方法俗称参与观察法，是文化人类学和社会学经常采用的研究方法，近年来在其他社会科学领域也得到了广泛的应用。简而言之，这是一种实地考察的方法，研究者与研究对象同吃同住，对他们进行参与性的观察，从"圈内人"的视角来分析描述某一群体的社会和文化活动。随着跨文化交际研究和跨文化英语教学思想在美国和欧洲的兴起和发展，这种方法逐渐被应用于跨文化培训和外语教学，拓宽了跨文化外语教学的渠道，成为一种语言与文化学习和个人综合能力培养的有效方法。

1.民族文化学参与观察法的特点

作为一种文化研究方法，参与观察法主要有这样一些特点：研究者既是参与者，又是观察者；与研究对象之间既亲密无间，又保持一定距离。正是这种特殊的身份使他们能够完成对目的文化各个层面或某些层面的研究；它是一种具体的从实践到理论，而不是抽象的从理论到实践的研究方法。研究者置身于目的文化群体之中，与人们进行广泛深入的交流，自然而然了解目的文化，得出关于目的文化的某些结论；它以具体文化为研究对象，属于具体文化研究，而不是文化普遍理论研究。

2.民族文化学参与观察法对外语教学的作用

参与观察法被引入外语教学的直接动因和先决条件是文化作为外语教学有机组成部分的地位得到普遍认可，外语教学的目的既是提高外语语言能力，也是增强跨文化意识和跨文化交际能力，同时还是培养学习者独立学习和立体思维能力，提高综合素质。在这一前提下，以参与观察为主要形式的民族文化学的研究方法在外语教学中就展现出其得天独厚的优势。

总之，跨文化英语教学与传统的英语教学在教学目标和教学内容上的不同决定了其教学原则和方法的不同。跨文化英语教学既关注外语教学的语言文学目标，又重视外语教学的社会人文目标，它在教学原则和方法上与传统外语教学最大的区别在于以下几点。

（1）语言教学与文化教学有机结合，语言与文化互为目的和手段。英语语言的学习是文化学习的手段，文化学习和跨文化交际是英语学习的目的；文化学习为英语学习提供丰富多彩、真实鲜活的素材和环境，是英语交际能力培养的重要保证。语言教学与文化教学的结合贯穿外语教学的各个阶段、各个环节。

（2）自主学习能力的培养和文化学习方法的探索是跨文化英语教学的重要内容。语言的学习和文化的学习都是一个终身学习的过程，学习者不可能永远依赖老师进行学习。跨文化交际能力的培养尤其需要学校教育与社会实践相结合，因为学习者离开学校进入社会后，有很多继续学习和亲身实践的机会，这些机会很好地弥补了学校实践教育的不足。只有在学校教育期间帮助学生提高自主学习的能力，掌握文化学习的方法，他们才可能在离开学校后能够利用各种学习和实践机会，进一步提高自己的跨文化交际能力。

（3）充分利用各种教学手段多层次、多渠道地进行教学。跨文化英语教学特别重视调动学生的各种学习潜能和机制，充分利用各种教学手段多层次、多渠道地进行教学。跨文化交际能力的培养过程就是学习者的认知、情感和行为不断变化的过程，它需要学习者积累知识，转变态度，调整行为，发展技能。这种学习要求只有通过开发和应用多种教学手段才能得到满足，日益发展的多媒体网络技术为此开辟了新的途径。

三、跨文化英语教学中的教师与学生

（一）外语教师与文化教学

在外语教学中进行文化教学已经有很长的历史，文化教学对于外语教师来说并不陌生，他们或是因为自己的认识和感悟，或是迫于教学大纲等外部环境的要求和规定，都有意无意地以不同方式从事着文化教学活动。然而，即使在文化已在大纲中被明确确定为外语教学的内容和目标之一的国家和地区，文化教学的现状也令人担忧，其他国家和地区的状况就更不用说。这种担忧主要体现在教师对文化教学的态度、理解和实践等都无法满足跨文化外语教学的需要。来自不同国家和地区的一系列调查研究报告有力地证明了这一点。

大多数调查都发现了这样一个有趣的现象：很多外语教师对文化教学的理解和认识与他们实际的教学有很大的不同。他们对文化教学表示强烈的支持，而且也认识到文化教学有很多好处，愿意采用各种手段和材料进行文化教学，但是在实际教学中，他们却似乎完全抛弃了这些认识和理解，仍然按照传统的教学观念和教学方式进行语言教学。

（二）跨文化外语教学对教师的要求

跨文化外语教学的目标是在提高学生外语交际能力的同时，培养他们的跨文化意识和跨文化交际能力，进而培养他们多视角、立体的思维能力和综合素质。其基本特点是充分挖掘外语教学的文化教学功能，将外语教学与文化教学有机结

合、融为一体。显然，这样扩大了的教学目标和教学内容对教师提出了新的要求和挑战。一般来说，外语教师除了具备良好的外语语言功底之外，还应该掌握三个方面的知识和能力：外语学习理论、外语教学法、课堂教学实践。

外语学习理论是关于外语学习的本质、过程和规律，是指导教师进行教学的理论基础。外语教学法知识帮助教师理解教学目的和内容，了解各种教学方法的优劣，是学习理论和课堂实践之间的桥梁。课堂教学实践则是对教师具体教学活动安排和实际课堂组织能力等方面的要求。

由于跨文化外语教学增加了文化教学层面，强调跨文化意识和跨文化交际能力培养，所以以上对外语教师的要求显然不够。除了这些条件之外，跨文化外语教学要求教师还应具备其他教学素质，下文就从知识、能力和态度三个方面来逐一阐释。

1.知识层面

从知识层面上来说，教师应该掌握普遍文化知识，即文化的基本概念、构成特点及其对社会和个人的作用；掌握一定的具体文化知识，即了解目的语文化、本族文化和其他文化群体的特点和彼此之间的异同；理解语言与文化和社会之间的相互作用，特别是目的语言在不同社会文化背景中的使用情况；理解跨文化交际能力的概念和意义，了解导致跨文化交际困难和失败的因素。

2.能力层面

就能力而言，外语教师应该做到：在课堂和课外其他跨文化交际场合，用目的语言进行恰当有效的交际；合理利用教材和其他真实的语言文化材料，引导学生关注文化内容，刺激他们对文化问题的思考；善于设计和组织课堂活动，将学生自己的文化体验与教学内容结合起来，创造更多的体验式学习机会；采用多种不同的文化教学方法和手段，全面、深入地传授文化知识，培养文化能力；将外语教学与文化教学有机结合，通过教学材料的选用，教学活动的设计有意识地引导学生既注意语言能力的提高，又关注文化能力的培养；以培养能力为主，引导学生摸索学习方法，掌握独立学习的能力，促进学生自主学习。

3.态度层面

从态度层面，外语教师应该具备这样的素质：敢于面对挑战，尝试新的教学思路和方法；愿意像学生一样，不断学习和探索外国文化，反思本族文化和自己的文化参考框架及言行；愿意与学生分享自己的学习体验和跨文化交际体验，即便是失败的经历；尊重学生，对不同文化行为和思想不妄加评判，永远保持一种宽容、理解和移情的态度。

（三） 文化教学培训

培养一名合格的外语教师并非易事，他（她）不仅需要具备良好的语言功底和交际能力，而且还要懂得学生的认知心理、情感特征和教学规律，同时最好具有丰富的教学经验。这一切不可能在短短的几天、几周或几个月内完成。实际上，一名教师的培养过程从他（她）外语学习的第一天就开始，经过学校教育的不同阶段，一直持续到他（她）走上讲台前的业务培训，甚至还延续到上岗后教学经验的积累和各种在岗培训。就基础教育对教师培养的作用来说，我们稍加反思就会意识到我们目前采用的教学模式和方法或多或少受到了以前我们自己的英语老师的影响。中国外语教学之所以长期以来一直无法摆脱以语法和词汇为中心的传统教学方法，在一定程度上是因为这种方法得以代代相传，从一开始就被教师根深蒂固地植于学习者的脑海里。由此看来，基础教育是培养合格教师的关键，我们必须从现在开始让学生接触新的教学思想和教学方法，同时鼓励他们不断创新，只有这样才能改变因循守旧的陋习，为他们日后成为教师接受新观念、探索新方法打好基础。

1.培训目的和内容

由于培训可分为岗前培训和在岗培训，教学方法培训和教材使用培训，短期培训和长期培训等多种不同类型和不同内容的培训，所以我们不能指望教师经过某一次培训就能完全掌握教学要领，对教师的培训应该定期、有系统地进行。培训不是针对某一具体的教学环境和教师群体，而是以文化教学为主要考虑因素。

2.教师文化教学培训的方法

（1）文化意识和文化教学意识的培训。文化教学培训的一个根本特点就是"使隐含的东西明确化"。这就是说，文化、文化差异以及外语教学的文化教学潜力都已经客观存在，现在最重要的是让教师意识到它们的存在和作用，即要提高教师的文化敏感性和文化教学的意识。在这样的敏感性和意识的基础上，教师的文化知识积累和文化能力以及文化教学能力的提高就会突飞猛进。

（2）文化知识的培训。就文化概念和知识的学习而言，文化人类学提供了最为全面、科学的阐述，理应成为外语教师培训的一门必修课。文化人类学是一门历史悠久、理论基础雄厚的社会科学，它无论是在文化理论研究上和具体文化的描述上，还是在文化研究的方法上都已形成了较为完善的体系，是外语教师获取相关文化知识的可靠来源。当然，外语教师学习文化人类学不是为了成为人类学家，因此也就没有必要穷尽其所有的内容，他们只需利用文化人类学的部分研究成果，以获取对文化相关概念更清楚的理解，对相关文化群体更全面、深入的了解，同时借鉴其中的一些文化研究和探索的方法。对文化人类学研究成果的筛选和选用应该由来自不同领域的专家如外语教学研究者、文化学家、跨文化交际研究者、教师培训专家等合作完成，综合各方的意见，选择那些教师需要掌握的理论和信息作为培训的内容。

（3）文化能力的培训。相对而言，文化能力的培训比文化意识和文化知识的培训更为复杂和困难，因为它不仅涉及教师的认知心理，更与他们的情感和行为有关。这里所说的文化能力包括教师的跨文化交际能力和文化学习探索能力。

3.反思教学和课堂教学研究

近年来，反思教学和课堂教学研究成为外语教学和教师培训研究文献中出现频率较高的术语，它们作为教师培训和教师自我发展的方法已经受到越来越多教学研究者和教师的重视。对跨文化外语教学来说，课堂教学研究的作用更是不可低估。

课堂教学研究也是促进教师教学水平提高和教学效果改善的一种方法。华莱士将其定义为"为了改善教学的某一领域而进行的系统的资料收集和分析活动"。教师针对自己教学中遇到的问题，利用自己所掌握的教学理论知识，根据自己的经验，通过自己的努力，寻找解决问题的方法，在此过程中记录自己的体验，反思自己的态度和做法，并与其他同行进行交流。

由于这样的教学研究与教师的教学实践联系紧密，因而具有很大的实用价值。对于接受岗前培训的教师来说，进行课堂教学研究培训有利于他们培养反思教学和课堂教学研究的意识，掌握反思教学和课堂教学研究的方法，从而使他们获取一套不断提高业务水平的、灵活高效的方法，增强他们对今后教学工作的信心。一旦他们正式走上讲台，在学校及教育管理者的支持和帮助下，他们就可以充分利用课堂教学研究和反思教学来提高自己教学的效果，同时也促进其所在区域整体教学水平的提高。所以，课堂教学研究应该成为教师培训的一项重要内容。

第二节　高校英语教学中的跨文化交际思维的实现

教育也属于传播学的研究领域。教育传播是由教育者按照一定的目的和要求，选定合适的信息内容，通过有效的通道，把知识、技能、思想、观念等传给特定的教育对象的活动，是一种以培养和训练个人素质为目的而进行的信息传播活动。也就是说，教育是一种有目的、有意识地对人进行的信息传播活动。因此，英语教学与跨文化传播密不可分。接触和了解英语国家的文化有益于对英语的理解和使用，有益于加深对本国文化的理解与认识，有益于培养世界意识。我们在多年的教学活动中，已经逐步认识到了跨文化传播教学的重要性，也总结出了一系列行之有效的教学方法。

一、进行跨文化传播教学的原因及目的

随着社会科技和经济的发展，教育逐步走向国际化，国家间的教育交流与合作日益频繁。世界各国相互交流，相互竞争，共同促进国际教育的发展。国家的发展主要依靠教育，各国综合国力的竞争和发展主要依靠国际型人才，国际型人才的培养和竞争成为教育国际化的核心。培养高素质、具有创新精神和创新实力的人才也成为我国教育的重心和目标。

在我国传统的学校教育中，教师是权威的掌控者，把知识教授给学生，学生是被动的接受者，学习缺乏积极性和主动性。文化差异是跨文化交流的障碍，克服文化差异造成的交流障碍已经成为整个世界共同面临的问题。

二、英语跨文化传播教学的理论基础

（一）认知建构主义理论

建构主义也称为结构主义，由瑞士学者皮亚杰最早提出来。皮亚杰认为，智慧本质上是一种对环境的适应，智慧的适应是一种能动的适应。一定的刺激只有被主体同化于认知结构之中，主体才能做出反应。在皮亚杰的理论基础上发展而来的认知建构主义学习理论认为：知识不是通过教师传授得到的，而是通过学习者在一定的情境下，借助其他的帮助，利用学习资源，通过意义建构的方式获得的，教师只是活动中的指导者与参与者。建构主义学习理论的基本观点包括三点。

1.学习是一种意义的学习过程

知识的获得是学习个体与外部环境交互作用的结果。

2.学习是一种协商活动的过程

由于每一个学习者都有自己的认知结构，对外部世界的理解局限于自己的经验解释，因而不同的学习者对知识的理解不是完全一样，从而导致了有的学习者在学习中所获得的信息与真实世界不相吻合。此时，只有通过社会"协商"和时间的磨合才有可能达成共识。

3.学习是一种真实情境的体验

在真实世界的情境中会使学习变得更为有效。学习的目的不仅仅是要让学生懂得某些知识，而且还要让学生能真正运用所学知识去解决现实世界中的问题。

学生对知识的建构是受社会性相互作用影响的。学生之间的相互交流会影响学生的知识构建。因为每个人的已有经验和学习情境不同，对知识的理解会存在一定的差异。这就是说，学生对知识的理解是多元的。相互交流能促使每个学生从多个角度来建构知识。在英语教学的过程中，老师进行跨文化的传播，学生可

以通过对不同语言和文化的吸收来建构自己的知识体系、文化体系和价值体系，并通过对不同真实情境的模拟教学来掌握正确应用英语的能力。

（二）探究式学习理念

学生主动探究的学习活动，是一种学习的理念策略和方法，它适用于各科的学习。它要求教师在教学过程中以问题为载体，创设分析问题和解决问题的情景和途径，让学生通过探究主动获得知识并运用知识。在跨文化传播的英语教学中，探究式学习理念表现为学生获得他国文化信息并处理这种信息的能力，在探究中要学会如何应用所获得的信息来正确处理自己面临的问题，尽量消除跨文化交流中的文化障碍。

（三）人本主义理论

人本主义教学观是在人本主义学习观的基础上形成并发展起来的，现代教育理论主要从心理学的角度来探讨外语教学，认为教育的真正意义在于发现人的价值，发挥人的潜力，发展人的个性。人本主义教学理论就突出了这一概念。人本教学法的核心是对学习过程中的完整的人的充分尊重与重视。由此，真正的学习涉及整个人，而不仅仅是为学习者提供事实。

人本教学法着重于教学过程。人本教学法认为，关注过程就要从学习者的角度考虑课程或大纲内容是如何被传授和学习的，考虑怎样把学习内容与学习者的生活联系起来，大力倡导教育的中心要从"教"转变为"学"。教师的任务不是决定学生应该学什么，而是去发现并创造一种有利于学生能自主学习和成长的氛围。人本教学法主张以学生为中心，注重情感因素。

三、高校英语的认知建构主义理论

传统的课堂教育沉闷无趣，学生没有学习兴趣，缺乏创新能力，无法适应社会的要求。因而传统的教育显然已不适应教育国际化的要求，无法为国家输送优秀的国际型人才。因此，我们需要一种新型的教育理论和教育方式来替代。从20世纪90年代开始，一种新型的理论——建构主义理论开始逐步替代了我国传统的教育理论。建构主义是认知学习理论的一个重要分支，是认知学习理论的再发展，从认识论的高度揭示了认识的建构性原则，强调了认识的能动性。建构主义理论在国际教育领域的理论和实践中起着举足轻重的作用，它是新一轮课程改革的现代教育理论依据之一，是对传统教育理论的挑战。建构主义认为知识不是教师传授而得，而是学生主动构建而获得，提倡以学生为中心，教师只是组织者和帮助者。建构主义的知识观、学习观和师生观对教育理念具有重要的指导作用和实践意义，引发了教育工作者的不断思考和探索。

第三节　高校英语教学中的跨文化传播

一、进行跨文化传播教学的原因及目的

　　文化差异是跨文化交流的障碍，克服文化差异造成的交流障碍已经成为整个世界共同面临的问题。一个企业若想让自己的产品打入国际市场，一个跨国公司若想在众多国家和地区创造高效益，不仅需要高超的经济和技术手段，而且需要深入了解对象国的文化。现代社会中一个企业的成功不仅是经济成功，而且是跨文化交流的成功。

　　了解文化知识是学习语言知识的关键，不懂得文化的模式和准则就不可能真正学习语言，不掌握文化背景就不能教好语言。语言是文化的载体，又是文化的一个重要组成部分。然而语言受文化的深刻影响，又反映了某种文化的独特之处。离开了特定文化背景的语言是不存在的，如果不了解目的语的文化，我们就很难理解某些词语项目的意义。

　　文化知识的教学是达到语言教学目标的关键。发展交际能力是语言教学的主要目标。语言能力是交流能力的基础，然而具备了语言能力并不意味着具备了交流能力。越来越多的人已达成共识，即交流能力应包括五个方面：四种技能（听、说、读、写）加上社会能力（和不同文化背景的人们进行合适交流的能力）。我们必须明白语言能力和语用能力在社会生活中是相辅相成的，明白文化知识是组成交流能力的一个重要方面，是达到语言教学目标的重要教学内容。

　　一般认为，成功的跨文化交流，应当既有很好的听、说、读、写能力，还要有跨文化交际能力，共包括以下五个方面的能力：①语言能力，指较好地掌握母语和外语的语言知识，如语音、语法和词汇；②知识结构，指常识性的知识；③策略能力，指有良好的心理素质并能在各种交际场合运用语言和非语言技能应对和修复交流渠道；④使用能力，指适时地使用各种语言形式的能力；⑤行为能力，指一个人运用外语与异域文化人交流时所表现出的合适的语言和非语言行为。

　　目前我们国家学生以英语为普及外语，我们在过去的英语教学中，把训练学生的听、说、读、写作为首要目标，极少考虑语言的文化内涵和使用环境。我们的英语教学长期以来固守在一个模式，那就是片面强调语言能力，围绕书本讲语法、背句型，而不太注重语言环境的教学，这是学生在真正的跨文化交流中发生语用错误的症结所在。近几十年以来，这种情况有所改变。许多外语教师认识到在语言使用时，除了结构规则，即语音、词汇和语法等起作用外，还有一种规则———使用规则在起作用。为增强学生在外语学习中的综合素质，真正达到外

语学习的目的，进行跨文化传播教学是十分必要的。跨文化传播教学的基本目的有以下三个方面。

（一）培养学生对不同的文化的积极理解的态度

文化是有差异的，通过发现对方的不同点，反过来加深对我们自身文化的理解，从而做到客观地把握各自的文化特性。在理性分析的过程中了解异域文化中重要而细微的特点，并接受与自身文化的差异。

（二）培养跨文化接触时的适应能力

初次与不同的文化接触时，往往会受到文化冲击，从而产生某种不适应。要使交际得以继续下去，必须设法减缓冲击、提高适应能力。

（三）培养跨文化交际的技能

随着对外开放的进一步扩大，走出国门或留在国内参与跨文化交流的人越来越多，他们都需要学习、掌握与不同文化背景的人打交道时的实际技能。掌握跨文化交际技能，以适应国际化社会的需要。

二、英语跨文化传播教学的理论基础

（一）认知建构主义理论

建构主义也称为结构主义，由瑞士学者让·皮亚杰最早提出来。皮亚杰认为，智慧本质上是一种对环境的适应，智慧的适应是一种能动的适应。一定的刺激只有被主体同化于认知结构之中，主体才能做出反应。

在皮亚杰的理论基础上发展而来的认知建构主义学习理论认为：知识不是通过教师传授得到的，而是通过学习者在一定的情境下，借助其他的帮助，利用学习资源，通过意义建构的方式获得的，教师只是活动中的指导者与参与者。

建构主义学习理论的基本观点包括三点：第一，学习是一种意义的过程，知识的获得是学习个体与外部环境交互作用的结果。第二，学习是一种协商活动的过程，由于每一个学习者都有自己的认知结构，对外部世界的理解局限于自己的经验解释，因而不同的学习者对知识的理解会不完全一样，从而导致了有的学习者在学习中所获得的信息与真实世界不相吻合。此时，只有通过社会"协商"和时间的磨合才可能达成共识。第三，学习是一种真实情境的体验，在真实世界的情境中学习会使学习变得更为有效。学习的目的不仅仅是要让学生懂得某些知识，而且还要让学生能真正运用所学知识去解决现实世界中的问题。在一些真实的情境中，学习者如何运用自身的知识结构解决实际问题，是衡量学习是否成功的关键。学者认为，对同一内容的学习，要在不同的时间多次进行，每次的情境都是经过改组的，而且目的不同，分别着眼于问题的不同侧面。这种学习有利于学习者形成对概念的多角度的理解。

学生对知识的构建是受社会性相互作用影响的。学生之间的相互交流，会影响学生对知识的构建。由于每个人的已有经验和学习情境不同，对知识的理解存在一定的差异，这就是说，学生对一知识的理解是多元的。相互交流能促使每个学生从多个角度来建构知识。在英语教学的过程中，老师进行跨文化的传播，学生可以通过对不同语言和文化的吸收来构建自己的知识体系、文化体系和价值体系，并通过对不同真实情境的模拟教学来掌握正确应用英语的能力。

（二）探究式学习理念

探究式学习有时也被人们称为"问题导向式学习"，因此"问题"通常被视为探究式学习的核心。21世纪世界各国教育改革的重点在于使本国的学生具备的"关键能力"是获取和处理信息的能力、主动探究的能力、分析问题和解决问题的能力、与人合作的能力、具有责任感以及终身学习的能力。美国《国家科学教育标准》中对探究表述为："科学探究指的是学生构建知识、形成科学观念、领悟科学研究方法的各种活动。"学生主动探究的学习活动，是一种学习的理念、策略和方法，它适用于各学科的学习。它要求教师在教学过程中以问题为载体，创设分析问题和解决的情景和途径，让学生通过探究，主动获得知识并运用知识。

在跨文化传播的英语教学中，探究式学习理念就表现为学生获得他国文化信息并处理这种信息的能力，在探究中学会如何应用所获得的信息来正确处理自己面临的问题，尽力消除跨文化交流中的文化障碍。

（三）人本主义理论

现代教育论认为：教育的真正意义在于发现人的价值，发挥人的潜力，发展人的个性。人本主义教学理论就突出了这一概念。它主要从心理学的角度来探讨外语教学，人本教学法的核心是对学习过程中的完整的人的充分尊重与重视。

人本教学法着重于教学过程。人本教学法认为，关注过程就要从学生的角度考虑课程或大纲内容是如何被传授和学习的，考虑怎样把学习内容与学生的生活直接联系起来，大力倡导教育的中心要从教转变为学，教师的任务不是决定学生应该学什么，而是去发现并创造一种有利于学生能自由学习和成长的氛围。人本教学法主张以学生为中心，注重情感因素。这种理论尤其适合网络环境下的英语教学。在网络中，教师所起的作用是引导学生选择适合自己的语言文化的学习方式和素材，充分尊重学生的自主权，变填鸭式教学为主动选择教学，促使学生从对学习素材的兴趣中引发对学习的兴趣。

三、跨文化传播中的网络英语教学

随着多媒体计算机和网络的迅速发展和普及，英语阅读和写作方式、英语翻译和交流方式、英语学习和教学方式正在经历着一场历史性的变革。这场变革将使教育模式从印刷时代走向信息时代，创造一系列全新的教学形式，将语言教学与文化教学有机地结合起来，用现代传播手段来指导英语教学，充分利用网络，用现代化教学手段培养学生从跨文化交流的角度使用语言的能力。英语教学将从传统意义上的单纯传授语言知识扩展到跨文化传播，其教学目的转化为培养学生的跨文化交际能力，实现跨文化交流，满足跨文化传播的需要。除了传统的口头和书本英语，网络环境下的英语出现了新的特征，那就是实效性和异化性。现在越来越普及的网络为了解和学习西方文化社会提供了非常便利的窗口。互联网是人类至今最大的信息库，储有最丰富的各类资料。英语教师可以利用互联网与世界同行交流、了解国际英语教学发展动向，共享新的教学资料和科研成果，同时引导学生通过互联网参与国际交流，查询各种学习资料和信息，更好地促进语言学习。处在信息最前沿的网络英语，更新的速度非常快，新的表达方式、新的词汇以及旧词汇的新意义一旦出现，就会在网络上迅速流传。我们的英语教学长期以来采用的是印刷教材，更新的速度远远跟不上时代的变迁。因此，网络环境下的英语跨文化传播教学也是英语教学的一个重要方面。

（一）网络英语的跨文化传播

在教授学生的过程中，即使是专门开设的文化教学也不可能涉及各个方面，英语课堂的文化传播主要给学生起示范引路作用。文化的内容包罗万象，单靠教师在课堂上介绍不可能全面。文化的学习不应只限于课内，课堂外的文化教学是一个很好的延续和补充，它能为学习者提供一个从量变到质变的过程。网络英语具有极强的实效性，网络对于文化的反应非常快，新事物和新情况一旦出现，传播最快最广的必然是网络。由于网络的开放性，各种风俗时尚和社会热点总会以最快的速度在网络中得到体现，开放性保证了网络各种文化的新陈代谢，给了网络无限的生机和活力。网络上的英语异化情况更为突出。如果我们不了解现代文化，不了解网络英语出现的背景，我们就不能理解这种英语所要传播的信息。在网络中，大量的口语化英语登上了英文网页，口语不断侵入书面语，学过英语的人都知道，英语有正式、非正式、书面语、口语、方言、俚语之分，然而当今它们之间相互渗透的现象越来越普遍。

（二）网络环境下的英语教学

计算机网络技术的发展给人类的传播方式带来了一场革命。计算机网络，从最先为美国政府拥有的、为军备竞赛而发展起来的小计算机网络，已经迅速发展成了一个世界性的信息资源网络。无论哪种教材的更新速度都赶不上网络的与时俱进，无论哪种异化英语的传播方式都比不上网络流传的范围广泛，无论哪种文化跨越都没有网络文化的多样性和复杂性。

1.网络环境下英语教学的优点

（1）优化英语课堂教学结构。优化英语课堂教学结构，利于调动学生多种感官、情感参与教学过程，提高学生注意力，使英语教学更生动活泼，教学效果更佳。在网络环境下，我们的英语教师不再需要吃力地翻看字典编写教案，"金山词霸"能非常轻松地查找英文单词，自动给出发音；中英文对照的例句及同义词和反义词，国际互联网上众多的英语教学网站和丰富的英语教学资料；在进行文化教学时，网络上更是资源众多，几乎所有的文化现象都可以在网上找到，只要使用网络搜索工具就可以很轻松地把资料找出来，网络环境下的英语教学使知识的传播和更新同时进行。

（2）网络的互动性是英语教学的最大便利。网络聊天工具能把世界各地人们的空间距离拉近，从而使学生能在电脑上和外国人面对面练习英语对话，感受地道的英语氛围，解决学生多而外教少的矛盾；教师也可以通过网络和每一个学生进行交流，可以帮助学生挑选适合他自己的英语学习资料和方式，以适应每个学生的学习进度和学习特点。

（3）网络英语教育素材丰富，其中不乏很多对学生来说生动有趣的资料。学生可以挑选他们感兴趣的东西，变被动学习为主动学习，不断增长文化知识。网络可以把世界联系在一起，拉近人与人、文化与文化之间的距离，允许英语学习者漫游网上英语世界，甚至通过网络参与英语国家的活动，从而感受真实的语言环境，获得真实的文化素材，并练习在真实的语言环境下应用语言的能力。这是其他任何课堂都无法比拟的优势。

2.网络环境下英语教学的缺点

网络环境下的英语教学有它的优点，也不可避免地有它的缺点。

（1）弱化主流文化的影响。任何信息都可以在其中得到广泛传播，一些不良思潮很容易扎根。

（2）网络交流的热衷化和现实交流的冷漠化。对网络内容的选择因为具有很大的主动性，会使得学生更愿意在网上进行交流，而不愿意进行在现实生活中不能完全由自己把握和控制的人际交往。这种行为的最大的弊端是可能弱化口语能力，并导致英语语法也发生混乱化。我们在多年的英语教学中一直注重语法教学，但是网络英语为了迎合网络交流快捷、便利的特点，常会出现一些不规则的英语，这会使学生对英语语法系统产生怀疑。

3.网络环境下英语教学需注意的问题

要解决网络环境下英语教学的缺点问题绝不是某一节课就可以做到的，但我们可以注意以下几点：其一，在利用网络资料做教学方案时，教师应注意把握选择教学材料，尽量使教学内容利于学生文化素养的提高。网络只能作为辅助教学手段引入课堂。文化传播中还是要以人为本，鼓励学生之间进行交流；促进人际关系的融洽，同时也提高自身的口语水平。其二，在作文和说话时，除了吸收网络英语新词汇和新表达方式，还要尽量使用规范英语。

第四节　高校英语教学中跨文化交际能力培养

一、跨文化交际能力培养

（一）跨文化交际能力的界定

在过去的几十年间，学者们对跨文化交际能力从不同方面给出了自己的解释。陈国明将跨文化交际能力定义为"在特定环境中有效、得体地完成交际行为以获得预期回应的能力"。胡文仲则指出，尽管不同学者对跨文化交际能力所包含的要素观点不一，但从他们所列的要素中可归纳出共同的部分，即认知、感情（态度）和行为。

而促进跨文化交际的途径就是减少交际中的不确定性。跨文化交际能力是个体所具有的内在能力，是能够处理跨文化交际中的有关文化差异、文化陌生感及心理不适的能力。对跨文化交际能力的界定更加强调"跨文化能力"，即处理文化差异的能力，没有涉及交际行为的过程是否得体和交际结果是否有效。

学者们对跨文化交际能力的界定虽然角度不同，但存在一定共性，即交际场景的跨文化性，交际行为的得体有效性。语境是交际发生的环境、场景或场合，交际要在一定的场景中进行。交际者的社会角色、交际角色和交际目的直接影响交际行为，不同文化背景的交际对象对行为模式行为规范、社会角色有不同的认知。对对方在某一场景中的交际行为期待不同，对交际行为是否得体也有不同的判定。由于交际对象交际行为与自身交际行为规范不符，从而产生厌恶的情绪；交际知识的缺乏和负面情绪的影响从行为上表现出来，就会导致跨文化交际失败。通过梳理，这里认为跨文化交际能力，即跨文化交际语境中，交际者得体、有效地实施交际行为的能力。

（二）跨文化交际能力的内容

各学派对跨文化交际能力应包含的内容问题，观点并不统一。语言学界一般认为，其内容包括语言能力和社会文化能力。语言能力包括词汇、语法、语音系统等，各家观点基本一致。社会文化能力由处事能力、沟通能力、知识体系和运用能力构成。这里的处事能力主要指交际主体与来自其他文化的交际对象沟通时，能够放弃民族中心主义的态度和情感的能力。知识体系指的是文化参照体系，例如政治、经济、习俗、礼仪等。运用能力指整合处事能力、沟通能力和知识体系的能力。

跨文化交际学认为，跨文化交际能力包括基本交际能力系统（语言和非语言行为能力、文化能力、相互交往能力和认知能力）、情感和关系能力系统、情节能力系统、策略能力系统。

跨文化交际能力要视情况而定，由于同一行为在不同文化语境中意义不同，有跨文化交际能力的人的行为一定会得体、有效，跨文化交际能力需要足够的知识、合适的动机和交际技巧。在此基础上，他们提出跨文化交际能力的基本要素：表达尊重的能力，包括以言语和非言语形式表达尊重的能力，但需要注意的是不同文化背景对尊重的要求不同；知识定位能力是人们用来解释和定义自身和身外世界知识的能力，个性化的解释是有定位能力的表现；关系角色行为能力是指主体能够与其他人保持和建立关系的能力；对含混的宽容能力指主体对新的、不确定的、不可预知的跨文化冲突的宽容能力；描写、解释和评价能力指对所观察的事物进行客观描述的能力，做出解释和赋予意义的能力以及在解释中做出评价的能力。

以上可见，人们对跨文化交际能力内容的表述，虽不尽相同，但大多都涉及语言、认知、情感和行为等方面的能力。

二、高校英语教学中跨文化交际能力培养

（一）提高跨文化交际能力的途径

通过综述跨文化交际能力的构成，我们知道跨文化交际能力包括认知、情感和行为三方面的能力，认知能力可以通过学习知识来提高，情感方面，无论是交际动机还是交际态度，也需要认知或知识来促进，这两方面的能力最终要靠行为技巧来体现。

1.认识自我

"认识自我"是雕刻在阿波罗神庙廊柱上的古希腊格言，据传出自苏格拉底。发出信息的信息源容易倾向于交际对象的反应和信息，而忽视自身的认知风格情感态度等因素，认识自我要求个体了解自身的文化、个人态度和交际风格。

（1）了解自身文化。文化是人们的行为指南，人们倾向于用自己本民族的价

值观、社会规范和行为模式衡量他人的行为，因此了解自身文化的特点及其优点和缺点可以帮助人们克服民族中心主义中的狭隘倾向，提高跨文化交际能力。

（2）了解自己的情感态度。处事态度通常决定交际质量，人们在与他人沟通之前，通常会有一种由预先印象或定式带来的情感态度。这些交际前态度给交际者戴上有色眼镜，不能如实描述看到的客观现象，产生误解。如果交际者能够事先意识到这一点，就能在一定程度上克服先入为主的消极情绪，减少负面情绪对交际的影响。

（3）了解自己的交际风格。交际风格指交际者在交际中喜欢哪类话题，喜欢何种交际形式，如仪式化的形式、巧妙对答的形式、辩论形式等，交际者希望交际对象参与的程度，交际者喜欢的交际渠道，如言语、非言语等以及交际者赋予信息的实际内容和情感内容的多少等。人们在相互交往中了解对方的交际风格，却很少注意自己的交际风格。如果在交往中你认为自己是一个开放型的人，而你的交际对象却感觉你是内向型的交际风格，那么出现交际问题的可能性就比较大。

2.考虑物理环境因素和人为环境因素

（1）时间概念。交际能力较强的交际者知道时间概念的重要性，知道在何时谈论某一话题。单一时间取向文化，如美国，做事讲究效率，谈判或者交际风格较为直接，要求严格遵守约会时间，迟到一方要向他人表示歉意。在多向时间取向文化中，人们不严格遵守约会时间，在约会之前应该向主人确认一下时间安排。了解交际者前往的文化的时间概念可以帮助提高交际效率和效果。

（2）物理环境。文化定义交际，不同文化在不同语境中的交际规则大相径庭。例如，了解非言语交际中的时空语可以帮助交际者预测目的文化中自己所处环境的交际要求，从而使举止更加得体。

（3）习俗。一个民族的文化习俗反映人们的价值观念和行为模式，适应当地文化的习俗和传统是一种跨文化交际能力。一种文化中的简单习俗对于不知情的人来说都会很难把握。在出国之前，了解一些当地习俗的基本常识能够帮助你更快地适应陌生环境。

3.掌握不同的交流方式

到一个陌生文化中生活或者工作，或与来自其他文化的人进行交际，需要交际者掌握该种文化的信息系统，包括言语和非言语交流方式。

（1）学习语言。语言是重要的交际工具，熟练使用对方文化的语言是体会该文化的途径，学习该文化的工具，是跨文化交际能力的重要方面。当然，语言就其种类而言，我们不可能全都学会，学习你要前往地的语言，或者当前世界上通用的语言。在大多数国家，英语都作为学校教育中主要的外国语，以英语为第二语言的人数较多。英语也是国际会议、商务往来的官方语言和通用语言。因此，如果不知道自己将来是否出国的人可以选择学习英语。英语的普及并非意味着说英语的人一定以英语为母语，所以只学习英国或者美国文化是不够的，要学习一些泛文化的知识。

（2）认识语言和文化的关系。语言承载文化信息，反映文化传统，习语和谚语就是这样。据估计，以英语为母语的人经常使用的习语超过一万五千多条，英语习语的特点是字面意思不是习语本身的意思，了解习语的文化含义才可能理解并正确使用习语。交际者的教育背景和成长环境也是影响其用词及其词义的因素，以英语为第二语言的交际者要在学习英语、使用英语时要留意这一点。

（3）非言语交际系统。人们在交际时除使用言语符号外，还伴随大量的非言语交际符号，如目光、体态、味道等。在不同文化中意义不同，误用或误解非言语交际符号的意思会引起误会和矛盾，跨文化交际者应该掌握目标文化中非言语交际符号的含义，并练习正确使用和解读非言语符号的意义。

（二）跨文化培训的冲突调适

跨文化培训是跨文化交际学形成的土壤，又是跨文化交际学研究的主要内容和目的之一，它是一项高度专业化的教学形式，目的是帮助人们在异国他乡，在陌生的环境中，高效地工作，愉快地生活，与来自不同文化的人们友好相处。为了满足跨文化体验对于学习者的要求，跨文化培训的专业人士在理论研究、课程开发和教学方法设计上下了很大的功夫，大大丰富了跨文化交际学的内容，促进了跨文化培训的实践探索。

跨文化培训在很大程度上取决于对培训对象、文化调适过程跨文化培训本质、跨文化交际环境和培训方法等问题的理解和研究。

跨文化培训的目标基本上是将自己的本族文化身份转变为目的文化身份。值得一提的是，再大的动力驱使都不可能使一个来自不同文化的移民完全被主流文化同化，很多移民有意或无意地保持一定的本族文化的身份特点，以满足内心深处的精神需要。

跨文化培训的另一目标适用于大量需要旅居国外的学生、外交官、商务管理人员和军人。他们对跨文化培训的要求具体实用，希望在保持自己本族文化身份的同时，学习目的文化，了解两种文化的异同，增强在目的文化中的交际能力，以便更快更好地适应新环境，为自己的学习工作和生活打好基础，对于他们来说，培训的理想结果就是成为双重文化身份的人。

三、跨文化交际意识培养

20世纪中叶以来，越来越多的外语教学和研究人员意识到了将语言教学与文化教学有机结合的重要性和必要性，在第二语言教学中培养学生的跨文化交际能力要求外语教师必须寓文化教学于语言教学之中，在传授英语语法规则和句型操练的同时，还要重视对目的语文化背景的教学并采取相应对策培养学生的文化意识。

（一）外语课堂中进行文化教学的必要性

语言与文化密不可分，事实上，我们一直在讨论的文化与语言之间的关系使得文化本身成为任何第二语言学习课程中必不可少的一部分，正如兰格认为的那样，学习某种语言而不去了解其文化只不过是一种无谓的尝试。简言之，对大多数学生来说，这样的学习只会变得枯燥无味，这样的学习只会退步为词汇和句式的学习；对许多学生来说，尤其是对于那些出于融入目的文化动机而学习的学生来说，能够赋予语言以生命力的恰恰就是文化学习。

对于第二语言学习者个人而言，不断深入对文化的理解能够增强其个人学习语言和文化的兴趣。通常情况下，外语学习者懂的越多，他们想要了解的就越多。

从更为广泛的意义上来讲，文化习得是创造世界和平、保障经济合作的迫切需要。对于某些民族成员生活方式的了解有益于我们了解世界上相互冲突的价值观体系。就像一个联合国大会的缩影一样，跨文化交际的课堂强调文化间的相互理解与包容，身处其中，学习者会了解到不同的文化通常呈现出不同的发展态势和特点，只有学会理解并接受不同文化的特点以及不同文化中人们不同的行为模式，我们才有可能恰当处理好不同地域、国家和种族人群之间的关系，促进其间的交流。

（二）文化意识形成的不同阶段

在习得目的文化的过程中，学习者从起初的持有文化定式到最终达到真正的移情，需要经历文化意识形成的不同阶段，事实上，由于文化学习者个体存在差异，其最终所能达到的层次也不尽相同。

事实、定式和不足在第一层次上，学习者感受到的文化信息，包括学习者认为的目的文化事实、对目的文化及其中的人群持有的文化定式和学习者所认为的目的文化具有的"不足"。这些文化定式在不同程度上，都会对学习者真正地了解目的文化产生阻碍。

浅显的理解在第二层次上，第二语言学习者会发现更多有关目的文化的细微特点并且有时可能会感觉到失望或沮丧。在这一时期，学习者对他们观察到的事物只表现出浅显的理解，而非深入的理解。

深入的理解在第三层次上，第二语言学习者开始从文化载体本身的参考框架的角度来理解文化现象。这一层次包括学习者对文化深入的理解和对文化接受的程度。这一层次的学生开始掌握能够与目的文化礼貌传统相结合的主观防御机制，进而能够理解来自目的文化的人传递给他们的某些混杂的信息。

（三）文化教学的课堂活动

对于目的文化的学习并不是简单的理论堆砌，这样的学习方式无疑只会使学生逐渐丧失学习目的语及其文化的兴趣，跨文化交际意识的培养也就无从谈起。事实上，学习目的文化除了通过丰富学生理论知识的方法之外，我们还要从具体的课堂教学环节设计入手，通过生动的跨文化交际课堂活动，让学生去真正地了解和体会目的文化以及目的文化当中人们的行为模式，这样学生的跨文化交际能力才会有真正意义上的提高，跨文化交际课程的设置才会真正具有意义。

第九章 高校英语教学创新性思维培养与发展

第一节 高校英语教学的创新性思维概述

一、创新思维培养的理论依据

众所周知，创新教育总的来说就是培养创造力的教育。这些年来，教育改革的核心和焦点已经集中于创新这一层面。在今天知识经济逐步到来的时代，我们更要加强培养学生的创新思维以及学生的创新能力，培养创新能力要靠教育来进行挖掘。

在教学过程中，在学习和掌握前人的基础上，教师要用创新精神来改革教学方法，把创新思维和创新能力的培养寓于全部教学过程之中，让学生学会学习。一方面要保护和激励学生的想象力、好奇心；另一方面要保护和激励他们的求知欲，开发学生的潜能，培养他们探索和创新的能力。在教学过程中教师要注重学思结合，善于多运用心理学知识，运用教育学的理论知识来培养学生良好的身心素质，来培养学生有利于创新的优秀心理品质。

（一）我国学者对创新思维的研究成果

创造作为一种心理现象，是有其活动过程、活动方式、活动结果和能力要求的。个体的神经系统，尤其是大脑是创造力的物质基础，为创造力的发展提供了可能性。知识的大量积累才会有所创造，知识越多越有利于创造力的发挥。创造意识则能结合创新思维将创造的原理与技巧化作个人的内在习惯，变成一种自觉行为和生活方式。创新思维作为一种思维活动，既有一般思维的共同特点，又有不同于一般思维的独特之处，突出表现在求异性、联想性、发散性、逆向性等方面。创新思维是从事创造活动和取得创造成果的关键。培养开发创新思维，首先要扩展思维的视角，还必须提高想象能力。

（二）英语新课标提出要加强创新思维的培养

英语新课标的理念强调关注人的发展，明确体现了基础教育对创新能力的关注，"培养创新精神"是基础教育阶段英语课程的任务之一，也是新课程标准中的一个基本理念。创新思维能力的提高，能使学生更好地理解和掌握语言学习的规律，进而达到运用语言进行交际的目的。在教学中要开展创造性的学习活动，将"培养创新精神"贯穿于教育教学行为，是优化英语教学的重要内容。新课标还强调"着重提高学生用英语进行思维和表达的能力"，给学生的提供空间更大，让学生有思考、发挥的空间，要求学生主动参与、主动探究、学习。通过创新能力的培养，让学生通过自主学习、自觉领悟，再去创造性地应用语言，变语言学习为语言应用，达到英语语言学习的最高境界。在英语教学中，遵循新课标的创新理念，完善教学模式，改变教学策略，对培养学生独特、灵活、积极的创新思维能力有十分重要的意义和作用。

二、创新思维培养的目标

（一）帮助学生形成正确的自我意识

自我意识通常标志着个性的形成，是对自己的自我感觉因素，而正确的自我意识能使自信心增强，让学生更正确地认识自我，对创新思维能力的培养具有促进作用。学生要乐观自信，这样才能以正确的自我意识进行创造，如果消极自卑，不利于形成正确的自我意识。教师除了多观察学生多思考外，还要在教育教学中充分发挥自己的主导作用，引导学生充分自由发表见解，教学气氛民主，学生主体意识强烈，这样才能帮助学生形成正确的自我意识；另外教师还要照顾到每一名学生的特点，一方面要统一要求，另一方面要因材施教。

学生除了正确全面地认识自我，积极地悦纳自我，还要善于倾听他人对自己的评价，不断地自我反思、自我发展，不断修正与发展正确的自我意识，积极地提升自我，促进良好自我意识的形成。

（二）培养学生健全完整的人格

健全完整的人格是创新活动的心理保障。培养健全完整的人格已经不仅仅是个人的需要，更是时代发展的需要。作为一名人格健全的学生，应该具有积极向上的人生观，同时思想、作为、言行也应该是协调一致的，要把个人的需要和愿望、目标和行为很好地统一起来。既胸怀远大的理想，又有脚踏实地的敬业精神，把自我积极地融入社会的潮流中，认识自我，完善自我。积极进取、奋发向上的人生态度，谦虚好问、大胆实践的个性品质，这一切都有助于创造力潜能的开发。人格体现了一个学生心理能力的总和，教育关系人格化，使学生全面发展，培养学生健全完整的人格，为他们搭建与创设施展才华的舞台。

（三）培养学生创新的兴趣

兴趣是学生在探索、认识事物时所产生的一种浓厚的忘我的乐趣。这种乐趣能够使人主动自觉地投入其中，注意力高度集中，得到强烈的满足，进而甚至达到忘我的程度。兴趣是点燃智慧的火花，是克服困难的一种内在心理因素，是学习知识的动力。许多科学家从小培养了对科学的浓厚兴趣，他们抓紧一切时间刻苦学习，放弃了乐于享受的玩乐、游戏，又正是因为他们对科学的浓厚兴趣，所以唯有他们才能从科学研究本身中体会和感受到无穷的乐趣和愉快，这种乐趣和愉快是他人所无法体会的。如居里夫人所言："科学的探讨研究，其本身就含有至美，其本身给人的愉快就是报酬，所以我在我的工作里面寻得了快乐。"

假如一个人对他所从事的创造研究的事业一点兴趣也没有，他必然会畏难，他也就不可能有科学家们那如醉如痴、坚持不懈、废寝忘食的劲头，不可能有战胜一切困难的精神，那么对于创新思维我们也就无从谈起，更别说培养学生的创新精神，因此兴趣是人生最好的老师，是创新活动的催化剂。

第二节　高校英语教学的创新性思维培养要点

一、创新思维培养的构成要素

（一）鼓励与培养学生的求异思维

有些研究表明思维是创造的关键，它是我们面对问题的思考，由已知走向未知的路径。思维可分为发散思维、聚合思维、形象思维、抽象思维等。求异思维即发散思维，就是追求思维的多样性。发散思维和聚合思维的统一就是创造性思维。创造性思维又是形象思维和抽象思维的统一，在教学中要培养与锻炼学生的创新思维及创新能力。让学生多动手、多参与、多操作，培养与锻炼他们判断推理、分析综合的能力。

1.求异思维是创新思维的核心

求异思维是创新思维的核心，没有求异"就无所谓创新"，英语教师应鼓励学生"标新立异"，回答老师提出的问题敢于用自己的独特见解。引导学生从不同角度、不同思路去思考、探索。例如，在课上对老师提出的问题，让学生各抒己见，展开热烈讨论，鼓励学生敢于发表自己的见解。在课堂教学中，作为教学的组织者的教师应多采用课堂讨论的形式，积极鼓励学生敢于创新，敢于用自己的独特见解来回答问题。训练学生的求异思维能力，寻求所有可能的答案。

2.鼓励学生的求异思维，要善于设疑问难

鼓励学生的求异思维，要善于设疑问难，"学贵有疑。大疑则大进，小疑则小进，不疑则不进"。英语课堂教学中培养学生积极求异的思维能力，就应多设信息沟，每一步教学步骤都层层递进，在设计思考题时可根据语言材料或教学内容，设计灵活性较大的思考题，以便让学生进行讨论、辩论、争论，这样一方面调动了学生的积极性，另一方面训练了他们的求异思维能力。当学生兴致勃勃地进行学习时，他们就会不畏困难、积极主动地学习，这时教师应不失时机地加强语言信息的刺激，给学生创造学习英语的氛围，营造创新教学的氛围。

3.教师应给学生以创设问题的空间

教师应鼓励学生敢于问问题，帮助学生消除紧张心理，给学生以创设问题的空间，不仅告诉学生问"问题"的方法，也要做问"问题"的示范，要站在学生的角度去问"问题"，并引导学生多角度思考，自己找出问题的答案。把课堂提问的主动权还给学生，鼓励质疑和思考，培养学生的创新精神。课堂训练中，还可通过逆向、多向、横向、纵向、变换、动态等思路，补、改、比、变等方法活化训练，打破思维定式，提高思维的灵敏度，全面灵活地培养学生的创新思维能力。

（二）发展学生的想象力

作为一名教师，应该多鼓励、赞扬学生的"异想天开"，应引导学生敢于"标新立异"，想别人没有想到和没有做过的事情，从而激发起他们的创新欲望。想象在日常生活中必不可少，想象力是创造奇迹的源泉。爱因斯坦曾说："想象力比知识更重要，因为知识是有限的，而想象力概括着世界上的一切，并且是一切知识的源泉。"学生的想象力常有一定的局限性，具有情节简单而不稳定的特点，同时他们的想象力面广而不深入，夸张性大而创造性不强，教师更要给以正确的引导和培养。

（三）培养学生敏锐的观察力

观察是我们感知外界信息的最重要的过程。自然信息只有经过科学观察，才能进入人的认识领域而成为科学研究的现实基础。观察是我们认识世界、进行创新的一个基本方法，在英语教学中教师要注意培养和提高学生的观察力。

二、创新思维培养应注重的问题

（一）加强基础教育

创新思维培养应全面而且要持续下去，应贯穿于整个教育过程之中，在基础教育阶段更为重要与迫切。有关心理学的研究表明，孩子早期培养所形成的一些不良习惯，如果不及时地进行纠正，长大以后就很难改变。基础教育是素质教育的第一个环节，而且是重要的一环。

在创新思维品质的培养中，要使思维合理流动从而提高创新思维能力，思维流动过程要求是合理的、不停顿的，充分发挥学生的各种智力因素和非智力因素。有意识地培养将各种不同形式的思维水乳交融，密切配合，综合形成系统，取得良好效果。强化创新意识，培养想象思维能力，进行发散思维和收敛思维的训练，多运用逻辑思维与辩证思维，多学习，多从书本上学习，从实践中学习，从有知识和有经验的人那里学习，都是提高创新思维能力的好的途径。广泛的兴趣、宽广的知识、灵活的思维有助于更有效地进行创新思维。

（二）创设实施创新教育的环境与氛围

著名心理学家托拉斯说："我们要想促进创造力，那么就需要提供一个有奖赏的和友善的环境，以便使之在其中繁荣发展。"

1.要创设良好的学校氛围

学校是培养人的阵地，它作为学生直接接受教育的场所，学生直接在其中学习和生活，更应创设良好的创新教育氛围和环境，发挥环境教育的作用。学生创新思维的形成，创造能力的提高，一所学校的培养目标、学风、学术气氛及管理体制等都对他们有很重要的作用。学校的橱窗、走廊等地方都可以布置得具有浓厚的英语文化学习氛围。学校还应积极创造条件开设一些英语课外兴趣活动，因为课外活动是一个能充分激发创新思维的火花的重要途径，学生能有机会充分运用英语进行交际。教师开展各种创造性活动，注重学生创新思维的培养，让他们体会到学习英语的快乐，用英语进行创造的愉悦。教师在组织学校英语课外兴趣活动时，可以充分利用身边的场景和实物来学习英语，通过创意制作英语小报、贺卡，自编自演英语小品和写英语短信或者发送英语电子邮件等活动，提高学生的英语学习兴趣和运用能力，让学生从在活动中单纯地学习英语知识转变为既在活动中用语言进行交际，又用英语进行创造。

2.要创造艺术的环境

著名教育家陶行知先生强调创造艺术的环境"要教整个的环境表现出艺术的精神，使内容与形式一致起来"。良好的艺术环境具有"润物细无声"的效果，只有营造了艺术的环境，潜移默化着师生的行为，才能激发师生的创造力，净化学生的心灵，产生强大的教育力量和感染力量。艺术的环境是学校对师生进行创新教育的最生动、最直接、最具体的教材，因此，我们要十分重视学校的环境整洁、井然有序、文明礼仪、文化氛围、艺术气息，让学生时时、处处感受到四周充满着艺术精神，令人赏心悦目，接受情感熏陶，在创新思维培养方面起到潜移默化作用。

3.要创设良好的家庭氛围

家庭是学生不能选择也不可回避的地方，是他们大部分时间都在其中度过的生活的场所，家庭氛围直接影响到孩子的成长，对孩子创新思维的培养也有着非常深厚的影响。家长及家庭生活环境时时刻刻对孩子起着潜移默化的教育作用，适宜的家庭环境是培养孩子创新思维的基础和重要条件，如果孩子与父母之间有着积极的交往，良好的家庭气氛促进孩子能力的发展，同时榜样也会起到巨大的作用。

和谐且富有创造性的情境是培养学生创新思维的重要因素条件，坚持全学校、全家庭、全方位实施创新教育，营造实施创新教育的良好环境；坚持全面性、全体性、主动性与创新性实施创新教育，培养高素质创新型人才，为社会发展做出应有的贡献。

第三节 高校英语教学的创新性思维培养策略

创新思维是指人们运用已有的知识和经验增长开拓新领域的思维能力，亦即在人们的思维领域中追求最佳、最新知识独创的思维。创新思维不是天生就有的，它是通过人们的学习和实践不断培养和发展起来的。

一、立足教材，精心设计教案，激发学生创新思维

教材是教师授课和学生学习的重要媒介，一套好的教材在整个教学过程中起到非常重要的作用。在英语教学中要培养学生的创新思维能力，首先就要为学生选择一套针对性强、能训练学生创新思维能力的教材。

二、巧设疑问并鼓励提问，启发思考，引导创新思维

教育教学实践表明，"学贵乎疑""任何创新思维都源于问题"。因此，让学生带着问题学习，凡事多问几个为什么，善于思考、勤于思考，求新求异。让问题走进学校，走进课堂，在课堂上产生新问题，寻找解决问题的方案，强化问题意识，是培养学生创新思维的一条有效途径。创新意识是培养学生创新能力的先导。自古以来，只有敢问、善问、善求之人，才会有学业的进步、认识的丰富，才能为人类的文明与发展做出不凡的业绩。

然而，在实际教学中，"问"在大多数情况下只是停留在教师提问、学生回答的层次上，教师更多考虑的是怎样问更巧妙，而很少思考如何使学生提问、敢问、

善问。教学中，教师通常对学生的发问有两种担忧，担忧学生提问打乱自己的教学思路，担忧学生不可预见的提问延误了教师的教学时间，导致不敢鼓励学生提问。要培养学生创新思维能力，就要彻底摒弃教师"一言堂、满堂灌"的教学思想和方法，更新教育观点，建立良好的师生关系，为学生创造一个宽松和谐、具有民主气氛和探索氛围的学习环境，使学生敢想敢问，让问题走进课堂。英语课堂教学可以引入竞争机制，对学生的问答和提问进行合理评价，树立学生善于思考、敢于发言的信心。

在同等条件下，让学生比试谁提出的问题数量多、质量高，既能调动学生提问的积极性，又能激发和强化学生的自信心。让问题自觉地走进每个学生的头脑，给学生提供自我思考、自我探讨、自我创新、自我表现、自我实现的实践机会和积极的情感体验，从而引导学生进行创新思维。在教学中，应注意多角度、多方位的设计各种思考题，发展学生横向、类比、逆向、联想等思维，使学生不单单停留在理解和掌握所学的内容上，而且要利用现学的知识，结合已学知识去创新、去探索，培养他们创新思维，增强创新能力。

三、活跃课堂气氛，合作互动，拓展创新思维

良好的课堂气氛能营造一种具有感染力的催人积极向上的教学情境，而生动活泼、积极主动的课堂氛围又能激发学生的学习兴趣，并把兴趣培养成为学生学习英语的一种心理需要。这样学生才能保持英语学习的积极性，保持对英语语言的敏感性，从而进行积极的思考和创新思维，积极参与英语实践活动，与英语教师进行合作互动，培养语言运用能力，真正成为英语学习的主人，发挥学习的潜能。

《实用英语综合教程》版面丰富，图文并茂，为学生学习英语提供了大量的信息，但是教材的插图都是静态的，如果教师能设计让静态的插图"动起来"，采用计算机辅助教学或幻灯片显示，那么课堂将会容量大，信息多，趣味浓和效率高。为了拓展学生的思维，应进行风格不同的口语训练，活跃课堂气氛，合作互动，有益于开发学生的智力和拓展学生的创新思维。

四、完善教师个性，不断学习，丰富创新思维

作为一名英语教师，应该活泼开朗，善于表情达意，宽容随和，具有较好的亲和力，应该让学生接受、爱戴和尊敬。一名深受学生喜爱的英语教师在组织课堂教学、活跃课堂气氛、开展第二课堂活动时具有优势。当一名让学生害怕或厌烦的英语教师走进课堂时，学生们就会无精打采，他们的情绪仿佛蒙上一层阴影，具体表现为：对英语教师的英语语言表达不敏感，甚至不愿听课，不愿与教师或

同学们合作，不愿思考，更不用说进行创新思考了。而当一位受学生尊敬、在学生中有威信的英语教师走进课堂上课时，学生们顿时情绪饱满、精神振奋，乐于听课、思考，在教师的引导下，更愿意去进行创新思维。

要培养学生的创新思维能力，教师首先应该有创新意识。从某种程度上说，学生的创新意识来源于教师的创新意识，教师的创新意识首先体现在教学方法上。目前大学英语教学不能停留在单词讲解、语法知识的传授和练习上，而应该教会学生学习，即教会学生阅读技巧、学习技巧。"授人鱼，供一餐之用；授人渔，则享用不尽"，英语教师在教学过程中要达到教师的最高教学境界——授人以渔，教会学生学习，这样就要有时间对学生进行语言操练，而语言操练过程，也是创新思维形成和发展的过程。作为教师，还要不断学习，学习新知识，积累新经验。没有丰富的知识，创新思维就失去了基础。不但要加强专业基础知识的学习，了解本专业的最新发展，而且还要学习其他领域的知识，扩大知识面，与时俱进，这样才能在教学中了解大学生的知识结构和思维模式，加强学生创新思维能力的培养。

第四节　高校英语教学的创新性思维发展路径

2013年4月，教育部高等学校大学外语教学指导委员会、中国外语教育中心和外语教学与研究出版社在厦门主办了主题为"以输出为驱动，探索课程教学的创新与突破"的全国高校大学英语教学发展学术研讨会。会议的中心就是要试图改变我国大学英语教学"以知识输入为核心"的教学模式，强调"以应用为主的输出"课程教学改革。这种由传统英语教学"以传授知识"为中心，转变为"以实际应用"为导向，无疑在很大程度上推进了我国大学英语的教学改革。

然而，即便是这一改革的倡导者中国外语教育中心主任文秋芳教授，也不得不承认，这种"输出驱动假设"的课程教学改革，由于不同类型学校生源状况的迥异，也只能够在"211"（"985""211"现统称为"双一流"高校）以上层次的学校才能够推进，主要针对的人群是中级以上的外语学习者。显然，没有相当量的"输入"，学生知识输入的基础不扎实，又何以谈论"输出"。只是如果这样，参加会议的有来自全国900多位高校外语院系的负责人和外语教育专家，其中至少有一大半都是来自非"211"高校的，那么这次会议倡导的"输出驱动"对于大多数学校的英语教学改革来说，又是不合适的，只应该在"211"以上层次的学校中推广。

当然，文秋芳教授强调："输出是目标又是手段，是促进输入吸收的手段；以输出驱动既能够促进产出能力的提高，又能够改进吸收输入的效率。输出驱动假设并不否定输入的作用，这一假设是符合学生发展需求、社会发展需求和学科发展需求的"。她为了避免用"输出"加以概括的简单化，还提出了"消化"，也就是怎样让学生很好地"消化"已经输入的语言知识和技能。但无论如何，任何试图用一种高度概括的"术语""理论"或"方法"来"目的性"地实现中国高校的大学英语教学改革，都是十分困难的，甚至是难以实现的。

实际上，"输入"和"输出"或者"消化"，仍然还是一种基于"目的性行为"的教学方法，即在教师的主导下实现着"输入""输出"或"消化"，这种"目的性"的理论概括都只能够从一个侧面弥补我国高校大学英语教学的不足。因为每个学校是各具特点的办学主体，每个学生更是不可重复的独立个体。如何让各个办学主体和独立个体成为具有真正的行动能力，与教育主管部门和教师形成互动的"交往行动"，德国著名理论家哈贝马斯提出的交往行动理论为我国的大学英语教学改革揭示了一条有效的理想途径。

一、走出"趋同化"，实现"个性化"

"目的性行动"是哈贝马斯在其《交往行动理论》一书中指出的一种人类社会行动方式，是由社会行动主体发出的一种由内向外的单向行动。在中国高校的大学英语教学中，无论是培养方案的制订、管理和评价体制的构建，还是教材的编撰和选用、教学技术手段应用和师资的培养等，都主要是由教育主管部门掌控的，教育行政部门就成了"社会行动主体"。全国普通高校的大学英语教学，无论哪个层次的学校执行的都是教育部制订的统一培养方案，接受的是统一的管理和评价体系。教材的选用尽管不是单一的，但也大多是外语教学与研究出版社、上海外语教育出版社、高等教育出版社以及其他高校出版社出版的几套有限的教材，缺乏针对不同层次学生的"个性化"教材。现代教育技术手段的推广和英语师资的培训更是在一种统一的框架之内进行，甚至最近教育部推出的视频精品课程，也是一种统一化的教学，虽然可以达到资源共享，但是肯定无法顾及不同层次的学校与个性化差异极大的学生。这种教学模式呈现出的是"趋同化"特征，"趋同化"虽然便于科学管理，但也容易丧失了自身办学的"个性化"特色。

可以说，目前中国高校大学英语教学改革首先应该克服的最大弊病，就是"趋同化"，我们不能够用一把尺子去衡量和评估不同学校的大学英语教学。在北京大学，一年级新生进校后，立即进行大学英语的四级考试，学生的通过率几乎是100%。在一般的"985"学校，大学英语的四级考试几乎已经不能够作为衡量教学水平的尺度。在"211"学校，学生一般要经过半年或一年的学习才能够通过大学英语四级考试，而在非"211"学校也许要经过两年左右时间的教学。其实，即使在同一种类型的学校，每个学生学习英语的能力又是不同的，很难用一种统一的模式去教学和评估。

"趋同化"也许是国家计划教育体制的必然产物，主要的办学理念还是以"教"为核心，虽然也在强调"以生为本"，但是在实际的教学活动中则很难实现。若要克服"趋同化"，朝着"个性化"办学方向改革，或许哈贝马斯提出的"交往行动理论"是值得我们借鉴的。哈贝马斯认为，人类最理想的行动方式应该是一种双向互动对话的交往行动。他强调："交往行动模式并没有把行动与交往等同起来。语言是一种交往媒体，是为理解服务的，而行动者通过相互理解，使自己的行动得到合作，以实现一定的目的。"交往行动所表明的，是可以通过语言行动合作化，但不能借助语言行动概括的一种内部活动。

显然，"个性化"学习最大的困难是师资不足，教师无法与那么多的学生进行一对一的"交往"。学生之间的相互"交往"是一条较为切实可行的途径。在招收研究生、留学生和设有英语专业的学校，可以让研究生、留学生、专业英语的学生与非英语专业的学生结成对子，参与大学英语的教学活动，老师可以及时了解情况，进行宏观指导。同时，我们还可以利用网上互动平台，请老师和学生在网上进行互动，甚至可以通过对外交流的机会，让学生与母语是英语的境外学生进行"交往"。教师应该及时了解每个学生不同的问题，及时解决学生的学习困难。

显然，大学英语的教学活动不应仅限于"教"与"学"之间的"交往"，"教"的内部其实也不能只是规范和统一。大学英语教学的集体备课通常是规范教学管理十分有效的途径。然而，集体备课的目的不能就是为了统一教学进度、规范教学内容、统一测试标准，而且还更应该凸显每个教师之间教学的"个性化"，让不同的教学方法、手段和个性相互碰撞，从而能够针对不同学生采取"个性化"教学手段，让每个教师的教学都在一定程度上拥有自己的"独特性"，学生也可以根据自己的需求和特点，选择不同教师班级进行学习。在集体备课时，教师可以就自己的科研思考进行交流，提升大学英语教学的科研含量，也能够达到教师之间彼此"交往"的目的。在可能的情况下，教师的集体备课还可以对那些担任"导师"的学生开放，一方面让这些学生"导师"了解教师的教研状况，另一方面又可以让教师更清楚学生的学习状况，实实在在地让师生互动起来，推动教学的"个性化"。

二、跨出"外语圈"，探索"学科化"

在大学英语教学改革中，是否跨出"外语圈"，采取"英语+X（专业英语）+Y（专业知识）"的模式，一直是学界争论的热点问题之一。无论是赞同还是反对，争论者们基本上都是基于"目的性行动"。实际上，语言的功能有许多，哈贝马斯所提出的"交往行动模式，同时注意到了语言的所有职能"。哈贝马斯认为，语言不只是一种表意的媒体或载体，其功能不仅体现在语辞层面上的表意功能，而且还反映在社会行动层面上的交际功能以及更深层次的思维功能。可以说，在英语学习的初级阶段，语辞层面上的表意功能无疑是学习者关注的主要功能。然而，随着中小学英语教学水平的不断提高，学生基本在中学毕业就已经完成了英语表意功能的系统化学习。特别是在双一流高校，如果再仅仅把英语的表意作为学习的主要对象，肯定是不够的，至少是满足不了学生的需求。

目前，我国的大学英语教学主要是为了让学生进一步掌握英语的表意功能，学习和完善语言知识体系的掌握，整个教学体系是围绕着"学习语言知识，掌握语言运用技能"展开的。如果从社会行动层面上的交际功能出发，大学英语教学的中心就应该有所转移，应该由"学"转向"用"，即转向以实际应用为目的的教学，在语言的应用过程中来学习语言。其实大学生的英语学习方法与中小学生不同，中小学生自然是以学习和积累语言知识为主，从如何发音、记忆词汇、掌握语法等语言基础知识入手，大学生则更应该在"用"中"学"，通过阅读、写作、翻译等实际语言实践过程，来提升自己的语言应用能力。

在我国的普通高等学校中，开设以学科为中心的大学英语博雅课程，是一条大学英语教学"学科化"的有效途径。在这一课程中，学生可以不只是了解本学科相关知识和发展状况的英语表述，还可以了解本学科的主要学术刊物、栏目等，指导学生用英语撰写学术论文并在国外学术刊物上发表，同时也能够为学生提供出国求学的途径，帮助学生与国外学者、专家以及学校和科研机构建立联系等。如今学术研究的全球化趋势已经形成，很多大学理工科的教师和学生都会把自己的学术成果发表在英文刊物上，而且几乎所有高校的理工科学术评估系统也都只认可国际学术界公认的SCI.EI等收录的期刊。也许再过十年，我们的文科评估系统也会主要认可SSCI、A&HCI等收录的期刊。如果我们的大学英语教学不尽早实现跨出"外语圈"，探索"学科化"的途径，就不可能适应飞速发展的我国高等教育事业的需求。

其实我国的大学英语教学改革的最终目的就是要走出外语圈，改变大学英语教学从属性地位的现状，充分发挥大学英语教学的引领作用。我们可以通过用英语开设博雅课程的方式，向其他学科渗透，探索"2（前两年学习外语）+2（后两年学习专业）"的人才培养模式。例如，目前我国的法律人才是过剩的，英语专业的人才需求也被亮了"红灯"，但是，如果把"2（前两年学习英语）+2（后两年学习法律）"的模式运用到国际法的人才培养上，也许能够为我国法律界提供极度缺乏的、能够用英语打国际官司的律师人才。根据大学教育国际化的趋势，各高校都在按照教育部规划纲要不断开发与学生实际需求（学科、专业、就业、个人兴趣）相吻合的课程体系，力求尽可能地满足学生的个性要求。药学类院校也在积极努力构建多层次、立体式大学英语的教学模式，确保不同层次的学生在英语应用、学科研究能力方面得到充分的训练和提高。

第十章 大学英语课堂教学评价

第一节 大学英语课堂教学评价标准

课堂教学作为大学英语课程设计的重要环节，是实现教学目标的重要保障、随着教育部高校质量工程的不断推进和2014年以来高校本科教学评估工作的开展，不少高校都建立了评教机制，主要从科研和教学两方面进行评价。然而，相比于科研，教学的评价相对复杂。自古以来，教无定法，课堂教学有很多不可测的因素，教师、学生、教材、教学环境等因素都可能对教学产生影响。

课堂教学评价在20世纪30年代才正式开辟自己的天地。从20世纪初开始，西方国家开展了多种形式的课堂教学评价实践活动。在国外，教学评价在教师聘用、职务晋升、管理决策、改进教学及终身职位评审中均占有重要的地位、教师课堂教学评价在国外已得到广泛运用并发挥着强大的作用。20世纪90年代以来，我国出版的很多教学论和教育评价方面的专著和教材都对课堂教学评价做了专门的论述，学术期刊中关于课堂教学评价的文章越来越多，同时在教育实践领域有很多课堂教学评价方案。但在我国英语教学中，教学评价研究的主要内容是对学生的学习成绩进行考核评定，而对教师的课堂教学评价的研究远未形成相应的体系和专门理论，有关高校英语教师的课堂教学评价的研究更是凤毛麟角。

一、什么是有效的外语课堂评价标准

什么是有效的外语课堂评价标准？持不同教学理念的人具有不同的评价标准。束定芳教授提出外语课堂教学应体现出五大功能：激发学生的兴趣、提供合适的学习资源、帮助学生解决困难、培训学生学习策略、给予学生展示学习成果的机会，这种评价标准体现以学生为主的理念，注重学生自主学习能力的培养。国外

Harmmer提出有效课堂教学三元素：（1）参与，通过组织活动游戏、活动、讨论等激发学生兴趣；（2）组织学习，包含语言学习、写作欣赏；（3）帮助学生开展交际活动，如辩论、广告设计、模拟情景角色扮演等，这一标准侧重教师如何教，为教师备课提供指导和启发，但是对教师本身的素质没有提及杨惠中教授提倡"有效教学"：对大学英语教学来说，有效教学要求教师具有良好的英语能力，具备一定的课堂设计能力，能够激发学生的学习兴趣，提供合适的学习资源，正确处理输入与输出的关系，培养学生学习策略和用英语交流的能力夏纪梅教授认为，自己更关注教学设计与教学对象的契合。在语言课堂上，教师不应代替学生学习知识、使用语言及思考，而应付出更大的努力体现自主学习、合作学习、探究学习、做中学等现代高等教育理念和原则。

从教师教学角度看，评价标准主要关注教学设计和课堂组织环节，如综合课听、说、读、写各个环节是否体现出来？语言教学和相关内容教学如何平衡？评价里还注意教学设计和教学对象的契合度，根据教学对象的水平和需求，设定合理的教学目标、确定教学内容和重点、组织教学活动，并运用教学手段和方法实现既定目标。从学生学习角度看，评价标准主要评价为学生教学内容是否有兴趣，能否理解并主动配合各种活动，能否有意识地运用学习策略，能否学以致用（输入和输出之间有相应的联系和衔接）等。笔者认为，更明确的英语教学的评价细则应体现出来，如综合课听、说、读、写的各个环节如何安排？与主题是否相关？语言教学和相关内容教学如何平衡？教师和学生的互动如何等有了更明确、更细致的教学评估指标，才能使得教师在教学中方向明确，有自我反思和自我提高的行动纲领，从而更好地提高外语教师素质和教学质量。

二、大学英语翻转课堂教学模式有效性评价标准

（一）大学英语翻转课堂教学模式有效性内涵及评价标准根基

根据现代汉语词典的释义，"有效"指的是"能实现预期的目的"或者指"有效果"。本研究中的"教学有效性"从"从学生的视角出发，在研究与实践的各个环节贯彻"以学生为中心"的理念，以学生英语应用能力、英语自主学习能力以及学习效果的提高为出发点，主要是指教师采用大学英语课翻转课堂教学模式的一段时间以后，学生的学习效果情况以及英语能力等各当面获得提高。

信息化背景下大学英语翻转课堂教学模式有效性的评价标准的以建构主义理论、二语习得理论以及心理发展活动说与内话说理论为理论根基。

首先，建构主义理论。源自认知心理学理论的建构主义学习理论主张知识的获得不是通过教师的讲授而来，而是学习者自身对概念的建构。建构主义学习理

论为大学英语教师在翻转课堂教学的实施中所扮演的角色提供了重要启示。在建构主义学习环境下，教师不仅仅是知识的讲解者、作业和练习的布置者，更重要的是充当活动的设计者、组织者和指导者，应参与到学生建构知识的整个过程中。

其次，二语习得理论。二语习得理论的倡导者克拉申提出了五个假设，包括习得假设、输入假设、监控假设、自然顺序假设以及情感过滤假设。强调了大量输入的重要性以及在语言习得的同时监控的重要性。而大学英语翻转课堂教学模式正是注重了课前进行视频资源及课程的输入，将被动的语言学习转换成有意识的语言习得。最后，心理发展活动说与内话说理论。作为维果斯基心理发展理论的重要组成部分，心理发展活动强调实践活动的重要性，主张人的心理变化与实践活动密不可分。大学英语翻转课堂教学模式有效性的评价适用于利用这一假设，通过课堂活动的组织和开展实现学生心理的发展及知识的内化。

（二）信息化背景下大学英语翻转课堂教学模式有效性的评价标准

阅读现有的文献资料发现，国外学者们对于外语课堂教学有效性的研究已较为深入。Genesse&Upshur提出可从10个维度、6个等级对外语课堂的教学有效性进行了评价，是从教师和学生等多个角度的较为全面的综合评价，主要有对学生的影响、学生信息处理、教师效能、师生融洽关系、小组互动、教学难度、教学结构、教学反馈、学生参与度和综合评价。笔者在以学生为中心的思想指导下，尝试基于学生的视角从大学英语学习者英语应用能力以及学生的自主学习能力提升两个纬度构建大学英语翻转课堂教学模式有效性的评价标准。

首先，学生的英语应用能力。大学英语翻转课堂教学模式的本质是要更新教学理念，颠覆传统的以教师为中心的教学模式，强调以学生为中心的教学模式。同时，高职院校的大学英语课程教学目标是培养学生的英语应用能力。因此，大学英语翻转课堂教学模式有效性的评价应能够体现英语教学的本质。以在大学英语教学中实施翻转课堂教学模式后学生的英语应用能力是否得到了提高为教学有效性的评价标准体现了高职院校大学英语教学的目标以及高职学生英语学习的本质需求。以往的教学有效性评价更多的关注教师，而忽略了学生才是学习的中心。语言的习得是漫长的，因此，衡量这一教学模式有效性的标准必然取决于它是否激发了学生的内在学习动机，是否获得了英语应用能力及交际水平的提升。

其次，学生的自主学习能力。"授之以鱼，不如授之以渔"这一教学思想在信息化时代显得尤为重要。信息大爆炸、碎片化学习、移动学习等时代特征均要求大学英语教学所培养的学生不仅应具备相应的语言知识和能力，还更应具备充分利用信息技术创设的学习环境开展英语自主学习的能力。大学英语翻转课堂教学模式通过组织学生课前自主学习微课及幕课等视频资源，要求学生学会运用网络及移动终端开展英语自主学习并通过课堂活动的参与进行检验。因此，学生的自主学习能力是否得到提高是信息化背景下基于学生视角的大学英语课程教学模式有效性的重要评价标准。

第二节 有效课堂教学评价的实施及意义

传统的评价标准所存在的弊端和局限性使得我们思考这样一个问题，一种好的、值得倡导的课堂教学究竟应该是怎样的，或者说一堂好课的评价标准应该包含哪些方面？为此我们首先考查课堂教学的有效性问题。

一、课堂教学的有效性

（一）有效的教学应引导学生积极、主动地参与学习

当学习者清晰地意识到自己的学习目标并形成与获得所希望的成果相应的预期时，学习才可能是成功的。为了让学习者明确自己的学习目标，我们强调教学过程中应该让学习者参与目标或子目标的提出及确立。可是并不是所有的课，总目标都能由学生自己提出。许多课是需要教师在备课时事先设计出各种任务、课题，但应该引导学生在课堂上自己确立这些任务或课题中所包含的各个子任务，明确自己要解决的问题，也就是由学生自己来确立子目标，教师再引导学生去寻找达到各个子目标的方法和途径。与此同时，在教学过程中教师还应启发和鼓励学生根据学习的需要，对初始的目标进行分解或将其转化为其他目标。

（二）让学习者在"做"中进行学习

目标一旦确立，学习者在进行主动建构的过程中必然要借助一定的操作对象，也就是说总是要有一定的事情让孩子们去做。教师要充分调动学生的多种感觉器官，鼓励学生动口、动手、动脑，在活动中，在解决问题的过程中进行学习。先鼓励学生去做，在做中学，因为在学生做的过程中，学生要综合运用原有的知识经验，甚至可能还要查阅有关的资料，从而做出合理的综合和推论，分析、解释当前的问题，形成自己的假设和解决方案。在这一过程中，学习者便可以建构起与此相应的知识经验。在此基础上，教师再进行提炼和概括，使得学习者所建构的知识更明确、更系统。

（三）有效的教学应是教师与学生、学生与学生之间保持有效互动的过程

如果只是教师讲，学生听，那么教师与学生的交流是单向的。教师们应该认识到学习不仅仅是个人的行为，还是一种社会性的行为。个人根据自己的经验所

建构地对外部世界的理解是不同的，也存在着局限性，通过意义的共享和协调，才能使理解更加准确、丰富和全面。因此，在学生学习中的交流就应该是多向的，教学过程不仅包括师生之间的互动，还应包括学生与其他学生之间的互动。也就是说，知识是合作掌握的，学习是学习者、教师和其他学习者之间相互作用的结果。同时在这一过程中，师生之间的关系也应该是合作的，而不是权威型的命令或控制。教师在教学中应始终充当学生学习的促进者、指导者和合作者。

（四）有效的教学旨在使学习者形成对知识真正地理解

教学中应重视学生真正地理解，而不是表面上的理解。这样在课堂上教师想通过提问"你们懂了吗？"或"你们还有什么问题？"来判断学生是否真正理解，就会变得毫无意义。

学生是否形成了深层次的理解大致可以通过以下几个方面来判断：

（1）能否用自己的话去解释、表达所学的知识。

（2）能否基于这一知识做出推论和预测，从而解释相关的现象，解决有关的问题。

（3）能否运用这一知识解决变式问题。

（4）能否综合几方面的相关知识解决比较复杂的问题。

（5）能否将所学的知识迁移到实际问题中去。

这些方面，教师通过有效的课堂提问和练习是可以判断学生对知识的真正理解和掌握情况的。而要做到这些方面，教师在教学中则不仅要关注学生学习的结果，还要关注学生学习的过程，因为只要理解和关注学生是怎样学习的，才能促进学习者形成对知识真正地理解。

（五）有效的教学应使学生获得对该学科学习的积极体验与情感

学生在学习某门学科时，总是带有一定的情感的。这种情感的投入与学生学习该学科过程中所获得的体验密切相关。积极的体验会使学生不断产生浓厚的兴趣和需要，对学习表现出极大的热情，并从学习中获得兴奋和快乐。而积极的体验建立在民主和谐的学习氛围之上，建立在学生感受到知识的力量之上，建立在不断的成功与进步之上。因此，在教学过程中，学生的错误应该得到允许和理解，而不是排斥和打击，学生的创造性应该得到尊重和保护，而不是忽略和抹杀。现代的教学观表明教师对学生的积极评价有极大的鼓舞作用。因而这种评价不能简单地形式化为一种肤浅的表扬。

二、大学英语有效课堂教学评价的实施

（一）传统大学英语课堂教学评价体系中存在的问题

1.疏忽教师的自我评价

以往的课堂评价的主动权掌握在评价小组的手中，采用传统随堂听课的方式，根据实际情况采用定期或不定期的形式进行相应评价。在课堂教学结束后，评价小组汇总正反两方面的意见，对被评教师的课堂教学给出相应的意见建议并确定评价等级。传统评价体系的特点是在评价前后都疏忽了任课教师，任课老师自己往往不能参与其中。虽然在这种方式中，能够通过专家的点评和同行之间的相互评比交流能在一定程度上促进教学、提高教学水平并能够做一些交流，但这与目的相距甚远，而且在方法上忽略了教师的自身参与性，可以说对推动教学进步是起效甚微的。

2.忽视教学主体的参与

传统的评价体系以不变应万变，对于所有评价者和所有的课型而言，一律使用同样一套评价体系。不难看出，这种评价方式先天就存在的问题是：在评价主体上，忽略了被评价人员即大学英语教师不同的教学功底和对课程的不同解读；在被评价对象上，过于重视对教师的教学这一行为的评价，而忽略了对学生的学习行为的评价；在评价内容上，过于重视教学内容、教学能力、教师的教学特色等教的方面，而忽略了在教学过程中学生的学习方式、学习过程、学习心理活动、学习结果等，这就在客观上把教学活动变成了教师的独角戏。

3.评价方式过于单一

无论采用定量还是定性评价方法中的哪一种，抑或是将两种评价方法合二为一，由于采用的是评价者即专家小组的主观评价，受限于小组成员评价理念、价值观等必然存在的差异和分歧，导致评价的结果主观性强，专家成员意见不一致的情况时有发生，这对于改进教学、提高教学质量的初衷是不利的。所以，对评价理念重新进行研究，建立科学、合理的评价体系，以能够切实提升教学质量和学生学习能力作为指导原则，对当前的评价方法进行系统化的整合，这是改进教学评价体系的关键一环。

（二）大学英语课堂教学评价体系的构建

1.评价能够促进教师教学方式主动发生转变

所谓教学方式指的是，以正确的知识观、能力观和教学为指导原则，教师在教学过程中通过适当的方法、手段、授课方式、反馈行为等的总和。传统的教学理论的核心理论是，把知识作为教学活动的中心，教师是知识方面的权威是知识

的传授者。在以通过考核或者考试作为教学指挥棒的前提下，现行的评价体系以能否有效教授相关考试点作为评价标准，这必然带来课堂教学只是通过考试的工具这样一种倾向，而忽视了学生听说读写等语言综合能力的提升。

2.评价能够促进学生学习方式主动转变

在课堂教学中教师是指挥者，教师对整个课堂教学的讲授全过程负总责，但是，承担学习任务的却是学生，而课堂教学的质量是否达标要看学生的学习能力能否提升。大学英语的终极目标是培养学生在学习过程中提升自身的英语综合应用能力，而这有赖于学生主动转变自身的学习方式。科学、合理的教学评价体系应该引导学生主动转变自身的学习方式，将重点放在学习策略的变化、学习方法的提高和学习效率的提升上。

3.评价方法应转变为以定性评价为主，定量评价为辅

学习语言是为了在相应语境下应用语言。而应用语言的能力则是通过准确理解语义和做出正确反应表现出来的。而应用语言能力的培养必须要在相应的情景中通过对话、表演、朗读、操练等形式进行，这是语言教学与其他学科教学的最大区别。

4.评价能够促进教学活动主体教师和学生二者共同发展

课堂教学是语言教学的重要手段，而语言教学的目的则是培养学生的综合能力。因此，我们反对将教师工具化的做法，这是因为教的工具化必然带来学的工具化，这样不利于学生综合语言能力的培养。

第三节　大学英语课堂教学发展性评价

发展性课堂教学评价是一种形成性教学评价，它是针对以分等和奖惩为目的的奖惩性评价（终结性评价）的弊端而提出的，是一种以促进评价对象发展为目的、以评价对象为主体、以发挥主体积极性为理念的评价。它由形成性评价发展而来，但它更强调对评价对象人格的尊重，强调以人的发展为本。发展性课堂教学评价体现了当前教学评价发展的最新思想，同时又是针对当前课堂教学评价中存在的问题而提出的。

一、发展性课堂教学评价的理论依据

（一）多元智能理论

多元智能理论（The Theory of Multiple Intelligence）是由美国哈佛大学心理学教授霍华德·加德纳于1983年提出的一种关于智力及其性质和结构的新理论。智

力结构由七种智力要素组成，每个人都有其独特的智力结构和学习方式，这就要求教师要树立积极乐观的学生观，学生积极主动参与的教学观和多元化的、情境化的评价观。

（二）建构主义理论

建构主义理论是近年来从维果斯基、皮亚杰和布鲁纳等人的理论基础上发展起来的认知主义理论的一个分支。建构主义教学理论认为，教学绝不是教师给学生灌输知识、技能，而是学生通过驱动自己学习的动力机制，积极主动地建构知识的过程，课堂的中心应该在于学生而不在于教师，教师在课堂教学中不单是知识的呈现者和知识权威的象征，还应该是引导者、促进者和帮助者。教师应该重视学生自己对各种现象的理解，倾听他们时下的看法，与学生共同针对某些问题进行探讨，并在此过程中相互交流和质疑，了解彼此的想法，彼此做出某些调整。基于建构主义理论对课堂教学过程的分析，

课堂教学评价应主要考察以下几个方面的指标：

（1）学生主动参与学习。

（2）师生、生生之间的有效互动。

（3）学生的自我监控和反思能力的培养。

（4）学生获得积极的情感体验。

发展性课堂教学评价正是以这些理论为指导而产生的一种新的课堂教学评价模式，它的重点是以人为本、关注过程、及时反馈、关注发展，创造适合学生发展的课堂文化。

二、大学英语教师课堂教学发展性评价的特征

（一）形成的而非终结的评价

传统的课堂教学评价注重的是学生的课堂回答与教师预设的答案吻合的程度，而对学生的思考过程、思维品质漠不关心。而发展性课堂评价虽然也注意到学生答案的正确度，但更重视学生在回答过程中发展、推理与创新能力的显现。

（二）多元的而非单一的评价

传统的课堂教学评价存在简单化的倾向，主要表现在追求答案的一维性和纯知识化方面，运用单一的评价手段与方法，评价显得苍白无力，不能有效地促进学生的发展。而发展性的课堂评价则强调丰富性原则，从多元的角度去考虑问题。这主要表现在：评价的对象是全体学生；评价的内容是多方面的；评价的标准是多重的；评价的方式是多样的。

（三）互动的而非单向的评价

在传统的课堂教学评价中，教师以自我为中心，以绝对裁判者的身份来评判学生，主观色彩过浓，使学生难以获得客观的评价，也很容易造成师生之间的严重对立。而发展性课堂教学评价注重评价中的互动，以使学生的心灵世界产生强烈的共鸣。

（四）发展的而非奖惩的评价

传统课堂教学评价以奖惩为主要目的，视奖惩为引起学生重视教学和使学生课堂表现更为优秀的法宝。而发展性课堂教学评价承认学生的个性差异，重视学生的个性发展，相信学生的判断能力，承认学生在课堂教学中的独立价值，尊重学生各方面的发展需求，尽管偶尔也会使用一些必要的奖惩，但它的本质特征是发展的而非奖惩的。

（五）动情的而非冷漠的评价

传统的课堂教学评价过分注重客观性，由冷静变为冷漠，学生不能从教师的语气、语调、神态、动作中感受到教师对自己的期待。而发展性的课堂教学评价则是在科学分析的基础上，强化情感的因素，学生能够从教师情感化的语言、丰富的面部表情和得体的态势语中，充分领略课堂教学的乐趣，感受老师的澎湃激情和殷殷期望。

三、大学英语教师课堂教学发展性评价的策略

（一）以学生的学进行评价

"以学论教"，即以学生的"学"评价教师的"教"。强调学生在课堂学习中呈现出的状态为参照来评价英语课堂教学质量，改变传统英语教学评价中以教师为中心，以教论教的状况。新的评价理念包含全新的教学观念，从课堂上学生认知、思维、情感等方面的发展程度来评价教师教学质量的高低，具体表现为学生在课堂上呈现出来的四种状态，即学生的参与状态、交往状态、思维状态和学习达成状态，不仅关注英语课堂教学结果，更关注课堂教学的过程。这样，有利于英语教师越来越重视学生反馈的信息，及时调整教学手段、方法，学生的学习积极性得到充分发挥。

（二）让教师参与进行自我评价

自我评价是教师自我学习、自我诊断、自我调节的教学能力中的一个重要组成部分。教师的教学能力并非天生的，而是在教学实践中不断摸索，不断提高的。大学英语教师在课堂教学评价过程中，根据教学工作的变化及时地发现自己不足，

调整自己的知识结构与能力结构；根据学校课程改革的需要调整自己的教学重点；从学生学习的进展中发现自己教学中需要改革的地方，并能迅速地达成自身的目标。在此基础上确定了进一步努力的新方向。于是，他们不断地更新自己的知识，改进自己的教学，从而使自己迈上一个新台阶。

（三）以三纬新理念进行评价

以往最看重的就是有多少学问，教学就是给学生"装学问"，是否渊博，是否能旁征博引，是衡量教师水平的最重要的标准。但在今天，这种一桶水和一瓢水观念是首先要推翻的。知识和能力、过程和方法、情感态度和价值观三个方面相互渗透，融为一体。这是教育评价的尺度，这三个纬度都是不可或缺的。在这个三维建构中，能力重于知识，过程和方法重于形式框架，情感态度和价值观又重于过程与方法。教师不是只给出知识和结论，给出标准答案，而是阐明教材是如何得出这一结论，自己的结论又是什么，是怎样得出的。通过教师、学生与教材以及编者之间的"对话"，让学生参与到寻求答案的过程中来，体验并掌握探究的方法。

（四）以自主合作探究教学理念评价

学生是学习和发展的主体。语言教学必须根据学生身心发展和语言学习的特点，关注学生的个体差异和不同的学习需求，爱护学生的好奇心、求知欲，充分激发学生的主动意识和进取精神，倡导自主、合作、探究的学习方式。教学内容的确定，教学方法的选择，评价方式的设计，都应有助于这种学习方式的形成。教师中心主义，在教学中就体现为以教师权威影响学生，知识本位，以一厢情愿地强制性地灌输知识为主，忽视学生的需求，个体差异，接受状况和反映，忽视他们的认知建构和主体的发展，主要是思维的发展和精神的发展。这种情况在英语教学中正在发生变化，开始注重作为学习主体的学生思维独立性、探究性的培养，以及合作共事的团队精神的培养，使学生成为学习的主人。创造师生间平等"对话"的教育氛围。

第四节　英语课堂教学评价改革与创新

传统的外语课堂教学评价总是将教师作为评价中的主要对象。长期以来，课堂教学评价的焦点都是以"教师"为主，如教师的语音、语调是否流利、教师的板书设计是否合理、教师的教学目标是否明确、教师的教学思路是否清晰、教师的教学设计是否结构合理、详略得当、教师的情感投入是否具有感染力等等。

所有这些评价内容主要是在关注教师的课堂表现，关注教师是怎么讲的。似乎与学生在课堂上的表现没有多大关系，即使有时关注到了学生的行为表现，也主要是作为评价教师的陪衬为目的的，是作为教师"问"，学生"答"的反应，或者成为教师"问"的结果。总的来说，以往的课堂教学评价明显地表现出"以教为主，学为教服务"的价值取向。

一、正确认识英语课堂教学评价的目的

在我们的外语课堂教学中，应该首先明确我们的评价目的。课堂评价实际上是一个师生共同收集、综合和分析信息的过程，是教师了解学生的各项技能发展水平和发展潜力等信息的过程。

它可以达到两个目的：一是为学生个人提供有益的反馈，明确促进学生发展的改进要点，制定改进计划；另一个目的是为教师提供全面反思，使教师从多种渠道获得信息，根据学生发展的需要和状况来重新设计课堂教学，而不是请学生按照事先设计的教学过程参加学习，明确教师的"教"是为了更好地促进学生的"学"，使"以学论教，教为了促进学"的课堂教学模式得以呈现。

二、正确理解英语课堂教学评价的指导性原则

在课堂里，由于我们的班额大、人数多，学生的个体差异需要教师做出各种各样的决定以适应学生的不同要求。有些是针对个体的评价、有些是针对群体的评价、有些是对学生现状的评价、有些是关于学生个性和社交方面的评价、有些是对个人进步或退步的评价、有些是针对听、说、读、写各项技能的评价，而有些则是对学生自我或相互在参与活动表现时的评价等。但是无论评价的手段和方法有多么不同，一定要坚持课堂评价的指导性原则。比如：教师在评价前与学生交流评价的策略、计划和方式，让他们知道评价的目的和评价过程。评价活动必须与教学目标相吻合，不能盲目评价，应该给学生提供机会参与评价的全过程，明确学生是评价的主人。

同时还应强调评价的公正性，以帮助和鼓励学生为出发点，给评价对象提供正面的反馈，鼓励学生积极参与对自己的评价。教师提供的评价方式既能适合学生的学习风格和学习目的，又能使学生有机会表现他们的知识、能力和态度。

三、对英语课堂教学要素的认识

（一）对学生"学"的认识

我国英语教育的总体目标是培养学生的综合语言运用能力。综合语言运用能力的形成建立在学生语言技能、语言知识、情感态度、学习策略和文化意识等整

体素养发展的基础上。因此，学生学会和掌握了多少是评价课堂教学成功与否的根本出发点和落脚点。观察和评价一堂英语课，要看学生的认知能力是否得到发展，语言技能是否得到训练和提高，情感态度是否积极形成，学习策略是否得到培养，文化意志是否得到提高。

（二）对教与学关系的认识

教育的根本目的是为了每一位学生的发展，英语课堂教学也不例外。关注学生在英语课堂教学中的表现应成为英语课堂教学评价的主要内容，即关注学生是怎么学。学生在课堂的"学"包括行为表现、参与热情、情感体验和探究思考等过程，这些过程是通过英语课堂师生互动、自主学习、同伴合作等方式表现出来的。

教师的"教"的行为，应表现在教师如何促进学生的学习，比如说如何组织并促进学生的讨论，如何评价和激励学生的学习，如何激发学生学习热情和探究兴趣等，由此可见，评价英语教师课堂行为表现是体现在学生"学"的价值上，即是否通过课堂教学培养了学生对英语的学习兴趣，而且使这种兴趣转变为学生积极学习的动机；是否通过语言知识和语言技能的训练培养和发展了学生的思维能力；是否注意研究学生的差异，并在教学中以不同的教学方式对待不同的学生。对教与学关系的评价应是"以学论教，教是为了学"。

（三）对英语教师教学能力的认识

从关注"教"到关注"学"的英语课堂教学评价重心的转移，必然使我们思考这样的问题，一堂"好"的英语课要求教师具备什么样的教学能力。英语教师应具备的教学能力：一是应该具有扎实的英语基本功，能熟悉用英语组织教学。二是要具有综合的知识能力，即除对英语教材的把握能力外，需要教师储备相关学科领域的知识，以应对学生提出的各种问题。并能采用积极、多样的反馈评价方式，以促进学生进一步学习。三是教师的随堂机智，即依据于课堂环节的设计，但又不拘泥于课堂环节的设计。

课堂环节设计，要富有弹性，能根据反馈信息适时调整教学进程和难度；四是具有英语课程资源开发的能力，学会"使用教材"而不是"教教材"，能根据学生的实际情况对教材进行增、减、改编、重新组合，使教材服务于学生，而不是让学生适应教材。

（四）对教学媒介的认识

随着教育技术的不断发展，媒体在英语教学中的作用越来越大，因此媒体也成为教学过程的一大要素，但媒体不只是用来辅助教师的讲解和演示来支持"教"的。在进行英语课堂教学评价时，对媒体使用的评价要考虑其是否支持学生的学习，即是否通过媒体获取或利用信息；是否为学生最终达到学习目的做出贡献。

四、构建基于理论与实践之上的英语课堂教学评价的改革

课堂教学是高校最重要、最基本的教学方式，课堂教学评价是保证教学质量的一个重要环节，高校英语教学也不例外。这就要求英语课堂教学评价的改革在正确的英语课堂教学评价观作指导下进行，体现教学评价的特点，把握英语课堂教学评价的原则。

（一）体现教学评价的特点

首先，在评价主体上，要更加注重师生自评、生生互评等多元评价主体。通过多种评价方式来促进师生自我反思和自我改进，促使自身不断完善与发展。

其次，在评价功能上，要更加注重发挥评价的导向作用、激励作用、诊断作用和调节作用，形成教学评一体化的局面，使评价能够同时促进教师的教和学生的学。

再次，在评价类型上，要更加注重过程评价、增值评价、综合评价。学生的全面发展是评价的最高目标。评价要关注学生整体、全面发展。既重视语言知识、语言技能，又重视学生的情感态度、学习策略和文化意识。

最后，在评价方法上，要尽可能采用更多的方式方法，注重学生的个体差异，要以人文本，最大限度地激发和调动学生的学习主动性和积极性。

（二）英语课堂教学评价的原则

1.发展性原则

一次评价既是对一节英语课的总结，更是下一次英语课的起点、向导和动力。通过英语课堂教学评价，使教育者明确这堂课哪些是肯定的，哪些是否定的，哪些是值得发扬的，哪些是应该加以改进的。

2.学生中心的原则

英语课堂教学评价的焦点是如何评价学生在课堂上的语言活动，评价的重要指标是学生的学习收获。

3.激励性原则

英语课堂教学评价要有助于改进英语课堂教学，有助于教师专业素质的提高，有助于学生获得学习的成功。

参考文献

[1] 苏一凡著 . 多模态英语教学理论与实践 ［M］. 北京：中华工商联合出版社，2022.01.

[2] 洪颖作 . 大学英语教学创新研究 ［M］. 北京：化学工业出版社，2022.07.

[3] 潘丽 . 大学英语教育教学理论与实践研究 ［M］. 北京：北京工业大学出版社，2022.07.

[4] 胡宇涵 . 大学英语教学及其媒体融合视角探索 ［M］. 长春：吉林人民出版社，2020.06.

[5] 张鹏，杨璐 . 多元背景下英语教学与跨文化交际研究 ［M］. 长春：吉林大学出版社，2022.06.

[6] 黄文静 . 教海探航 多元文化视域下的高校英语教学研究 ［M］. 北京：中国商业出版社，2022.11.

[7] 孙志永 . 新时代大学英语教学改革与英语教师专业发展 ［M］. 开封：河南大学出版社，2022.03.

[8] 王欣 . 英语专业教育改革 课程思政与价值引领 ［M］. 上海：上海外语教育出版社，2022.03.

[9] 霍瑛 . 多元文化视域下的大学英语教学 ［M］. 长春：吉林人民出版社，2021.10.

[10] 王春霞 . 英语教学模式改革与创新研究 ［M］. 长春：吉林人民出版社，2021.11.

[11] 王今，武妍，陈霞 . 高校学术研究论著丛刊 人文社科 语言学理论观照下的英语教学改革研究 ［M］. 北京：中国书籍出版社，2021.10.

[12] 王小玲 . 中小学英语教学策略与改革 ［M］. 长春：吉林教育出版社，

2021.

[13] 夏丹. 文化与英语教学研究 [M]. 北京：中国纺织出版社，2021.11.

[14] 田现辉. 语言学视阈下的英语教学多维研究 [M]. 北京：九州出版社，2021.08.

[15] 刘广宇，王运华. 英语课程体系构建与教学改革研究 [M]. 长春：吉林人民出版社，2020.08.

[16] 任孝勇，任孝勇，李得武，范存智. 高考命题改革背景下英语教学中的关键问题 [M]. 北京：中国青年出版社，2020.01.

[17] 张宇. 互联网背景下英语教学改革研究 [M]. 中国原子能出版社，2020.05.

[18] 张永凤. 信息化背景下英语教学改革研究 [M]. 长春：吉林出版集团股份有限公司，2020.11.

[19] 宋玉琴，张朝燕，谌程. 英语语法教学改革的路径探索 [M]. 长春：吉林大学出版社，2020.

[20] 何树勋. 跨文化交际下的大学英语教学改革模式研究 [M]. 成都：四川大学出版社，2019.01.

[21] 王轶普. 多元环境下英语语音教学改革创新研究 [M]. 长春：东北师范大学出版社，2019.06.

[22] 雷先会，刘春慧，张婷婷. 英语教学的改革与创新研究 [M]. 长春：吉林大学出版社，2019.01.

[23] 刘莹. "互联网+"背景下的英语教学改革 [M]. 吉林出版集团股份有限公司，2019.

[24] 陈传斌，刘冲亚，沈丹. 英语教学改革理论与实践研究 [M]. 沈阳：辽海出版社，2019.01.

[25] 王继红，邹玉梅，李桂莲. 基于翻转课堂理论的英语教学改革与实践 [M]. 中国原子能出版社，2019.05.

[26] 周会霞. 商务英语教学与改革实践 [M]. 长春：吉林教育出版社，2019.10.

[27] 王林利. 信息化背景下的英语教学改革研究 [M]. 吉林出版集团股份有限公司，2019.06.

[28] 李国金著. 大学英语教学基础理论及改革探索 [M]. 北京：北京理工大学出版社，2018.12.

[29] 王淑花，李海英，孙静波，潘爱琳. 大学英语教学模式改革与发展研究 [M]. 北京：知识产权出版社，2018.07.